民國歷史與文化研究

十三編

第 4 冊

胡懷琛生平及其著述敘錄（下）

李瓊娟 著

花木蘭文化事業有限公司

國家圖書館出版品預行編目資料

胡懷琛生平及其著述敘錄(下)／李瓊娟 著 -- 初版 -- 新北市：
花木蘭文化事業有限公司，2021〔民110〕
目 6+222 面；19×26 公分
（民國歷史與文化研究　十三編；第4冊）
ISBN 978-986-518-477-3（精裝）
1. 胡懷琛 2. 傳記 3. 中國當代文學 4. 文學評論
628.08　　　　　　　　　　　　　　　　110010852

ISBN-978-986-518-477-3

民國歷史與文化研究
十三編　第 四 冊　　　　　　ISBN：978-986-518-477-3

胡懷琛生平及其著述敘錄(下)

作　　者　李瓊娟
總 編 輯　杜潔祥
副總編輯　楊嘉樂
編　　輯　許郁翎、張雅淋、潘玟靜　美術編輯　陳逸婷
出　　版　花木蘭文化事業有限公司
發 行 人　高小娟
聯絡地址　235　新北市中和區中安街七二號十三樓
　　　　　　電話：02-2923-1455／傳真：02-2923-1452
網　　址　http://www.huamulan.tw 信箱 service@huamulans.com
印　　刷　普羅文化出版廣告事業
初　　版　2021 年 9 月
全書字數　364347 字
定　　價　十三編 9 冊（精裝）台幣 25,000 元

胡懷琛生平及其著述敘錄(下)

李瓊娟　著

目

次

下　冊

第七章　胡懷琛語文教育著述敘錄

　　1919 年，五四「新文化運動」在一片「反傳統、求革新」、高揚著「人文精神和科學精神的新文化氛圍中展開」〔註1〕。支持文學改革的新文化知識分子，肯定唯白話文學為「中國文學之正宗」〔註2〕，才具有作為文學工具之價值，因此積極倡導白話文與新文學。所謂新文學，就是「國語」，就是「白話文」，五四文學家堅信只有「我手寫我口」的白話文能夠流暢地表達語意，才能承擔開啟民智、普及教育的重任，因而訴求完全廢棄文言文，鼓吹進行從語體上到思想上的根本改革。

　　五四運動掀起對傳統語文教育的反思與革新浪潮，陳必祥指出：「其中影響最大的是推行國語運動，即白話文運動，將白話文著作引進中小學語文教材，從而使語文教學的內容和方法產生了巨大的變化。」〔註3〕1919 年，在「國語統一、言文一致」教學目標下，以蔡元培為首的「國語統一籌備會」倡議改編小學教材、改名「國文讀本」為「國語讀本」；1920 年 1 月，教育部正式宣令國民小學一、二年級先改「國文」為「語體文」，旋又令三、四年級繼隨改之，完成「初等小學四年間純用語體文」的「國語教育」政策，自此白話文著作開始被引入中小學語文教材中。

〔註1〕潘新和主編：《存在與變革：穿越時空的語文學》（濟南：山東教育出版社，2012 年 5 月），總序。

〔註2〕胡適於 1917 年 1 月號《新青年》上發表〈文學改良芻議〉，指出中國文學文體發展之趨勢，曰：「以今世歷史進化的眼光觀之，則白話文學之為中國文學之正宗，又為將來文學必用之利器，可斷言也。」見《胡適文存》（台北：遠東圖書公司，1980 年 4 月），第一集（卷一），頁 17。

〔註3〕陳必祥編：《中國現代語文教育發展史》（昆明：雲南教育出版社，1987 年 5 月），頁 43。

　　新學制將白話文引進中小學語文教材後，國語思想教育成為主導語文改革的中心議題。學者吳樹仁指出：「白話文不僅以其新的文體形式進入教材，改變了文言文一統天下的局面，而且以其負載的時代精神、新的思想衝擊著文言文中所表現的舊禮數、舊道德以及舊的教材觀念，從而改變了人們的教材觀，引起了人們對編製教材的極大關注。」〔註4〕

　　身為引領中國學術思想與文化發展最為重要的知識菁英，胡懷琛與當時許多關心中國教育的南社學者們，早於五四新文學發軔之初，當傳統經典教育面臨考驗、而新語文環境尚未完熟的階段，就已經積極地「在參與政治革命的同時，也在倡導並進行著思想革命、文學革命和教育革命」〔註5〕。1913年起，胡懷琛開始兼任教職，先後執教於競雄女學、中國公學、南方、上海、滬江、國民、持志等大學，與南洋女師、神州女學、上海專師、正風學院、愛國女學諸校，除教授國文、詩學、中國文學史、中國哲學史外，也講授「新文學」課程，其所編寫的探討文學原理、文學本質、白話文寫作技巧等數十種教學講義，是認識新文學與學習寫作的最佳參考範本。

　　1914年起，他受邀於廣益、商務等數家書局，編寫多套語文教科書與課外文學輔讀教本；關切啟蒙教育的他，並為兒童撰寫了童詩、童謠、傳說故事、神話與寓言等多種閱讀學習教材，為推進民國時期的語文教育工作投注了相當的心力。其有關語文教育的著述頗多，本章依據作品性質、內容、著作旨趣及編輯體例，概括為三類分別論述：一是實用性的治學指導類作，包括語文教學、語文知識教材，及各種應用教本；二是文學經典讀本的編輯，包括各式兒童文學與青少年課外讀物、兒童劇本等；三是教學與教育問題的建議與相關討論。本章期透過作品敍錄，以彰見先生致力推廣語文教育的卓然貢獻。

第一節　語文教學指導及語文知識應用教材

　　語文教材的編製是語文教育的重要部分，其影響涵蓋語文教育的各個層面。五四運動前後，學者對於文、白語體在教材中的內容比例、編製形式、教學方式等多爭論不休，舊派學者本有其對傳統深固的思考和堅持，而新派支

〔註4〕吳樹仁：〈五四新文化運動與語文教育革新〉，《上饒師專學報》（1995 年 10 月），第 15 卷第 4 期，頁 42。

〔註5〕龔雪生：〈南社成員在民國教育變革中的影響〉，《南京理工大學學報（社會科學版）》（2016 年 10 月），第 29 卷第 5 期，頁 16。

持者急於推進時，一蹇無適當統一的白話文教材，二乏白話文教學經驗，因而白話文教育於推行初期，便顯現出文、白語言針鋒相對、教材內容各行其是、教學方法莫衷一是等混亂多歧情形。基此，作為「變革思想在具體教育實踐過程中的載體和媒介」〔註6〕的各式教科書與語文教材，便成為文、白過渡時期學者建構語文教育理念與推廣革新思想的重要依憑。

為期新的教育內容能切合分科學制需求，使歸於實踐與便於運用，學者嘗試突破集古文匯編、專重閱讀的教科書傳統，結合各式教學主張，提出多種著重生活啟發、新知啟蒙、專門加強識字練習與讀書寫作技巧、指導閱讀賞評等實用的輔學教材，如「讀書講義」、「習字範本」、「作文指引」、「尺牘寫作」、「文法教科書」等，作為教師教學與學生學習的指引參考。胡懷琛將其從事教學、寫作與編輯等多年所累積的獨到而具體的有關讀書、文字、修辭、語法、寫作與教學理論等新學知識與研究成果，以積極的態度落實在普及語文教育的社會實踐上。

本節所錄作品，依其性質與用途，概分四種：（一）語文教科書，旨為提供學生閱讀識字、啟發生活智能思考的學制用書。（二）語文知識綜合教材，主為探求語文知識與文學理論、修辭方法等的知識性教本。（三）讀書與寫作方法指導，包括讀書法、一般寫作技巧、各體文類撰作、標點符號的使用法等知識。（四）尺牘書信與應用文類著作，含尺牘信函寫作與各式應用文體之介紹。盧永和認為胡懷琛具有積極的「白話新文學建設的自覺意識」〔註7〕，自本節諸作中，可見其「以『漢語文化』為本」，致力於整合「文字學、語法學、文體學、修辭學、文學理論」等多種學科門類的知識理論，所呈現為新文學語文教育的建設成果。

一、語文教科書

中國傳統古文教育歷來無所謂「教科書」名目，兒童識字讀物惟二，一為《三字經》、《百家姓》、《千字文》、《千家詩》等所謂「三、百、千、千」啟蒙類書；一為應備科考需用的《四書》、《五經》、《古文辭》、《史鑒》等古文書籍。甲午戰後，西學影響下新式學堂紛立，依「實學」名義，借鑒西方分科教

〔註6〕鄭國民著：《從文言文教學到白話文教學——我國近現代語文教育的變革歷程》（北京：北京師範大學出版社，2000年1月），頁80。

〔註7〕盧永和：〈胡懷琛的白話文寫作與新文學教育〉，《西華大學學報（哲學社會科學版）》，2015年3月，第34卷第2期，頁20。

育模式與語文教科書雛形的中國新式教科書始開始萌芽，〔註8〕並隨新式教育與白話文學的逐步推展，國語教科書的編印成為時需。當時教科書採行「審定制」，委交民間書店或雜誌社，依據〈新學制課程標準綱要〉標準編寫教材，通過教育部審定後，出版發售予各個學校自由選用。這種競爭機制給予教科書的編寫者與出版商極大的激勵空間，新式課本與各式參考用書便如雨後春筍般冒出，這也吸引了當時一流的教育家、藝術家與出版家們，相繼投入這百年樹人的志業。〔註9〕

胡懷琛結合其豐富的教學經驗與深厚的文學知識，曾受邀參與中小學教科書之編纂。其所編纂的語文教科書計有四種，包括為初級小學編用的《新撰國文教科書》、《春季始業用新撰國文教科書》、初中用《新時代國語教科書》與高中用《新課程標準高中國文》等〔註10〕。

（一）初級小學用《新撰國文教科書》

由胡懷琛與莊適共同編纂的《新撰國文教科書》，全套共八冊400課，上海商務印書館於1925年1月起，陸續出版第一至第五冊，4月出版第六冊，至7月完成第七、八冊。該套教科書自1925年出版後曾有多次再版，至1927年再版已近百次，北京師範大學圖書館有館藏。

〔註8〕陳翊林（陳啟天）在《最近三十年中國教育史》書中，記萌芽期中國初等教育語文教科書的編制和使用情形云：「現可查考者，以光緒四年（1878）張煥綸所辦的正蒙書院為最早。該院有學生百餘人，分小中大各班，算數、禮儀、游戲、技藝列入課程之內，而以俗話譯文言，兼重講讀與記誦，均為新教育特點。廿一年（1895）華亭鍾天緯在上海辦三等學堂，而以語體文編教本，為國語教科書的先河。」《最近三十年中國教育史》（上海：上海太平洋書店，1930年11月），頁45～46。

〔註9〕民國初年教科書出版市場百花齊放，鄭國民於其〈1902年至1935年出版的中小學語文教科書〉文中，詳細整理了當時代各出版社編制教科書書目，可供參考。鄭國民著：《從文言文教學到白話文教學——我國近現代語文教育的變革歷程》（北京：北京師範大學出版社，2000年1月），第三章後附錄，頁135～151。

〔註10〕胡道靜〈先君寄塵著述目〉著錄胡懷琛編有初中用《新時代國語教科書》各冊之出版概況云：「初級中學用，六冊，商務印書館出版，第一冊十七年（1928）1月刊；第二冊十七年（1928）2月刊；第三冊十八年（1929）4月刊；第四冊十八年（1929）4月刊；第五冊十八年（1929）6月刊；第六冊十八年（1929）7月刊。」僅知該套書由「胡懷琛、陳彬龢、湯彬華共同編纂，蔡元培校訂」，餘書目內容不詳；其高中用《新課程標準高中國文》出版概況為：「第三、第四冊二本，廿四年（1935）8月及10月，正中書局出版。」餘皆不詳。

　　為普及教育推行國語，學制革新後，白話文首先注入初級小學教材中，然當時各地學校仍習用文言教本。1923 年 6 月〈新學制課程標準綱要〉刊布，此乃民國時期語體文教材編寫的重要指導依據。其中〈小學國語課程綱要〉要求小學讀本取材必以「兒童文學為主」，各學年依文體安排，循序漸進加強語文閱讀與作文練習，以達「引起讀書趣味，養成發表能力，並涵養性情，啟發想像力及思想力」目的。〔註 11〕上海商務印館乃根據綱要編輯了此套融合文、白語言，適合小學校分階學習閱讀為主的國語文教科書。

　　封面右標「新學制小學校初級用」，全套教科書每冊各 50 課，前六冊為石印楷體本，專供初等小學一至四年級使用；後二冊為鉛字排印本，適合五至六年級高等小學使用。書中課文運用新式標點，字體與符號皆大而清晰，字體筆劃由簡入繁，字旁皆標有注音符號，特別的是下欄皆附有生字表，俾助小學生識字學習。套書中選編包括兒歌、童詩、故事、謎語、新詩、小品文、寓言與傳說等，各體俱備，每課皆附有精美彩圖。課文依學級程度編寫，內容由淺入深，其語言也由白話文循序漸接至淺顯的文言文，如一、二年級全用白話繪圖本，多淺顯可朗唱的兒歌、童謠、童詩，有韻而充滿童趣，如寫雄雞：「雄雞哥哥，早晨唱歌，催我早起，不要懶惰。」問姓名：「小朋友，請進來，你何姓，你何名。朋友問我幾歲，我說六歲，我問朋友幾歲，他說七歲。」文中已使用白話文的「我」，「說」字也除化了「謂」、「曰」等字眼。

　　三、四年級以上課文的文言比例漸增，著重文學興趣的啟發與閱讀能力的培養。胡懷琛特別編創了數篇文辭優美的小品文，如以詩句「今有仙子，姿態楚楚。帶裊，裙長，凌波無語」形容水仙優雅的姿容；〈賣花詞〉句「春意料峭。賣花人早，賣花聲俏，賣花人說花兒巧。……剛剛春到，匆匆春老，一春賣卻花多少？」以擬人手法點寫春意。

　　七、八年級的課程內容則多意深辭美的文言篇章，以加強閱讀、分析、理解與聯想能力的訓練為主，如〈觀影戲記〉，敘述一小學生觀看「魯賓遜漂流記」的想像經歷，透過「倏忽之間，風濤驟至，船不能支，側臥海上，徐徐沉沒。船中人奔走往來，惶恐萬狀……」的情境描寫，讀者心情隨文跌宕起伏，馳騁想像刺激而有趣。又〈泰山觀日出記〉：「晚宿於南天門之古廟中。次日，天未明，登山觀日。時則天地茫茫，東方微白。遙見海天相接處，浮日光

〔註 11〕見潘新和《中國現代寫作教育史》引 1923 年《新學制課程標準綱要‧小學國語課程綱要》內容。（福州：福建人民出版社，1997 年 10 月），頁 95。

一線。忽化為萬道金蛇，閃爍不定。而一輪紅日，遂自海中躍出。」篇中使用的仍是典雅優美的文言，偏重文學興味與審美情趣的閱讀引導。

本書第八冊版權頁上欄列有此套教材的五個編輯特點，曰：「文字活潑不堆砌」、「詩歌及故事多」、「描寫天然景物多」、「內容取材於社會、自然及歷史、地理等科，自然融於文學之中」、又「應用文件，亦擇簡要格式編入」等。他著重啟發孩童對文學美感的欣賞素養，透過豐富多元的內容，用心引導孩童對實際生活的認知與學習，顯現其致力兒童文化教育紮根的理念。

（二）初級小學《春季始業用新撰國文教科書》

由胡懷琛與沈圻共同編纂，1926 年 4 月起，上海商務印書館出版備供新學制初級小學春季始業用的語文教本，該套教科書曾見多次再版。現存北京師範大學圖書館館藏。

全書八冊共編 400 課，封面標有「新學制小學校初級用」，前四冊使用楷書石印，後四冊使用鉛字排印。每冊 50 課，其課文內容與編排方式，大致與商務印書館於 1925 年 1 月所編的《新撰國文教科書》系列相同。書前「編輯大意」記云：「編制方法按照實質及形式之淺深，並顧內容之銜接順次安排，第一冊新編課文約居十之九，前例之文不及十之一；各冊於近代之文，當依次選加。詩歌大都采自近代人淺顯明白，當有神韻之作；諸子百家設喻取譬，往往善於啟發，擇其文從字順，意味濃厚，適合兒童心理者，配入三四冊中。」說明此八冊教科書係根據新學制小學課程綱要而編，取材與選文內容以趣味學習為主，切合兒童成長需求。其課程由淺入深，編輯由易漸難，內容豐富，有詩詞散文、神話寓言、傳記軼聞，有中國典故、也有西方常識，顯現貼合兒童生活經驗與學習心理的精心編排。第一至第四冊，內容淺顯活潑，著重認字與環境認知，如〈開學日〉、〈樹影〉、〈讀書歌〉、〈日曆〉、〈瓜〉、〈遊校園〉等篇。第六冊以後，著重文藝鑑賞與美學培養，其「編制略例分記述文、說明文、議論文與詩歌四項。記述文最多，說明文次之，議論文與詩歌較少。」內容包括〈鄉人辯曆〉、〈特別曆法〉、〈猜謎〉、〈齒舌唇齒之喻〉、〈學縫衣〉、〈春日詩〉、〈鍾子期聽琴〉、〈謎詩〉、〈黃金國〉、〈金陵〉、〈小孤山〉、〈雨景〉、〈新少年傳〉、〈劉生寄友人書〉、〈玉泉觀魚記〉、〈羆說〉、〈意園記〉等精選文篇。

全書文字清新活潑，特重小品文選之質感，如其書前編輯大意所言，著重於「混合社會自然二科教材，以兒童生活上之需要為主，使兒童從直接所

得之經驗、與間接所得之知識，聯為一氣，以養成實用之智能」，相關實用的應用文件，亦擇以簡要格式分別編入書中，寓教於樂，俾使能助益孩童智能啟發，發揮潛移默化學習功效。

（三）初中用《新時代國語教科書》

據胡道靜〈先君寄塵著述目〉著錄，胡懷琛編有初中用《新時代國語教科書》，各冊之出版概況為：「初級中學用，六冊，商務印書館出版，第一冊十七年（1928）1 月刊；第二冊十七年（1928）2 月刊；第三冊十八年（1929）4 月刊；第四冊十八年（1929）4 月刊；第五冊十八年（1929）6 月刊；第六冊十八年（1929）7 月刊。」筆者因未見全書，不詳書目內容，僅知該套書由胡懷琛、陳彬龢、湯彬華共同編纂，蔡元培校訂。

（四）《新課程標準高中國文》

胡道靜〈先君寄塵著述目〉著錄胡懷琛編有《新課程標準高中國文》，其出版概況為：「第三、第四冊二本，廿四年（1935）8 月及 10 月，正中書局出版。」餘皆不詳。

以上語文教科書共有書 4 種。

二、語文知識綜合教材

中國傳統語文教學使用的教材，過往多直取古詩文本或詩文選編，有關字詞、句法、文學思想等知識一直隱伏於選文中。白話文成為教學主體後，教育觀念、教學目標與教材內容等隨之而變，各種借鑒西學先進理論，探討白話語文篇章結構、字詞句式、語法修辭等知識性的教材應時而現，不僅為中小學建構了語文教學的理論基礎，也為當時的高等教育提供了符合科學化與現代化語文理論的研究教材。

胡懷琛長期從事語文教育和語文教材科學化的探索，對於中小學語文能力的指導啟發，與高等語文教育的實驗研究都投入了相當的心力。本節所錄，涵蓋文學、文字、語言、文法、修辭等多門學科的學理概念，乃胡懷琛指導語文知識與文學理論的專門論述，是其探索語文教育科學化的成果。

（一）〈文學圖說〉及續論

胡懷琛撰，發表於《婦女雜誌（上海）》1920 年第 6 卷第 1、4、8 期。胡懷琛以幾何學裡的直線和曲線說明文字的結構，以圖表明文法，即是「文學

圖說」。胡懷琛列舉二十種圖形，分如直線句法、曲線句法、平行直線句法、平行區線句法、總起分結法、分起總結法、曲起直結法、直起曲結法、曲線總起直線分結法、直線分起曲線總結法、一起四結法、三起一結法、總起分承總結法、總起分承總結二法、反對句法、重疊句法、循環句法、螺旋句法、急轉法、徐轉法等，精細地分析古文、國語之聲調和文字，相互運用所產生文法結構的多種變化模式。

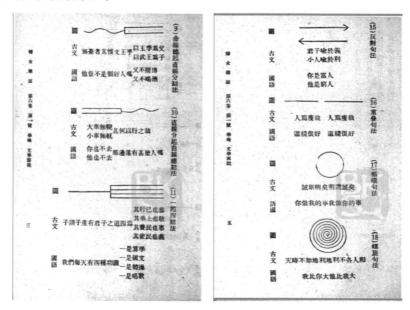

　　除例舉簡短句式說明，胡懷琛並以複雜的篇章，如蘇洵〈名二子說〉、來鵠〈儉不至說〉、范仲淹〈岳陽樓記〉、汪琬〈送王進士之仕揚州序〉、彭端淑〈為學示子姪〉、白居易〈養竹記〉……等十文，進一步闡析其文學圖說組合理論，論證結果顯示圖畫愈整齊，文字便愈板滯，反之，圖畫愈不規則，文字必愈活潑。

　　又作補遺，解構文字語言呈現的三種模式，包括用黑白圖塊清楚展示文字中的正反；用代數方法化繁為簡，組合兩組或兩組以上句子，如合「君子之道費」、「君子之道隱」二句為「君子之道費而隱」；對於文字之結構組合，胡懷琛使用積木排列理論，說明文句間之「不平等句不可並列」、「全體和非全體不可並列」、「不同類不可並列」等概念。

　　胡懷琛也於文中說明，本文並非作文指導，乃是其以具體圖表闡述文句結構理論的教學嘗試，旨為協助學習者理解並作為文學研究者研究參考。

（二）《白話文談及白話詩談》（《白話詩文談》）

胡懷琛著，一名《白話詩文談》，該書原為《白話文談》與《白話詩談》二作，1921 年 1 月上海廣益書局以《白話文談及白話詩談》為名併書出版，二書內容分合皆完整，有 1927 年再版。台灣大學圖書館及復旦大學圖書館有館藏。

全書共收文十篇，匯集了胡懷琛於 1919 年至 1920 年間在多所大學教授白話詩文的講義稿內容。書前〈白話詩文談序〉記曰：「這十篇文章，是我於民國八年六月至九年十月，研究白話詩文的成績；有幾篇是在江蘇第二師範、神州女學校、上海專科師範，臨時所發的講義。」

1. 前編《白話文談》，收〈文字和圖書的互助〉、〈文字語言的界說和分類〉、〈新文學建設的根本計畫〉、〈我對於她字的意見〉、〈作文和題目〉及〈寫景文〉（上・下）等文六篇。

白話文談〈文字和圖書的互助〉詳盡解說了現代化文章中「以圖輔文」的實用功能。〈文字語言的界說和分類〉提議廢除不合時宜的中國古語、方言與古文，以選用現代化普通語文的見解。〈作文和題目〉、〈寫景文〉為指導作文寫作方法。特別的是其〈新文學建設的根本計畫〉一文，趙黎明指出該文的出發點與胡適、趙元培、陳獨秀、錢玄同等是一致的，「都是為中國文學的現代性轉換探索新的路徑」〔註 12〕。文中系統性地提出了實施新文學建設的九個步驟，包括：第一步「組織機關」，籌建由教育專家組織的權責機關；第二步「文學分部」，區分文學為「古文」與「今文」（白話文）兩部；第三步「發行字典」，編寫古今文兩部字典；第四步「分今文為兩部」，即「用文」與「美文」；第五步「編兩部文法」，編就「用文文法」與「美文文法」；第六步「編輯教科書」，按今文字典出版中小學教科書；第七步「規定遵守」，監督全國奉行新編文法；第八步「古書編目」，擇古書中有價值者悉一編目；第九步「翻譯古書」，擇古書中之有價值者譯為今文。胡懷琛深信若能挨步進行，則新文學建設之成功指日可待。此書內容為胡懷琛對新文學理論的研究見解，顯現了其在宣揚與實踐新文學語文教育上所作的努力。

2. 後編《白話詩談》，收有〈無韻詩的研究〉、〈歌謠輯評〉、〈詩的前途〉、

〔註 12〕趙黎明：〈胡懷琛與民國之初的新文學教育〉，《中國文學研究》2011 年第 4 期，頁 66。

〈新派詩話〉〔註13〕等文 4 篇。〈無韻詩的研究〉論詩之組織，以為內容是「意」，外表是「聲」和「色」，聲即「調」和「韻」，主張「詩可無韻，但須有調」。〈歌謠輯評〉列舉十首極短歌謠進行簡評。如評「楊柳青，糞如金」，六字寫出春日農家滿足期盼的心情。「螢火螢火，你來照我」，八字見出獨人淒涼的秋夜。「火焰蟲。的的飛；飛上去，飛下來」，其「的的」二字絕妙。又如「醒醒罷，月亮兒已照在西窗下」，以「兒」字增添溫柔婉曲的衷情極佳。〈詩的前途〉分論「舊詩為什麼要破壞」、「新詩為什麼不容易建設得好」、「將來的希望」。胡懷琛認為，舊體詩基於時勢、環境改變與詩人作不出好詩等原因必須破壞；新體詩難以掌握詩中複雜的「聲」、「色」、「意」；如此則「將來的希望」，期待非詩家任其自然不必多作，而專業詩家則須務求戮力精進。

（三）《新文學淺說》

一冊，胡懷琛著，1921 年 3 月上海泰東圖書局初版，有 1922 年 2 月再版、及 1924 年 9 月三版，中研院、台灣大學及復旦大學圖書館皆有館藏，國家圖書館有影印本。

書前自序，說明該書係作者於 1920 年任教江蘇第二師範學校講授國文時所編的文學知識教案，主為學生析講「文學是什麼」、以及指導學生「如何將文章做好」的教本。

全書共分六章，前四章闡述新文學基本知識，包括「文學定義」、「文法」、「論理學文學」與「修辭學」。胡懷琛借章太炎之言為文學下了定義為：「著於竹帛謂之文，論其法式謂之文學」。從實質上，類分文學為「智的文、情的文、意的文」，以「歷史」、「詩歌」「哲學」為代表；形式上，類分為「無句讀的文」、「有句讀的文」、「能唱的文」三種，以「圖表」、「散文」與「詩歌」為代表，各類說法之後皆有文例輔證。

第五章「美的文學」，其下分列十四節，綜談創作美文的條件。前四節比較「整齊」、「錯雜」、「直線與曲線」、「單純與綜合」等四種句法的運用；第五節起強調「音節」、「趣味」、「生趣」、「意境」、「創造」與「自然」等寫文要點，要求打破「文法範圍」與「倫理範圍」。

書末總結只有美的文學，方可具有「普遍」與「永久」的價值。書後並附

〔註13〕〈新派詩話〉一篇，另收在本書「詩作及詩論著述敍錄」章之第三節「詩論與詩評」中詳加敍錄。

錄書中所引三十多則文例原文，以供讀者閱讀參照。

（四）《修辭學要略》

一冊，署名「涇縣胡懷琛」編著，1923 年 6 月上海大東書局初版，有 1926年及 1933 年再版。全書分為上、下編，上編共四章，談「文章之結構」，包括「用字、造句、措詞、謀篇」等方法；下編十二章，談「文章之精神」，借鑑姚鼐〈古文辭類纂〉文章八要「聲、色、格、律、神、理、氣、味」為例論。全書重點，在文章寫作之內容結構、句式語法、謀篇布局等方面之理論知識。其「用字」所列有鍊字、省字、避重字、用奇字、疊字、駢字、虛字傳神等六法；「造句」談單、偶、疊、遞等十種句式；「措詞」所引如陳、引、溯、申、排、冒、擒、縱等廿五法；「謀篇」則舉古文多篇以為例。胡懷琛「序」云：「上編不能拘於定法，下編則惟有心領神會而已」，以為「今人多不重視古文，夫不欲知古文則已，苟欲知之，則得此書，當未必無小補。」乃以此書提供教學者參考。

（五）〈幾種有趣味的『字學』知識〉

胡寄塵撰，刊載於《兒童世界》1929 年第 23 卷第 1 期。透過淺顯的語言，介紹兒童認識中國的「形聲字」、「合體字」與「象形字」，從中領會中國文字奇妙的造字藝術。

（六）《修辭的方法》（《修辭方法》）

一冊，胡懷琛著，一名《修辭方法》，1931 年 2 月世界書局初版，有多次再版，台灣大學、復旦大學圖書館有館藏。可見兩種合刊本：（一）1979 年 5月，台北新文豐出版《零玉碎金集刊》第 34 冊《文章作法全集》（下），及 2014年 3 月北京教育出版社《先生教你寫文章》系列叢書中，收胡懷琛之《作文門徑》、《作文研究》與《修辭的方法》，三本合刊為《作文門徑》一編。

胡懷琛從作文寫作的角度講解了關於修辭的基本知識，全書三章十一節〔註14〕。第一章「修辭的基本知識」。首先闡別修辭之「廣義」與「狹義」定義，胡懷琛以「有點文學意味的作品」為修辭定義，欲使文章能「更美更感動人」為修辭目的，列舉修辭實例，說明修辭方法並無公式可循，只有作者投入感情後適當運用才有價值。第二章「修辭的方法」，說明文章修辭雖無法可循，但初學者仍可依循三個大綱學習，即：「不受文法的限制」、「不受論理的

〔註14〕世界書局初版《修辭的方法》，書分為三章十一節，台北新文豐出版公司影印合刊本改為「三編十一章」，二書章節順序及內容相同，可互對照。

限制」、「不管與事實合不合」。「不受文法的限制」說明中國文字詞性的靈活
互用，如名詞可取作動詞用、動詞可取作形容詞用、或名詞與代名詞可互用
等；「不受論理的限制」，中國文學中常見靈活運用奇巧的代用字，如「取部
分以代全體」之例「八口」、「十指」，或以金黃比柳黃為「柳垂金」，說明雖理
論上不通之句，卻可正是修辭佳句。「不管與事實合不合」，即文學語言不受
事實拘限的修辭方法，胡懷琛揭舉六十例常見的修辭筆法，如「以物擬人」、
「思假為真」、或「視古如今」等，所用雖多虛浮誇大、背離事實、憑空捏造
之辭，然皆是創生文學佳作的修辭語言。第三章「雜論」，針對中國語言與文
字特性，提出常見偶語、四聲、棄語尾、自由分合名詞、隱語、巧對等修辭方
法，與根於中國語法習慣，特別注重的簡練、含蓄、反覆、婉轉等修辭情形的
論述。文後以「修辭是文學的衣服，而不是文學的生命」，提醒為文者要善用
修辭，而不為修辭所馭等語作結。

　　本書為胡懷琛繼其 1923 年 6 月出版《修辭學要略》之後，又一修辭學專
論。書中列舉大量中國文學中的詩詞文句為例，印證中國傳統豐富又富饒變
化的修辭學概念和方法。

（七）《中國文法淺說》

　　一冊，胡懷琛著，1933 年 10 月上海商務印書館出版，輯入《小學生文
庫》〔註15〕第一集，列為第 10 類「語文類」。1966 年 11 月，台灣商務印書館
出版《增訂小學生文庫》臺一版，收入「語文類」。台灣大學圖書館與國家圖
書館有館藏。

　　全書共十六章，第一、二章為建立基本觀念，包括「文法的來歷及其效用」、
「怎樣研究中國文法」；第三章總介九種詞性名稱，並於第四章起分章介紹及
說明各種詞性用法，包括名詞、代名詞、動詞、形容詞、狀詞、介詞、聯詞、
助詞與歎詞等。第十三章起至第十六章，例舉由各種詞所聯結的長短句式用法。

　　中國文法艱深複雜，然兒童讀文又不可不識文法，本書旨為幫助兒童接

〔註15〕1934 年 2 月，上海商務印書館出版全套《小學生文庫》第一集 500 冊，共分
　　　　45 種門類，包括：圖書館學、讀書指南、社會、政治、國際、經濟、實業、
　　　　法律、童子軍、語文、算術、天文、地文、物理、化學、地質、生物、植物、
　　　　動物、工程、農業、工業、生理衛生、勞作、美術、音樂、遊戲、神話、童
　　　　話、寓言、故事、謎語、詩歌、歌劇、劇本、短篇小說、長篇小說、笑話、
　　　　史地、地理、傳記、歷史等。其中，語文與文學兩大類所占最多數，共 166
　　　　冊；自然科學與應用技術類次之，合共 159 冊；史地一類亦有 106 冊。

受與理解中國文法之基本概念，全書使用淺顯的白話語體，每章也只舉簡短例句說明，雖簡短而精要，俾助兒童對語文基礎的認知與學習。

（八）《文字源流淺說》

一冊，胡懷琛著，1933 年 12 月上海商務印書館初版。1966 年 11 月，台灣商務印書館出版《增訂小學生文庫》臺一版，標以新式注音符號，收入「語文類」。台灣大學圖書館與國家圖書館有館藏。

全書共十四章，第一至第十章，解釋「文字」之義涵、文字之效用，並逐章說明文字的起源及種類。中國文字發明之初，有結繩記事，至「八卦」時已見文字雛形；由倉頡至太史籀，「古文」、「籀文」逐漸衍為「大篆」和「小篆」，其間又出現「甲骨文」和「鐘鼎文」等別體；秦漢以後之「隸書」、「真（楷）書」、「行書」、「草書」等文體則通行至今。又有民國以後推行了「注音符號」，也採行過簡體字，但仍以繁體為主。第十一章「中國字的結構」，解析「六書」構造法。第十二章「中國文字學的三部分」，介紹研究「形」、「音」、「義」的參考專著。第十三章列表統計由周秦至清末「中國字的總數」。第十四章結論。本書乃胡懷琛指導高小學生認識中國「字」之源流演變的專著，全文標用注音符號，俾助學生理解「字」、「音」的使用，並引導文字學理論的進階學習。

（九）《修辭學發微》

一冊，胡懷琛著，1935 年 6 月大華書局出版。復旦、台灣大學圖書館有 1935 年版，國家圖書館有影印本。

本書乃胡懷琛綜其《修辭學要略》、《修辭的方法》二書所論，在觀念與內容上更精進延伸的修辭學專題研究。全書十四章，第一至第五章，提出修辭二字的解釋，闡明修辭定義與性質；第六至十三章，探討修辭與語文、風俗習慣的關係，修辭在用字、造句、理論與事實等方面的實際使用；第十四章「修辭雜話」，收錄多則修辭的隨筆文章。

胡懷琛的修辭學論，在現代修辭學興起之初，曾引發不小的學術爭論〔註 16〕。學者盧永和在其〈「修辭」的詩學意義及其限度〉〔註 17〕文中觀察指出，胡懷琛初於 1923 年《修辭學要略》中，以古文提出「只有文言文才能修辭，

〔註 16〕現代修辭學論爭內容，可參考王希杰：〈胡懷琛的修辭學研究及其論述〉一文，《蘇州教育學院學報》（2003 年 3 月）第 20 卷第 1 期，頁 7～10、50。

〔註 17〕盧永和：〈「修辭」的詩學意義及其限度〉，《揚州大學學報（人文社會科學版）》2013 年 3 月第 17 卷第 2 期，頁 98。

白話不能修辭」的觀念後，在 1931 年《修辭的方法》書中已公開承認自己的方法太舊，並推崇唐鉞「參考了西洋的修辭學書而作的」《修辭格》「很合論理」、「最合科學方法」，至 1935 出版全用白話文敘述的《修辭學發微》的這些「轉向」，當理解為胡懷琛對「新舊文學觀念的折衷調適」，又論：「胡懷琛的修辭學研究的長處，在於通過文學語言運用的實踐，讓人們切實感受到「新意境」、「新語句」、「古風格」等口號式文學革命觀念如何落實在詞、句、段和篇等文學語言與文本構造層面。」胡懷琛於書末總結修辭的目的就在於「美」，修辭只是文學的一部分，是一種「點綴品」，而非文學的全體，修辭作者的思想與情感才是文學的生命，也是文學的價值所在。

（十）〈伐與被伐：討論我國文法中一種習慣上的錯誤〉

胡懷琛撰，刊載於《教與學》1936 年第 2 卷第 5 期。中國文學重視修辭，習慣上，常以不同讀音分辨字詞詞性。本文所舉，為字詞相同的主動與被動語態，如《公羊傳·莊公二十八年》「伐者為主，伐者為客」例，兩句中同一「伐」字，雖不知其初讀音是否不同，然其「伐」字，一為「伐人者」，一為「被伐者」；又如《史記·范雎蔡澤傳》中「人固未易之，知人亦未易也」，其「知」字，一為「被人知」、一為「知人」。此固為中國修辭不受文法所限、字詞可靈活互用之常態，胡懷琛則以為，鑑因西文注重明確語態的習慣，學習者在習作白話文時應當留心分辨中西文之不同。

（十一）〈中國文法動詞變化例〉

胡懷琛撰，刊載於《興中月刊》1937 年第 1 卷第 1 期。本文延續上文，論中文之被動與主動文法的變化。中文動詞常由一字變化之例，有（一）「變形不變聲」，如自至為「至」，使之至為「致」；（二）「變聲而不變形」，如「伐者為主，伐者為客」，伐人與被伐，讀音本有長短之別；（三）「形聲皆變」，如自來為「來」，使人來為「徠」；（四）「形聲皆不變」，如「人固未易之，知人亦未易也」，前「知」字為「被人知」、後「知人」。藉以說明中國文法之特別用法與修辭的趣味。

以上語文知識綜合教材有書 7 種，文 4 篇。

三、讀書和寫作指導教材

五四之前，國文教學概以文言文為主，五四新文學推展時期，中國教育

環境因為文、白語言相混教學的矛盾對立，經歷了一場混亂無序的動盪。白話文注入語文教材後，中小學開始學習白話文，白話文的教學成為重要論題。由於學界對於國語教育的思想態度不一致，又缺乏統整和標準的教材，白話文究竟應當如何讀、如何寫、讀什麼、怎樣寫，不僅教學者感惑無可師法，學習者亦茫然無所遵循。盧永和描述當時的困境是：「新文學倡導者們對文言書寫的弊端言之鑿鑿，但對白話文寫作技巧經驗問題則語焉不詳。」究其原因，他指出：「主要是缺少了一個重要的技術實踐環節，即白話文學怎樣寫。」〔註18〕

　　「讀」與「寫」的結合本是中國古代教育的特點之一。溫立三闡述曰：「多讀多背，在熟讀的基礎上成誦，積累的語言材料多了，對語言文字就逐漸有了感悟力。」熟讀而後能靈活「運用」，寫詩作文，「將閱讀背誦中積累的內容，結合個體對生活的理解與感悟，變成自己的心得，化為自己的文字。」〔註19〕現代學者也多肯定讀寫之益，五四以後，「讀寫結合」、「以讀帶寫」的思想成為教育主流〔註20〕，呂思勉曰：「讀書猶之聽話也，作文猶之說話也，必先多聽然後能說，故讀書猶要於作文。」〔註21〕葉聖陶指出國文教學的目標，在於「養成閱讀書籍的習慣，培植欣賞文學的能力，訓練寫作文字的技能。」〔註22〕又說：「學習國文該認定兩個目標：培養閱讀能力，培養寫作能力。」〔註23〕新學教育重視科學化的訓練與實證經驗，結合「讀」的活動到「寫」的實踐，便是現代語文教育的目的。

　　在語文學者們的努力下，相應白話文如何「讀」與「寫」的討論與各種

〔註18〕盧永和：〈胡懷琛的白話文寫作與新文學教育〉，《西華大學學報（哲學社會科學版）》（2015年3月），第34卷第2期，頁15。

〔註19〕溫立三著：《語文課程的當代視野》（北京：中國社會科學出版社，2007年8月），頁37～38。

〔註20〕潘新和在其《中國現代寫作教育史》中曰：「在五四以後，直至今日，占主導地位的寫作教學規範是『以讀帶（促）寫』。『以讀帶（促）寫』就是把閱讀作為寫作學習的基礎或前提，通過閱讀教學來帶動或促進寫作教學。」潘新和著：《中國現代寫作教育史》（福州：福建人民出版社，1997年10月），頁15。

〔註21〕呂思勉：〈國文教學袪蔽〉，收在李杏保、方有林、徐林祥主編：《國文國語教育論典》（北京：語文出版社，2014年9月），（上），頁389。

〔註22〕葉聖陶：〈《略讀指導舉隅》前言〉，收在中央教育科學研究院編：《葉聖陶語文教育論集》（北京：教育科學出版社，1980年8月），頁19。

〔註23〕葉聖陶：〈中學國文學習法〉，收在中央教育科學研究院編：《葉聖陶語文教育論集》（北京：教育科學出版社，1980年8月），頁120。

指導讀寫的教材應時而生。對於傳統與現代語文價值有深刻體認的胡懷琛，亦結合其文學寫作與教學實務經驗，完成不少指導讀書與寫作方法的專門教材。本節依其作品內容分為四類，包括（一）讀書方法研究、（二）作文理論與寫作方法研究、（三）各式文體寫作及其書寫範例、（四）標點符號之常識與使用法等。這些常識性的教學教材，不僅體現胡懷琛對於語文讀寫教學之「技術實踐環節」的重視，亦可知見轉型期注重實用性文體寫作的教育潮流。

（一）讀書方法研究

1. 〈關於讀書的幾句話〉

胡懷琛撰，刊載於《學生雜誌》1929 年第 16 卷第 2 期，主要教導中學生如何讀書學習的方法。該文重點有五：首先闡述「為什麼要讀書」，胡懷琛以為讀書是求學的目的，讀書為求新知，求學重在實行，可涵養品性，因此學生必須二者並重。其二解釋「讀書」二字，古人讀書重視「讀」與「誦」，今書內容或許不適，然若遇可誦讀之詩或韻文，亦須誦讀為佳。其三說明「讀書之法」，胡懷琛提出讀書二法：一是「各書各讀法」，凡文學之書必予熟背，科學哲學之書記大意則可；有系統之書必當循序讀之；讀古書與外國書皆須自有定見，避免被書左右。二是「各人各讀法」，文學之書但求真趣不求真，略讀之法亦有可得，端視個人而異。其四以「抄書」、「買書」與「藏書」，規勸學生惜書愛書。最末強調讀書必備「精」、「博」、「通」三個標準，即「精細」、「廣博」、「通達而能應用」。此三標準猶讀書圭臬，在其後所著《古書今讀法》中亦再見重申。

2. 《古書今讀法》

一冊，胡懷琛著，1931 年 4 月上海世界書局初版，有 1934 年 9 月及 1932 年再版。該書並為世界書局收入其 1934 年出版之《讀書作文通》集中〔註 24〕。1961 年 12 月，台北啟明書局出版《青年百科入門》叢書，輯入其「讀書作文入門組」。另有 1971 年台南建華書局、1981 年台北大漢書局、1983 年台北文鏡文化事業、1990 年 4 月台北國文天地雜誌社〔註 25〕等多版。2017 年 7 月台

〔註 24〕世界書局 1934 年出版《讀書作文通》合集收有六部著作，其中收胡懷琛《古書今讀法》與《一般作文法》二書。

〔註 25〕台北國文天地雜誌社於 1990 年 4 月出版之《古書今讀法》，書末收有胡懷琛〈怎樣研究國學及其基本書目〉一文，並附錄多篇學者論述國學研讀法之作，

北商務印書館輯為其《語文教師小叢書》之一，2012 年 8 月中華書局《跟大師學國學》系列叢書，其中有《怎樣讀古書》一書，乃《古書今讀法》與《中國先賢學說》之合集。

本書為古籍知識與閱讀方法的入門指導。其主旨有二，一為引導今人認知閱讀古書的意義與方法，綜合漢、宋治學方法，揭示閱讀古書必有「考古」精神，以達「致用」的實用價值；二論古書的讀法，結合文獻學概念，說明中國學術源流和古書源流之別、與應選用的治學工具書和材料等。

全書總作十章。第一章至第四章，首先建立古書觀念，包括「何謂古書」，「何以要讀古書」，並列舉「古書與今日社會發生關係的實例」，闡明讀古書之必要性。第五、六章「古書如何讀法」、「三個字的口號」，胡懷琛指出，讀書首要達成「精」、「博」、「通」三個要求，要能「精而高、博而廣、通達而能活用」。第七、八章「明學術源流」、「明古書源流」，指出讀書要精通古書目錄和版本源流，明白中國經史子文等派的學術源流，然後可循本沿源而不致迷津。第九章「材料與工具」，提出研究古書必齊備的字典辭源、雜志、韻編、年譜等工具類書。

第十章「讀了若干部古書所得到的概念」，胡懷琛總結其多年來研究中國學術的心得，歸納共九條觀察大綱：「有思想而無實驗」、「思想籠統而不善分析」、「學問零碎而無系統」、「學術名詞無確切界說」、「善於吸收外來文化，而使他變為中國式」、「中國的學術都以政治為中心，如和政治無關的，便視為不重要」、「最好的是文學、藝術的作品，及實踐論理」、「文學及藝術的作品，只是優美的，缺乏壯美的」及「缺乏哲學思想和科學思想，外來的哲學思想及科學思想，往往是文學化，或藝術化了」。胡懷琛有深厚的文獻學根柢，以科學新法觸類旁通，統合傳統文化思想和現代社會的特點，為讀者與國學研究者開啟接觸古籍的門徑。

3. 《學生讀書之研究》

胡懷琛著，胡道靜〈先君寄塵著述目〉著錄「一冊，1932 年 10 月廣益書局出版」，筆者未見。

包括胡樸安〈研究國學之方法〉、高明〈國學的研究法〉、李辰冬〈怎樣開闢國學研究的直接途徑〉、〈怎樣開闢國學研究的新境界〉、王力〈古書的句讀〉與王靜芝〈關於古書的幾個問題〉等文，俾初學者研讀古籍之參考。

4. 〈怎樣讀書作文〉

胡寄塵撰，刊載於《兒童世界》1935 年第 34 卷第 5 期。胡懷琛寫給小讀者的隨筆短文，析解讀書與寫作的現代意涵，即讀書除熟背以外，必以了解書中意義為要；作文除通順之外，要以明白曉暢為旨。

5. 〈研究國學的途徑〉

胡懷琛撰，發表於《讀書青年》月刊 1936 年第 1 卷第 4 期，又見《讀書顧問》〔註 26〕一書。國學就是中國學術，胡懷琛以為，近人排斥國學，拒言「保存」二字，以為保存國學就是不計好壞「保存一切的中國故有的風俗習慣」，誤解保存就是「復古」，因此也排斥研究國學。胡懷琛乃藉此文以導正國學觀念，並指導研究國學的方式。

胡懷琛提出研究國學必須遵循的五個步驟，即通過「搜集材料」、進行「分析」、「比較」、決定「棄取」，與努力「實行」。國學材料雖不限書本，胡懷琛認為初學者仍須備有可助事半功倍的輔助工具書，如《國學概論》一類，與所推薦的如商務印書館出版的《學生國學叢書》、《中學生國學叢書》、《國學基本叢書》、《國學小叢書》等作為入門參考。書本之外，研究者必須注重個人修養，以增廣見聞、培養客觀目光與正確思考和判斷力，如此則亦可謂具備了研究國學的條件。

6. 〈怎樣選讀文學作品〉

胡懷琛撰，刊載於《讀書青年》月刊 1936 年第 1 卷第 7 期，又見收入《讀書顧問》〔註 27〕一書。為指導中學生選擇適合自己閱讀的文學作品的方法。胡懷琛認為，文學作品偏重情感，本無一定選讀標準，相同作品會因為讀者的個性、時代、環境、年齡、領會程度等條件不同，產生不同程度的解讀結果，故選讀文學作品首要出於自己誠心愛讀。並為避免中學生受限視野或個人程度偏好影響學習品質，必先藉助教員以文學專業「初選」課本，自己再從中進行「複選」，如此方能精確尋得優美又適合自己閱讀的作品，俾助提高文學鑑賞能力。

〔註 26〕王子堅編：《讀書顧問》（台北：河洛圖書出版社，1980 年 1 月），（下冊）「各科學習研究的方法」，頁 147～158。

〔註 27〕王子堅編：《讀書顧問》（台北：河洛圖書出版社，1980 年 1 月），（上冊）「讀書問題討論集」，頁 216～220。

7. 〈國文學習法〉

胡懷琛撰，發表於《讀書青年》月刊 1937 年第 2 卷第 1 期，又見收入《讀書顧問》〔註 28〕一書。乃胡懷琛發表其作文寫作法「八何（W）法」之創見。緒言首先介紹寫作基本「六何（W）」法：「為什麼寫（Why）」、「寫什麼（What）」、「是誰在寫（Who）」、「在何地寫（Where）」、「在何時寫（When）」、「如何寫（Who）」。胡懷琛曾於《一般作文法》書中補充了「這是什麼文（Which）」成為「七何（W）」法，今又再「七何（W）」法後增加了「做給誰讀（To Whom）」，擴申成為「八何（W）」法。全文除重述「七何（W）」法內容，又提出作文必須注意事項，如寫文之前，必先了解閱讀者的年齡、程度、人數、與作者的關係等，如此。最後總結稱「八何（W）」法為作文的「法寶」，讀者透過切實練習，自然能做出好文章。

8. 〈國文自修大綱〉

胡懷琛撰，收入《讀書青年》月刊 1937 年第 2 卷第 11 期，初學國文者需要老師指導正確的學習方向與方法，然只靠課堂上老師授課之學問終究有限，因而需要靠學生自修學習，胡懷琛提供書單，建議學生利用暑期閱讀如名人傳記、《西安半月記》（蔣介石著）等讀物，以培養人格修養，《一般作文法》（胡懷琛著）以為作文技巧與理論之訓練，兼讀胡適、梁啟超等名家文章若干篇，開卷必有益。

9. 〈在目前是否需要讀古書〉

胡懷琛撰，收入《讀書顧問》（上冊）「讀書方法篇」〔註 29〕。胡懷琛指出修讀古書之必要性，在於既可飽覽群籍以知史鑑今，又可涵養古風提升個人美德修養，文末以「研習古籍不可桎縛於古」期勉學生。

10. 〈怎樣研究國學及其基本書目〉

胡懷琛撰，收入《讀書顧問》（下冊）「各科學習研究的方法」〔註 30〕；1990 年 4 月國文天地雜誌社出版之《古書今讀法》，收本文於書末附錄。胡懷

〔註 28〕 王子堅編：《讀書顧問》（台北：河洛圖書出版社，1980 年 1 月），（下冊）「各科學習研究的方法」，頁 812～825。

〔註 29〕 王子堅編：《讀書顧問》（台北：河洛圖書出版社，1980 年 1 月），（上冊）「讀書方法篇」，頁 59～60。

〔註 30〕 王子堅編：《讀書顧問》（台北：河洛圖書出版社，1980 年 1 月），（下冊）「各科學習研究的方法」，頁 132～137。

琛於文中簡要分析中國學術根本之儒道墨三家學說及派別源流，並推薦自著書籍《國學概論》、《中國先賢學說》、《古書今讀法》、《中國學史概要》等，提供國學研習與應用參考。

以上讀書方法研究，有書 2 種，文 8 篇。

（二）作文理論與寫作方法研究

1. 《國文課外講義》

一冊，胡懷琛編，胡道靜〈先君寄塵著述目〉著錄 1919 年 3 月文藝叢報社出版。今汪欣所收書目手稿，記該書有孫矅蝬、蕭蛻、王引才、潘飛聲等人為之序。其中潘飛聲所寫〈序言〉云：「今寄塵為海上學校教師，取其平日演講之稿，刊以問世，名曰《國文課外講義》，編中所言，多為初學說法。」又云：「今日文章英蕪雜極矣。其上者為定庵之文，以奇詭相尚。其下者，且屬入歐洲文體，號為新法。寄塵此書，知者幾人，然此書又烏可少哉？」書中〈敍目〉，包括組合法、習慣、寫景法、傳神法、比喻法、雙管齊下法、脫胎換骨法等二十三項作文技巧思路。書中舉古人文章為例，以說明作文技巧。有關作文之道，胡懷琛引歐陽修論作文法：「頃歲孫莘老識歐陽文忠公，嘗間以文學問之，云無他術，惟勤讀書而多為之，自工益。世人患作文字少，又懶讀書，每一篇出，即求過人，如此，少有至者。疵病不必待人摘指，多作，自能見之。」〔註 31〕

今筆者所見〈國文課外講義〉僅有一篇，署名「胡寄塵」，刊載於《南洋》月刊 1918 年第 1 卷第 2 號。文共五論，例舉五種寫作時須注意的「宜」與「病」。（一）論不合理之文字。列舉三則文句，說明寫文須留意關照事件發生與進行時間的前後順序，避免文意不通。（二）一文兩解之文字。例舉一字可作兩解之句，讀者須理解文中真意。（三）說命意。說明作文必先命意之法。（四）真美善。析解古今文中有謂真確之文、美態之文與善德之文，以觀措辭與文飾之功。（五）文字中之我。指示初學文者須慎用、亦忌移用冠有「我」字之文章，避免造成對作者身分的誤解。〔註 32〕

2. 《中等簡易作文法》

一冊，署名「涇縣胡懷琛」編著，1922 年 5 月上海崇文書局初版，乃胡

〔註 31〕以上《國文課外講義》資料參考胡樸安孫婿汪欣先生提供之手稿，筆者未見該書詳細篇目內容。

〔註 32〕胡懷琛此篇〈國文課外講義〉，不詳是否為其書《國文課外講義》之篇章，茲同列於此，待查。

懷琛綜其多年作文研究的課堂教學講義所成。胡懷琛於書前「序例」云:「文章本無定法可言,然謂之無定法可也,謂之無法不可也。惟其無定法,故難成有統序有條理之書,惟其不能無法,故不能舍法則而不言。」因編此輯,以為提供學生實用的作文參考。

胡懷琛所指導寫作之法,包括「補字讀文法」、「兩個否定詞連用法」、「練習史正文字中之誤字訛句」、「一字之差」、「增字減字」、「組合法」、「基本法與變化法」、「言外之意」、「正面與反面」,與「歐陽永叔作文法」等多篇。書中就文章基本結構的「用字」、「造句」、「措辭」與「謀篇」,依序例舉 30 項作文及煉句方法,俾使初學者能了解掌握作文之技巧門徑。如「補字讀文法」中,教讀古文須留心句中的「省去字」,須試以字句填補,可助理解全文。論及作文「謀篇布局」之法曰:「執筆作文,亦當先打腹稿,使一篇間架,全在胸中,然後執筆書之。斷不可想一句寫一句,拼湊成文。 次作成之後,又當細細誦讀,有無氣不順語不明之處,有則改之,改後復誦,如此三四次,而疵病使漸少矣,此所謂細工大也。」在其「具性情」一節中,提出「文章有真性情存乎其間,則文辭不假修飾,自能動人。古人文之佳者,非文章佳也,白其性情故也。」倡言當以真情實感作為評價作文優劣的評判標準。

3. 《紀實文範》

一冊,胡道靜〈先君寄塵著述目〉著錄「一冊,十二年(1923)1 月武漢崇文書局出版」,歸為「教科書/作文法」類,筆者未見。

4. 《作文研究》

一冊,胡懷琛著,1925 年 1 月上海商務印書館出版,有 1927、1933 年再版,台灣大學及復旦大學圖書館有館藏。另有合刊本,2014 年 3 月,北京教育出版社《先生教你寫文章》系列叢書,收胡懷琛《作文門徑》、《作文研究》與《修辭的方法》三種,以《作文門徑》為名,合刊為一冊。

胡懷琛前序中說明,本書係為提供中等學校教員研究如何教授學生作文的參考,內容係配合學校課程綱要而編,為其多年教授經驗的累積,適合教員閱讀。全書共廿二章,第一至第七章,闡述作文概念、文的實質與形式、字句上的錯誤與說文及文法的關係、並多舉文學作品之例作為參考。自第八章起至第廿一章,逐章就文言與白話、如何教學生作文、實質上的練習、形式上的練習、題目和文的關係,及日記、筆記、譯文方法、改文等問題,提出具

體的教案研究。末章則提出個人的教學經驗分享。

　　胡懷琛以為，「文是發表意見的工具，作文是運用工具」，「所謂作文，只不過練習字的用法、句子的結構法，換一句說法，就是練習技術。」中學作文教學的目標，是使學生寫出明白曉暢、文從字順、繁略得當的作文；在方法上應以技術訓練為重心，同時注重實質訓練，循序漸進地安排各個教學環節；中學作文教學應秉持在規約中求自由、減除自身無法承擔的重荷等價值旨趣，彰顯了胡氏先進的教學理念。

5.《作文津梁》

　　一冊，胡懷琛著，《民國皖人文學書目》著錄「1926 年上海大東書局鉛印本，美國哈佛大學圖書館館藏」〔註 33〕。筆者未見。

6.《一般作文法》（《作文入門》）

　　一冊，胡懷琛著，一名《作文入門》，1931 年 3 月上海世界書局出版，復旦大學、台灣大學圖書館有館藏；另有 1931 年 9 月、1932 年等再版，國家圖書館有影印本。（該書曾為世界書局收入 1934 年出版之《讀書作文通》合集中；1961 年 12 月台北啟明書局再版，更名為《作文入門》，收錄其《讀書作文講座》與《青年百科入門》叢書之「讀書作文入門組」系列）。

　　胡懷琛於〈自序〉中，說明本書指導初學作文者基本寫作知識與技術的用意。全書分三章：首章探討「作文的基本知識」，主要介紹寫作基本「七何（W）」法的概念。胡懷琛據其豐富的寫作經驗，將源出於西方科學解題理論的「六何（W）法」〔註 34〕，即「為什麼寫（Why）、寫什麼（What）、是誰在寫（Who）、在何地寫（Where）、在何時寫（When）、如何寫（How）」，擴申為「七何（W）」說，建議應當再加上「這是什麼文（Which）」一項，有助

〔註 33〕傅瑛著：《民國皖人文學書目》（北京：中國社會科學出版社，2016 年 4 月），頁 189。

〔註 34〕「六何法」，又稱「六 W」分析法或「5W1H」分析法。乃指六個與「W（何）」有關的字眼，包括「背景要件」：何人（Who）、何時（When）、何地（Where）；「分析理解要件」：事情的起因——何故（Why）、經過——何事（What）、結果——如何（How）。這是一種透過反覆提問、分析問題的思考方式，最早由西方學者拉雅德‧吉普林於 1902 年提出，現今廣為各個領域運用。在寫作概念上，「六 W」說早被學者引用，協助增進寫作過程認知，並培育運用寫作策略的能力。胡懷琛文中列舉日學者五十嵐力《新文章講話》提及的「六何」一節，與中國學者夏丏尊《論作文的基本態度》文中的「六 W」說，皆源此理論的衍用。

寫作者在確認寫作目的、寫作角度、中心思想等基本後，還能明辨並掌握各種文章體式與特點。

　　第二章講述「作文的基本技術」。胡懷琛以為應當釐清「技術」與「技巧」定義的不同，指出作文講究的是有理論思考的「技術」訓練，不可等同精雕粉琢專飾美觀的「技巧」，此技術的訓練包括精確的用字與造句、篇章結構、文章的短長演繹、與節錄成文的方法等。第三章雜論，胡懷琛就與作文相關的立題、用典與改文、翻譯等方法，並整理歸納作文常見的難句與訛句等多例，提供初學者比較參考。是書綜結了胡懷琛多年的寫作經驗，書後並附錄多起設題求答的作文練習題，作為學子自驗進益之用，乃見先生於作文教育之用心。

7. 《言文對照古文筆法百篇》

　　原書為上、下二冊，胡懷琛編著，初版不詳，今所見為 1932 年 6 月上海大東書局第四版，1939 年 6 月版及 1941 年版。1984 年 4 月湖南人民出版社重印輯為一版，由吳曼青校點，「重印說明」指出新版對原書誤植的林西仲背景作了更正，並就原書進行校勘、分段，又加入注音、標點符號、對難字的注釋與白話文翻譯，乃今之通行版。2013 年北京知識產權出版社出版《民國文存》叢書，收入《古文筆法百篇》（外一種），復旦大學圖書館有藏本，國家圖書館有 2009 年據大東書局影印本。2018 年 5 月有香港文津出版社版（蒙木點校本）。

　　本書為古文選評輯本，也是指導古文寫作筆法的教學論著。2009 年版書前有「例言」說明編輯要旨。胡懷琛選錄自先秦《戰國策·田需對管燕》始、終至明人法若真《志壑集詩文序》等包含多種題材、體裁與風格相異的百篇古代散文，並移錄清代點評家林西仲的評文模式，悉心將百篇名作以「筆法」之名，劃分為 32 類技巧進行點評，如從柳宗元〈愚溪詩序〉抽繹出「一字立骨法」、從劉禹錫〈陋室銘〉抽繹出「感慨生情法」、從《史記》〈淮陰侯列傳贊〉抽繹出「抑揚互用法」、從陶淵明〈桃花源記〉抽繹出「虛境實寫法」、從岳飛〈良馬對〉抽繹出「匣劍帷鐙法」、從李白〈春夜宴桃李園序〉中抽出「馭繁以簡法」，又有「虛字取神法」、「用筆矯變法」、「諧笑諷刺法」、「託物寓意法」……等。每類多者十篇，少者一篇，各篇多錄有林西仲評語、加註、圈點，並附胡懷琛譯文或說明，以助讀者理解玩味，是其特色。百篇題材包括史傳、論說、札記、游記、雜文小品等無所不備；文之篇幅不計，短長都收；從敘事到論說、從抒情到言志，記事文、說理文、銘文各體，無所不包。該書中多篇古文已為中學選為學習教材，胡懷琛期透過此 32 種作文提類法的編

排，提供青少年與初學者了解古文內容與文體風格，藉以增長歷史與文學知識，乃該書之參考價值。

8. 《貓博士的作文課》

一冊，胡懷琛著，本書為兒童作文方法的指導專著，初發表於《兒童世界》1931 年第 28 卷第 1～16、19～22、24～25 期、1932 年第 29 卷第 1～3 期（署名「胡寄塵」）。1933 年 3 月上海少年書局將之輯為兩冊，於 3 月及 8 月出版。今可見兩個版本：

（1）2012 年 4 月，北京首都經濟貿易大學出版社收入《民國大師教作文》系列叢書。

（2）2014 年 6 月北京光明日報出版社收入《民國作文課》系列叢書。

《貓博士的作文課》是胡懷琛模仿《伊索寓言》擬人法所創寫的小學生作文指導讀本。包括（一）作者自己的介紹（二）貓博士第一次上課（三）監察作文及發現抄襲（四）這條魚是誰畫的（五）「沒有完全」和「完全沒有」（六）公雞鬧笑話……等四十一篇。全書使用充滿童趣的語言，透過故事主角小羊的視角，記述作文老師「貓博士」在課堂上引導鴿子、雄雞、兔子與小狗等學生學習寫作文的故事。在「貓博士」老師生動靈活的教學方式下，原本枯燥乏味的作文課變成了活潑有趣的故事課，寫作文也漸漸變成像說話一樣地簡單容易了。文中處處可見作者引導兒童學習創作的用心，與透過語境練習和模擬互動，讓兒童領會玩中學、學中玩的樂趣，是適合小朋友閱讀的教本，有助益兒童寫作能力的提升。

9. 《作文門徑》

一冊，署名「涇縣胡懷琛」著，1933 年 5 月上海中央書店初版，1934 年後有多次再版，國家圖書館有 1937 年 3 月五版；上海復旦大學圖書館有 1935 年上海博覽書局版。另有合刊本，2014 年 3 月，北京教育出版社出版《先生教你寫文章》系列叢書，收胡懷琛《作文門徑》、《作文研究》與《修辭的方法》三本合刊為《作文門徑》一編。

封面標有「無師自習」字樣，旨為指導初學者閱讀與寫作參考，因此內容力求淺近切實。全書分為上、下二編，上編談「對於文的認識」，下編談「對於文的作法」。胡懷琛解釋「文」，是「一種傳達意思的符號」，學習作文，就是要將「符號用得不錯」。上編有關文的認識有二，一先就文的本體進行考察，初學者必要懂得分辨文與「語言」、「文章」、「文學」之別，尋求「事物」、「思

想」、「情感」等文材，最後加上「題目」標記作文之完成。二要認識各種文章的分類標準與分類方法。

下編有關文的作法，重點有三：一即「字」的使用，要「準確」、「明白」、「經濟」、「自然」、「現代化」與「大眾化」；二是「句」的構造，要「合法」、「達意」、「緩急要適宜」、「長短要恰好」、「轉折要清楚」、「肯、否要明白」；三是「篇」的結構，要留意「篇幅的長短」、「篇幅的整散」、七個「不」可與七個「必」要的條件。書末並附錄包括周作人、徐志摩、魯迅、朱自清等精選的十四篇名家小品文以供讀者選讀。

10. 《作文概論》

一冊，胡懷琛著，1933 年 6 月大華書局出版，有 1944 年與 1947 年再版，復旦大學圖書館有 1933 年版館藏。

本書為寫作指導普及讀本。書前有編輯大意，說明該書旨為提供初學作文者基本作文知識，亦適合作為初高中教學教本。全書共十六章，第一章「緒言」；第二章「你喜歡不喜歡作文」；第三章「你先要認識文是甚麼」；第四章「作文與文學的分別及文的分類」；第五章「文的分類與文的對象」；第六至第七章，談文的「形與質的問題」，分上、下篇；第八至第十章「字句篇」分上、中、下文，解構字句與篇的關係，胡懷琛認為字是根本符號，熟習字的用法、句和篇的結構關係，自然能做好文章；第十一章「作文與題目」；第十二章談「作文與修辭」；第十三章談「作文與翻譯」；第十四章談「作文與讀書」；第十五章「作文雜談」；第十六章「附錄」收文三篇。胡懷琛根據平日與學生交談，理解學生害怕寫作文的心理障礙，認為關鍵的問題是學生要清楚練習寫作文的目的，就是「我們心裡想說甚麼話，筆底下便寫得出，給人家看，人家能充分的明白我所寫的是甚麼，這是作文，這是人人必須學習的。」認為指導學生寫好作文首要做的，便是打消學生怕作文的顧慮。

11. 《詩歌作法》

一冊，胡懷琛著，1936 年 3 月上海商務印書館出版，輯為《小學生分年補充讀本》之一。1966 年 11 月台灣商務印書館出版《增訂小學生文庫》臺一版，標以新式注音符號，收入「作文類」。台灣大學圖書館與國家圖書館有館藏。

本書為胡懷琛指導高小學生認知「詩歌」、「作詩」和「讀詩」等基礎概念的專著。詩歌是獨特的文學語言，並非人人都要學作，胡懷琛以為，作詩

者首要有「作詩歌的動機」，凡對於某事某物的感動時刻，就是作詩的最佳時機，動機愈純正，詩歌的情感便愈深刻而純粹，作出的詩才能感動人。詩歌重視「內質」和「外形」，深刻的「情感」就是詩歌的「內質」；詩歌的「外形」，不拘泥於格式，但要求內質必須是「詩」，又講究字數、音節和修辭，要「以最經濟的字數寫出最豐富最充實的內質」，要以真心表現出「極自然的音節」，也要適度「運用修辭技巧」，使能表現出詩歌的「淺顯」、「爽直」與「簡單」等特性，方可稱為詩歌佳作。

12. 〈我的寫作經過〉

胡懷琛撰，發表於《中國學生（上海 1935）》1936 年第 3 卷第 6 期〔註35〕。胡懷琛闡述其自身習作經驗，提供初學為文者參考。一是由詩文遣詞入手，詩詞文句屢經矗淘細瀝，經過由短遞長、由少漸多之淬鍊後，於作文自有相當助益；二是建議初學者吸取實際生活經驗，俾豐富文章內容；三是重視「文理」之學習。如此則作文時自然百通呼應，無所窒礙。

以上作文理論與寫作方法研究有書 11 種，文 1 篇。

（三）各式文體寫作及其書寫範例

1. 《抒情文作法》

一冊，胡懷琛著，1931 年 12 月上海世界書局初版，台灣大學與復旦大學圖書館有館藏。2012 年 8 月，北京首都經濟貿易大學出版社收入《民國大師教作文》系列叢書中；2014 年 3 月，北京教育出版社輯為《先生教你寫文章》系列叢書之一〔註36〕。另有合刊本：

（1）1979 年 5 月，台北新文豐出版公司輯入《零玉碎金集刊》系列之《文章作法全集》（上）〔註37〕。

〔註35〕 〈我的寫作經過〉，亦見收入王子堅編：《讀書顧問》（台北：河洛圖書出版社，1980 年 1 月），（上冊）「文章作法指導」，頁 20～21。

〔註36〕 2014 年 3 月，北京教育出版社出版《先生教你寫文章》套裝叢書，收有胡懷琛著《抒情文作法》與《作文門徑》兩書。其中《作文門徑》一書，收胡懷琛《作文門徑》、《作文研究》與《修辭的方法》三本合刊為一冊，而以《作文門徑》為書名。見《先生教你寫文章》（北京：教育出版社，2014 年 3 月）。

〔註37〕 1979 年 5 月，台北新文豐出版公司據世界書局《文章作法全集》1934 年再版重印，輯入《零玉碎金集刊》第 34 集，分上、下兩冊，上冊收《抒情文作法》、《說明文作法》兩種，下冊收《修辭（的）方法》、《標點符號使用法》兩種。參《文章作法全集》（台北：新文豐出版公司，1979 年 5 月）。

（2）2016 年，北京知識產權出版社輯《抒情文作法》與《詩的作法》二種合集，合刊為《文章作法兩種》。

本書為胡懷琛文章作法研究系列之一，探討抒情散文寫作方法。全文以抒情文所涉內容，依序提出「本質論」、「預備論」與「方法論」三個研究方向。第一編本質論，首先以黃花崗為主題，列舉抒情文與紀實文、敘事文、說明文、論辯文等文例，比較各種體例不同的敘寫表現，以明抒情文性質；又擷取多篇中國抒情散文佳作，藉使讀者認識抒情散文。第二編預備論，胡懷琛建議為文者須增廣見聞、多識萬物以激動情感；又須遵守「不要濫用」（不濫情為文）、「不要用盡」（含蓄的情感）與「不要被理智所消滅」（情必盛於理）的情感涵養要求；並要培養檢測情感真假深淺的能力，追求情深意真的好作品。第三編方法論，胡懷琛具體指導抒情散文作法。強調必須要真實情感的自然流露，寫作時則依循個人性格、環境、年齡與性別等不同，有時「明寫」、有時「暗寫」，或叫「率真」、或須「婉轉」；除了注意音節用字與章句長短外，還要活用表情歎詞。書末還特別附錄文言與白話常用歎詞表供初學者創作參考。

2.　《說明文作法》

一冊，胡懷琛著，1932 年 10 月上海世界書局出版。另有合刊本：

（1）1966 年台灣商務印書館收胡懷琛著《詩歌作法》與《說明文作法》，合刊為《說明文作法》一冊，輯入其《增訂小學生文庫》（八）中，歸為「作文類」〔註38〕，台灣大學圖書館有館藏。

（2）1979 年 5 月，台北新文豐出版公司輯入《零玉碎金集刊》系列之《文章作法全集》（上）集中。〔註39〕

本書為胡懷琛文章作法研究系列之一，繼《抒情文作法》之後，續依「本質論」、「預備論」與「方法論」三個研究方向，探討說明文的寫作方法。第一編本質論，首析說明文所具「說明、解釋或界說」的本質，探循自周秦以來淵源久遠卻難傳佳作的說明文史，因歸結出古文有：思想雜混問題糾結、抽象名詞無確切界說、言無重點條理不清、文喜矜奇迂迴失之平實、謹言崇簡不善複

〔註38〕胡懷琛著：《詩歌作法》合刊本，見吳增芥編：《說明文作法》1～2，《增訂小學生文庫》第 8 輯（台北：台灣商務印書館，1966 年）。

〔註39〕1979 年 5 月，台北新文豐出版公司據上海世界書局《文章作法全集》1934 年再版重印，輯入其《零玉碎金集刊》第 34 集，分上、下兩冊，上冊收《抒情文作法》、《說明文作法》兩種。參《文章作法全集》（台北：新文豐出版公司，1979 年 5 月）。

雜說明等病，至唐宋韓柳八大家等，始得發揚說明文之真髓。文言文難作長篇說明，現代通行白話文，分章分節條理清楚，胡懷琛以為最適合說明文寫作。第二編預備論，說明文首重明辨觀念、說清事理，因此需要作者「自己的預備」，包括儲蓄、整理與運用知識的能力；與「對於讀者的考慮」，因事因人而作，配合讀者的理解能力說明，便是達到說明文的目的了。第三編方法論，說明文格式主要有三個部分：緒言、正文與結論。實際寫作則有多種方法，如：正面說明法、反面說明法、正反對照說法、用譬喻法、引證法、互相問答法、補充說明法、解剖成文法等；關於緒言和結論，胡懷琛也引用了多例詳加說明。

胡道靜〈先君寄塵著述目〉另著錄胡懷琛有以下五種書寫範例著述：

3. 《抒情文作法範例》

一冊，胡懷琛著，1933 年 2 月大華書局出版，筆者未見。

4. 《記敘文作法範例》

一冊，胡懷琛著，1933 年 6 月大華書局出版，筆者未見。

5. 《說明文作法範例》

一冊，胡懷琛著，1933 年 9 月大華書局，筆者未見。

6. 《議論文作法範例》

一冊，胡懷琛著，1933 年 9 月大華書局，筆者未見。

7. 《小品文作法範例》

一冊，胡懷琛著，1933 年 9 月大華書局。筆者未見。

以上各式文體寫作及其書寫範例，共有書 7 種。

（四）新式標點符號之常識與使用法

清末民初白話文盛行，西方書寫所使用的「標點符號」，以其種類的多樣化與輔助古書閱讀的便利性，廣為當時學者借鑒仿用。民國八年（1919）11月，北京大學教授馬裕藻、周作人、朱希祖、錢玄同、劉復、胡適等人，聯名向教育部遞呈〈請頒行新式標點符號議案〉〔註40〕，翌年（1920）2 月，北洋政府教育部正式頒布〈通令採用新式標點符號〉，該議案所提遂為現今通行使用的標點符號標準版本。

作為輔助閱讀的工具，標點符號使用之初，失誤混亂頗多，胡懷琛亦有

〔註40〕 胡適：〈請頒行新式標點符號議案〉（修正案），收在《胡適文存》（台北：遠東圖書公司，1980 年 4 月），第一集（卷一），頁 115～128。

探論標點符號常識與使用法之專著，對推廣新式標點有莫大助益。

1. 《標點符號使用法》

一冊，胡懷琛著，1931 年 4 月世界書局出版。1979 年 5 月，台北新文豐出版公司據世界書局 1934 年再版重印，輯入《零玉碎金集刊》第 34 集之《文章作法全集》（下）〔註 41〕。

本書對於新式標點符號的使用有詳盡的歸納介紹。全書共七章。第一章總論，藉由兩則因為無清楚標點所造成各自解讀與「破句」現象的趣味故事，說明標點符號的用處。第二章刊錄標點符號議案原文，以彰提案學者之用心、並加強讀者對新式標點符號的認知。該議案共分三部份，一是釋名，解釋並說明標點符號含義與名稱由來；二是分項介紹十二種標點符號的樣式和用法；三則析陳新式標點符號之效與害。

新式標點經推廣後，晉遍為社會各階層所接受，但這種全然移植自西方的符號，初使用時仍遭遇不少反對聲浪，胡懷琛於第三章「議案外的標點符號」，也對照討論了其他觀點。書中除詳列標點符號的正確使用法外，同時於第四章提出了符號用法的變例比較；第五章為胡懷琛所提出個人使用標點符號所感的八點疑問以供讀者思考。第六章「中國古書中文字本身就是標點」，討論中國古書使用新式標點的問題。胡懷琛指出，中國文句習用的「焉、哉、矣、兮」等字詞，本身實已兼具標點功能，今加注新式標點，雖不免病於「疊床架屋」，然古書難懂，若輔以標點，俾可匡矯誤讀錯解之患，因此認為「新標點更要精密，把那文字指示得更要明白」。書末一章以兩則「作文不用標點」與「隨意標點」所產生的失誤故事，證諸「標點大有用處」，強調善用標點符號的重要性。

2. 《怎樣使用標點符號》

一冊，胡懷琛編著，1936 年 3 月上海商務印書館初版。1966 年 11 月，台灣商務印書館出版《增訂小學生文庫》臺一版，標以新式注音符號，收入「語文類」，台灣大學圖書館與國家圖書館有館藏。

原書封面標有「小學生分年補充讀本」、「三年級，國語科」字樣。胡懷琛「總論」中也記本書「是預備給小學三年級的學生讀的」。書中依序列舉「句號、點號（即逗號）、分號、冒號、問號、歎號、引號、人名地名號、書名號、

〔註 41〕　《文章作法全集》下冊收錄《修辭（的）方法》、《標點符號使用法》兩種。
　　　　　（台北：新文豐出版公司，1979 年 5 月）。

夾註號（即括號）、刪節號、尖點（即頓號）、及置於人名中間的圓點」等基本而常用的注音符號，以例句說明各符號所代表意義與正確的使用方法。全書輔以標點符號，俾助學生閱讀理解。

3.〈標點奇觀〉

胡懷琛撰，刊載於《讀書青年》月刊 1936 年第 1 卷第 1 期。胡懷琛以「讀書救國」四字為例，標點翻演出九種不同變化，如「讀書。救國。」「讀書；救國。」「讀書救國。」命令語氣「讀書救國！」、「讀書救國？」、「讀書！救國！」、「讀書？救國？」、「讀書！救國？」、「讀書？救國！」等，說明標點符號影響上下文義所產生的不同解讀，藉此介紹讀者認識並正確使用新式標點符號。

4.〈引號用法的變化〉

胡懷琛撰，發表於《讀書青年》月刊 1937 年第 2 卷第 5 期。胡懷琛繼〈標點奇觀〉一文後，再度介紹「引號」的多樣用法。引號原為表明引用他人之話或引用他書之話而用，然亦可表其他用途，胡懷琛指出至少有十種以上變化，如「滿州國」表否定之義；「民族革命戰爭的大眾文學」，為聯合字句或冗長文句時使用；指示特別用字時亦常使用，如春風「風」人；或加重讀重，以引起注意，如你好，他「還要」好；又借用成語時，可使用引號表明改字後所得的新意，如好男「要」當兵。胡懷琛以為引號多變化，巧妙善用可使文句多得趣味。

以上新式標點符號之常識與使用法，有書 2 種，文 2 篇。

四、尺牘書信與應用文類著作

清末自禁廢八股科舉後，受西方實用主義思潮影響，傳統為「功名」、為「文章」、以「應試」為目的的讀寫觀，逐步趨向於為「實用」的轉變。五四以後，新政教育在「實學」、「實利」思想指導下，以「學」、「用」為旨，重視培養學生實用文書寫作訓練，使具備「切實應用之作文能力」為目標。社會開始頻繁社交與商務往來的書信文化，各式指導書寫「俗語敘事」、「日用簡短書信」的參考讀物，與職場須備的文束、記事、公文等諸類應用語文知識書籍，也都應時大量出版。

胡懷琛初應出版社之邀，為兒童與婦女編作了實用的尺牘習作文本，繼又受邀編輯初小、初中與高中學生習用的白話應用文教本。「尺牘」，古時書

信於木簡因稱之，後為書信之代稱，亦有「尺簡」、「尺素」、「尺翰」、「尺鯉」、「尺書」等名。尺牘乃人際往來應對之文，與書札、契據、章程、廣告、束帖、公文等諸類普供大眾日常生活需用的專門文件，皆有一定的文書用語和書寫格式。為引導一般讀者能「舉一反三」、「推陳出新」、「不藉掏錄」，達到「自能創作」為目標，〔註42〕胡懷琛一貫其嚴謹不苟，實事求是的態度，「從作文學的立場」精心編審，役使透過這些「備求於用」的參考用書，普及應用文的實用效能與教育價值。

（一）尺牘寫作教本

1.《童子尺牘》

二冊，署名「安吳胡懷琛」編，線裝竹紙石印本，1915 年上海廣益書局出版。《民國皖人文學書目》著錄有「《童子尺牘》，1915 年上海廣益書局鉛印本，香港科學人學圖書館藏」〔註43〕中研院近史所圖書館善本室有藏本，孔夫子舊書網（http://www.kongfz.com）亦可見上海廣益書局 1924 年之訂正本〔註44〕。

〔註42〕胡懷琛編：《最新應用文》（上海：世界書局，1932 年 10 月），前頁例言。
〔註43〕傅瑛著：《民國皖人文學書目》（北京：中國社會科學出版社，2016 年 4 月），頁 34。
〔註44〕《童子尺牘》書影，摘見孔夫子舊書網（http://www.kongfz.com）2018 年 4 月 24 日。

　　《童子尺牘》彩色封面上標有「男女通用」字樣，書前有「編輯大意」，記是編乃「專為九歲十歲至十二三歲童子之用，意極淺顯，語極簡單，初學最易摹仿。」全書每雙頁為一式，右頁為文字範本，主為介紹書信、收條、明信片、名片、帳簿等文體繕寫，文用精楷大字繕寫，方便兒童臨仿；左頁為圖示，分為上下二圖，上圖所繪為函中大意，下圖則搭配益智遊戲、或風景名勝、水果、昆蟲動物等趣味圖畫等。第一冊書末附錄有收條、便條、明信片、名片等各式文例，第二冊則附錄中西數目對照表、度量衡表、九九乘法表及帳簿格式等多式表格，是適用兒童應用文寫作的指導範本。

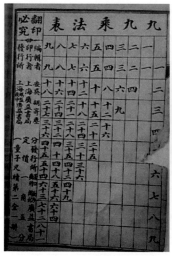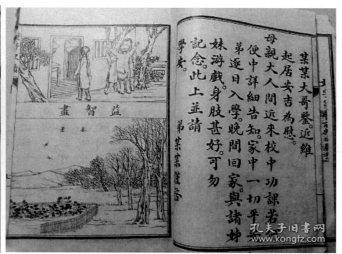

2. 《幼稚尺牘》

　　上、下冊，署名「安吳胡寄塵」編，上海廣益書局線裝竹紙石印本，使用精楷繕寫。孔夫子舊書網站（http://www.kongfz.com）〔註45〕可見兩種版本：

　　（1）書名為《幼稚尺牘》，上海廣益書局1916年4月初版，至1922年3月已第七版，封面右上有「男女通用」字樣，僅存下冊。

　　（2）書名《新撰幼稚尺牘》，封面右編有「一名少年新尺牘」字樣，不詳出版年月，有上、下冊。二式圖書均以左圖右文方式編排，圖頁內容與書信內容無關，畫面都標示有畫題如「風俗畫」、「遊戲畫」或「故事畫」，並輔以簡短文字說明。該書雖以「幼稚」為名，然視其內容，概為稍嫌艱澀的文言書信，無法確知書版的適用對象。

〔註45〕《幼稚尺牘》見孔夫子舊書網（http://www.kongfz.com）2018年5月16日。

3. 《女子白話尺牘》

一冊，署名「涇縣胡懷琛」編。孔夫子舊書網（http://www.kongfz.com）〔註46〕所見有兩種版本：

（1）書名為《言文對照新體女子尺牘》，大東書局 1921 年 11 月線裝竹紙石印本，使用精楷繕寫，封面右上有「自修適用」字樣。另有 1930 年 8 月第 11 版。

（2）書名為《新體女子白話尺牘》，不詳初版；《民國皖人文學書目》著錄有「《新體女子白話尺牘》五編，1926 年上海大東書局鉛印本」〔註47〕。書前頁有編輯大意，說明該書主要介紹各種書信格式，提供高小以上程度女子寫信時參考。有緒論一編，說明寫信方法，第二編為家庭書信各式範例，另附錄一編，介紹和尺牘相近或相關的實用文字。

4. 《怎樣寫信給你的朋友》

一冊，胡懷琛編著，1929 年以篇名〈寫信給你的朋友〉，發表於《兒童世界》第 24 卷 19～21、24～25 期，1930 年第 25 卷 1～5、7～13 期（署名「胡寄塵」）。1934 年上海商務印書館輯入其《小學生文庫》第二集，書名作《怎樣寫信給你的朋友》，列為第十類「語文類」；1966 年 11 月，台灣商務印書館出版《增訂小學生文庫》臺一版，亦收入「語文類」。台灣大學圖書館及國家圖書館有館藏。

全書共廿個單元，主要為指導小朋友學習寫信的必要常識，包括書信的格式、信件的內容、信封的寫法、信文的長度、寫作的態度和語氣等。文中強調通信溝通的好處，除鉅細靡遺循序交代寫信、寄信應注意的細節外，又附錄了多則與寫信相關的小故事，以明託人代寫、寫錯別字、誤用典故等容易造成的誤會和笑話，提供兒童學習寫信參考。

5. 《怎樣寫信》

一冊，胡懷琛著，1932 年新中國書局出版，輯入「小學校國語科補充教材」，1933 年 12 月，上海商務印書館輯入《小學生文庫》第一集，列為第十類「語文類」，筆者未見。

以上尺牘寫作教本，共有書 5 種。

〔註46〕見孔夫子舊書網（http://www.kongfz.com）2018 年 7 月 2 日。
〔註47〕傅瑛著：《民國皖人文學書目》（北京：中國社會科學出版社，2016 年 4 月），頁 186。

（二）應用文寫作指導

1. 〈隨身應用的文件〉

稿本，胡寄塵撰，發表於《兒童世界》1931 年第 27 卷第 1～9 期，未見單行本。本篇為兒童介紹數種實用的應用文基本格式，包括（一）「甚麼叫隨身應用的文件」；（二）「訪友留言」，例舉名片留言與留言板留言；（三）招帖，例房屋招租、店鋪頂讓；（四）告白（告示），如禁示標「請勿吸菸」或指示標「由此進」等；（五）收條，適於簽收物件時之臨時收據或回條使用；（六）便條，簡便書寫的便條，是「非正式的信」，因形式之不正式，故不適用於長者或不熟識之人；（七）帳簿，兒童自小學習簡單收支帳，有助管理自己金錢用度；（八）（缺頁，不詳）；（九）章程，例舉適用學生的章程，如球會章程、旅行章程；（十）雜記，或備忘錄。

2. 《最新應用文》

一冊，胡懷琛編著，1932 年 10 月上海世界書局初版，復旦大學、台灣大學圖書館、台北國家教育研究院有館藏。該書標明「高中、大學適用」。書前《例言》說明：「本書注重說明應用文的性質和格式和應用的方法，從作文學的立場編定之，庶使讀者舉一反三，推陳出新。不藉掏錄，自能創作，是一種研究應用文學的書籍。」全書共分三編：第一編「本體論」，共分兩章，介紹應用文的性質和分類。第二編「預備論」，共分四章，說明寫作前應當預備的寫作心態、對於欲陳事實的理解、對於關係人的認清與對於格式的認識。第三編「方法論」，共分十七章，闡述應用文作法概論、繼而根據各種社交應用需求，例如：聯絡感情、發表意見、婚姻喪祭、組織團體、租借買賣、調查報告、記載統計、經營商業、訴訟、一般行政與國際交涉等，提出作法要點與寫作範例。書末附錄「應用文話」30 篇，摘錄古今應用文實例，提供佳作欣賞，同時也指出不當寫作所造成的各種弊病和笑話。

3. 《應用文一斑》

一冊，胡懷琛著，1933 年 10 月上海商務印書館初出版，輯入《小學生文庫》第一集第十類「語文類」。1966 年台灣商務印書館出版《增訂小學生文庫》臺一版，收為「語文類」，台灣大學圖書館與國家圖書館有館藏。

是書主要為高小學生或初學者介紹應用文體的使用常識，說明應用文對生活與社會工作的重要性，書中例舉包括名片、便條、郵片（明信片）、短信、收條、留字、招貼、廣告、通告、簡章、標語、雜錄等十二種應用文

類，對照體例說明與寫作範例，使初學者皆能習得正確的應用文觀念與寫作方法。

4.《初中應用文教本》

一冊，胡懷琛編，1934 年 7 月上海世界書局版，及 1934 年上海大華書局版。國家圖圖書館有影印本。全書共八章，書前「編輯大意」，說明該書係選備為初級中學以上教學與自學適用，故內容簡要而實用，共取「書札」、「契據」、「章程」、「廣告」、「柬帖」、「公文」等六種論之，兼重理論與格式，意在使初學者能明瞭各項文件的性質、種類與寫法，以達自行寫作應用為目標。

以上應用文寫作指導，有書 3 種，文 1 篇。

（三）其他課外知識補充讀本

胡懷琛特別譯介有西洋戲劇概論，提供初學者基本實用的戲劇概念。

1.《戲劇入門》

一冊，胡懷琛著，台北啟明書局於 1961 年 10 月將之與《新詩研究》（即《新詩概說》）合刊一輯〔註48〕，收為《青年百科入門》叢書「西洋文學組」系列之一，乃胡懷琛翻譯整理的西洋戲劇史概說，作為提供青年修習西洋戲劇的入門指導書。

全書共六章，第一章「戲劇之一般概念」先導入戲劇觀念；分次為第二章、戲劇發展的徑路：追溯古代戲劇源流；第三章、近代戲劇的發生：說明近代戲劇產生原因；第四章、近代劇之開展與分化：闡述近代戲劇的發展；第五章、近代生活的內容：探討戲劇反映人生的內容與意義；第六章、近代劇之形式及技巧：介紹西方近代戲劇形式與技巧。

五四時期，新思潮在中國迅速滲透發展，是中國亟欲「吸納新潮，脫離陳套」的時代，深受西方學術思潮和理論影響，大量西方小說、音樂與戲劇理論被引入，具有新思想的知識分子，紛紛投身於西方戲劇和作家的引介工作上，從戲劇理論到舞台實踐，由翻譯、改編到創作，以各種方式發揮啟迪民智、改造社會的影響力，本書即胡懷琛關照西洋戲劇史與戲劇理論的譯述之作。

以上其他課外知識補充讀本，有書 1 種。

〔註48〕本書封面書名為「戲劇入門附新詩研究」，因相異於首頁「新詩研究附戲劇入門」，編目查詢時宜留意。

第二節　兒童文學課外讀本

　　五四時期，白話文引入小學教材後，在教與學的觀念和方法上，面臨了文、白語言在過渡期必然產生的矛盾衝突和對立。隨著分科教育的實施，學科門類愈分愈細，而國語課程與時數則日減。現代語文教育理想要求學生具有自讀、自學和獨立思惟能力，然而學者也認知這種自學能力的培養和訓練，僅靠課內少量的語文教育是不足的。孫本文在其〈中學校之讀文教授〉一文中說：「對於國文教授之希望，在廢課本而代以課外自讀，課內之任務，僅為指示訂正而已。」又謂「國文之主課，宜於課外自讀求之，不當斤斤於課內求之也。」〔註49〕認為應該用課內教學指導課外學習，課內和課外的學習是相互連繫的；夏丏尊也以「不要只從國文去學國文」、「不要只將國文當國文學」〔註50〕，強調國文教學不當拘囿於課堂學習，而必放眼於課外。加強文學閱讀，以課外教材作為課內教材的延伸和補充，「得法於課內，得益於課外」是鞏固課內所學知識和提高學生自學能力的主要憑藉。

　　在教育學家和文學作家的積極參與下，各種切合兒童生活應用、啟發思考與閱讀趣味的文學讀本大量被創作出版，取代了過往以「改編」中國傳統文學作品或「選譯」外國作品的方式。胡懷琛重視語文教育，尤關注兒童與青少年文學啟蒙，他在〈古今兒童讀物之變遷〉一文中曾道：「欲談文學，必先讀書，而讀書又必自兒童時始，故兒童讀物，在文學史中，亦一重要問題也。」〔註51〕他以文學家的視野傾注寫作熱情，作品中有為學齡兒童創作的兒歌、童詩、童話與故事；也為青少年學生提供適合「略讀」的課外補充讀物，包括詩歌、神話、民間傳說、寓言、戲劇、科幻小說等。本節綜其作品分為七類：（一）童詩、童謠與兒歌；（二）神話故事與寓言小說；（三）經典名著讀本；（四）詩文集選編；（五）名家傳記；（六）故事劇本；（七）綜合知識及其他諸類。在語文教育中滲透思想是語文教學的重要功能，胡懷琛以童心、童趣，為兒童與青少年編作這些取材廣泛、內容體裁豐富多樣的作品範本，益使兒童學生能在課外自學之餘，透過閱讀增廣知識，並能領略中國文學精華。

〔註49〕孫本文：〈中學校之讀文教授〉，收在李杏保、方有林、徐林祥主編：《國文國語教育論典》（北京：語文出版社，2014年9月），（上），頁102。

〔註50〕夏丏尊：〈教學小品文的一個嘗試〉，收在李杏保、方有林、徐林祥主編：《國文國語教育論典》（北京：語文出版社，2014年9月），（上），頁332。

〔註51〕胡懷琛著：《中國文學史略》（上海：新文化書社，1935年5月），附錄。

一、童詩、童謠與兒歌

（一）《繪圖兒童詩歌》

　　一冊，署名「涇縣胡懷琛」編，1915 年 5 月上海廣益書局出版。《民國皖人文學書目》著錄「《繪圖兒童詩歌》，胡寄塵著，1915 年上海廣益書局石印本」〔註52〕。孔夫子舊書網（http://www.kongfz.com）所見為 1928 年 11 月石印線裝再版。〔註53〕該書封面右上標有「共和國民必讀」字樣，左下記寫「上海廣益書局石印」；版權頁註明「兒童詩歌讀本第一冊」，編輯者署名「涇縣胡懷琛」。書扉頁有〈兒童詩歌讀本例言〉，說明全書所輯自六朝至元明詩，取材「純是天機，極易上口，而思想純潔高尚者為主」，為兒童「陶情養性之需」，全書為楷體黑白印刷，一圖一文相互搭配，圖畫精緻細膩，詩文短小淺顯為提供適合兒童啟蒙與初學詩者之入門指導。

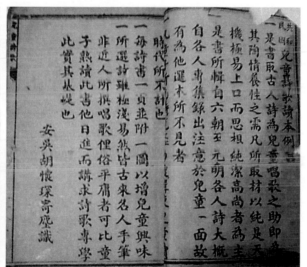

　　胡懷琛另作有〈兒童詩歌讀本序〉，發表於《南社叢刻‧南社文錄》（二）第 13 集，〔註54〕序中自述其年少學詩甘苦歷程，以己初讀詩時因錯失正確合適的引導為憾，故成就此編以提供兒童與初學者學詩之最適讀本。其序云：

〔註52〕傅瑛著：《民國皖人文學書目》（北京：中國社會科學出版社，2016 年 4 月），頁 31。

〔註53〕《繪圖兒童詩歌》書影，摘見孔夫子舊書網（http://www.kongfz.com）2018 年 7 月 17 日。

〔註54〕胡懷琛：〈兒童詩歌讀本序〉，發表於《南社叢刻‧文錄》第 13 集，見林慶彰主編：《民國文集叢刊》（台中：文听閣圖書有限公司，2008 年 12 月），第 146 冊，頁 970～972。

「古人詩選本，取材醇正，可以陶情養性者，以真西山文章正宗〔註55〕為最。然亦有高深不便初學者。余不揣固陋，竊選此編以貽初學。本之西山之醇正，一以淺顯為歸，而又剛勁雄渾，非復平庸之可比也。」是乃該書選編之旨。

（二）《我的歌》

兒歌集，全套四冊，姜元琴及胡懷琛所編，1935 年 1 月及 2 月，上海商務印書館收為《幼童文庫》〔註56〕叢書之一，列「詩歌類」。前二冊為姜元琴編，後二冊為胡懷琛編。

北京海豚出版社於 2011 年及 2015 年曾再版《幼童文庫》，其中收有《我的歌》第一、二集，〔註57〕但筆者並未見到胡懷琛所參與編輯的第三、四集，故不詳該書內容。

（三）《胡氏兒歌》

一冊，筆者未見。據關志昌撰〈胡懷琛〉與鄭逸梅《南社叢談》〈南社社友著述存目表〉中〈胡寄塵〉著述條目，皆載胡懷琛編有「《胡氏兒歌》，一冊」〔註58〕；《民國皖人文學書目》則著錄「《兒歌》，二冊，胡寄塵編，1924年上海中華書局鉛印本」〔註59〕。不詳以上所記是否同指一書。

〔註55〕宋翰林學士真德秀，字景元，世稱「西山先生」，福建浦城人。有《文章正宗》二十卷，選錄漢代以前大量公文，析分為「辭令、議論、敘事、詩歌」等四大類並進行點評，以為後世取法借鑒。《文章正宗》收見文津閣《四庫全書》集部總集類。胡懷琛此指其詩歌一類。

〔註56〕《幼童文庫》叢書，總計 200 冊，內容分為故事、社會、自然三大系列，含涉社會、公民、自然、算數、衛生、體育、勞作、美術、詩歌、語文、謎語及故事等共 12 類題材，主以豐子愷、陳鶴琴等名家手繪的精美圖畫為主，輔以淺顯簡易的文字，是專為提供小學低年級兒童識字閱讀所設計的百科圖書集。民國時期兒童叢書多缺損散佚，原版《幼童文庫》今已不全，1977 年台灣商務印書館雖曾有再版，亦已難見。

〔註57〕2011 年起，海豚出版社據台灣商務印書館 1977 年版、上海圖書館部分版本、與收集自坊間藏本，共得 184 種，經整理修訂後，將已整理的 80 種，於 2011年 9 月起（2011～2012），先後出版套裝版第一、二集共 20 冊（每集 10 冊，輯原書 4 冊為 1 冊，共收原書 80 種）；2015 年 1 月再推《幼童文庫合集》（上、下）共 15 冊，內容只多收 2 種，其餘同套裝版的重複。

〔註58〕關志昌撰〈胡懷琛〉，收在劉紹唐主編：《民國人物小傳》（上海：上海三聯書店，2017 年 7 月），第廿冊，頁 141～153；鄭逸梅著：《南社叢談：歷史與人物》（下）（北京：中華書局，2006 年 7 月），〈南社社友著述存目表——胡寄塵〉，頁 435。

〔註59〕傅瑛著：《民國皖人文學書目》（北京：中國社會科學出版社，2016 年 4 月），頁 138。

（四）散刊詩作

1. 刊於《兒童世界》的單篇童詩與兒歌共 40 首。〔註60〕

（1）1922 年發表〈運動〉、〈水中明月〉、〈廚子和貓〉、〈星〉、〈小人國〉、〈大人國〉、〈月亮〉、〈麻雀兒〉、〈貓〉、〈馬路上的電燈〉、〈玻璃瓶〉、〈蟹子〉、〈老鼠搬家〉、〈蟋蟀娶婦〉、〈雨來了〉、〈月世界〉等共 16 首。

（2）1923 年有〈時鐘〉、〈跳舞〉、〈蜜蜂〉、〈小黃狗〉、〈雪人〉、〈雄雞問雌雞〉、〈火星世界〉等 7 首。

（3）1926 年有〈寫字〉、〈毛筆〉、〈兄弟〉、〈大雄雞〉4 首。

（4）1927 年再創作〈老貓〉、〈兩個小孩子〉、〈春來了〉、〈小狗歌〉、〈時辰歌〉、〈鏡中的弟弟〉、〈反歌〉、〈各有各的長〉、〈數目歌〉、〈麵粉做餅子〉、〈唱給仙人聽的歌〉及〈嫦娥把快樂給人〉等 12 首。

（5）1934 年有〈怕冷的貓〉1 首。

　　這 41 首「寓教於育」、取材貼近生活的鳥獸草木與日用常識，字句淺顯簡單，音韻輕快活潑，饒富童心趣味的作品，係依據學齡前兒童和小學低年級學生的心理程度與生活經驗而設計，搭配精細的插圖，以涵養兒童視覺美感與純真情感，極適合兒童閱讀。其中所描寫皆為兒童熟悉的動物形象，有愛偷吃竈食的饞貓（〈廚子和貓〉）；垂涎水中游魚的老貓（〈老貓〉）；一出生就有鬍鬚的貓，讓人好奇牠的年紀（〈貓〉）；怕冷的貓只愛偎爐取暖，失神時跌下火爐反遭老鼠取笑（〈怕冷的貓〉）；懼貓的老鼠想搬家到無貓國，卻迷了路，只好鼓起勇氣「向貓兒問路」（〈老鼠搬家〉）；認真盡責的大雄雞「五更喔喔啼，叫我天天要早起」（〈大雄雞〉）；蟋蟀娶妻，有好朋友「蚊子敲鑼，蛙打鼓」，組成了熱鬧的迎親隊伍（〈蟋蟀娶婦〉）；每天最勤奮做工的是〈蜜蜂〉、忠勤看門的是〈小黃狗〉等，皆親切而逗趣。另又以生活常見的事物為啟發教材，如定時會按照數字「一二三四五」鳴響的〈時鐘〉；無字不識的〈毛筆〉；〈麵粉做餅子〉裏，教小朋友用「白如霜」的白麵粉「和些水，爛如漿」，就可做成「外面有芝麻，裡面有糖」、「團圓如月亮」的餅。也有取材自西方童話的兒童詩謠，如郵差送來〈小人國〉的信，「大字還比螞蟻

〔註60〕以上 40 首作品，見《兒童世界》1922 年第 3 卷第 1～4、5、10、12～13 期，1923 年第 5 卷第 4、6～7、13 期，第 6 卷第 1、6 期，1926 年第 17～20 卷第 8、13、16 期，1927 年第 19～20 卷第 6～9、13、18 期，1934 年第 32 卷第 2 期。

小」；送到〈大人國〉的信則「信紙方方一丈四」，誇張的手法，極騁文字想像空間，新奇有趣。〔註61〕

2. 他書收錄單篇童詩與兒歌共有 13 首。

（1）《江蘇省立第二師範學校校刊》1922 年第 16 期第 15 號，刊載有胡懷琛作〈星與螢〉、〈雪人〉2 首。〔註62〕

（2）陳鶴琴《分年兒童詩歌》，上冊收胡懷琛〈得過且過〉1 首；下冊收（長江黃河）、〈蟲言詩〉、〈落花〉、〈明月〉、〈秋葉〉、〈雞冠花〉、〈柳〉、〈冬日青菜〉等共 8 首。〔註63〕

（3）海豚出版社出版《名家散失作品集：陳鶴琴童書》中，收胡懷琛童詩〈明月〉、〈雞冠花〉與〈秋葉〉3 首。〔註64〕

以上童詩、童謠與兒歌，計有書 3 種，詩 53 首。

二、神話、故事與寓言小說

（一）神話、故事

1. 《中國神話》

原為兩冊，胡懷琛編著，1928 年上海商務印書館出版。今可見四個版本：

（1）1933 年 10 月，上海商務印書館輯為一冊，列入《小學生文庫》第一集第 30 類「神話類」。

（2）1966 年 11 月台灣商務印書館發行《增訂小學生文庫》臺一版，收《中國神話》一冊，列入「神話類」。台灣大學圖書館、國家圖書館有館藏。

（3）2013 年 2 月，北京智慧財產權出版社合訂《中國神話》與《中國寓言研究》為《中國寓言與神話》一冊出版。

〔註61〕〈小人國〉與〈大人國〉兩篇曾輯入胡懷琛所編：《新撰國文教科書》（初小用）第八冊課文。

〔註62〕以上 2 首作品，見《江蘇省立第二師範學校校刊》1922 年第 16 期第 15 號。

〔註63〕《分年兒童詩歌》原是兒童教育學家陳鶴琴主編的一套圖文並茂的兒童詩歌分級讀物，由兒童書局于 1931 年出版。這套讀物按照月份編輯，每月選入若干首對節對景的優秀詩歌，共輯十二冊，今合為上、中、下三冊。其上、中二冊各收錄兒歌、童謠近 200 首，下冊收民歌、兒童詩、古詩、白話新詩等 100 餘首。其中〈得過且過〉、〈長江黃河〉、〈蟲言詩〉、〈落花〉、〈明月〉、〈秋葉〉、〈冬日青菜〉等 7 首，原收《胡懷琛詩歌叢稿·重編大江集》。

〔註64〕以上 3 首作品，收於陳鶴琴著：《名家散失作品集：陳鶴琴童書》（北京：海豚出版社，2013 年 5 月）。

（4）2012 年 10 月，北京海豚出版社出版《小學生文庫 001：中國神話、印地安人的神話》合刊本。

《中國神話》精選中國古代神話與民間傳說共 25 篇，包括〈黃帝遊華胥國〉、〈龍伯國大人釣鼇〉、〈穆天子見西王母〉、〈后羿射日與嫦娥奔月〉、〈女媧補天〉、〈愚公移山〉、〈斑竹的來歷〉、〈蠶的來歷〉、〈穿胸國〉、〈風生獸和火浣布〉、〈左元放的幻術〉、〈細腰〉、〈狐狸與華表〉、〈園客〉、〈懶婦〉、〈紫姑神〉、〈楊寶救黃雀〉、〈丁令威化鶴〉、〈端午吃粽子的來歷〉、〈鵝籠書生〉、〈牽牛織女的故事〉、〈吳剛砍桂樹〉、〈月下老人〉、〈鍾馗吃鬼〉、〈螞蟻國〉等。〔註 65〕故事取材自《山海經》、《穆天子傳》、《玄怪錄》、《酉陽雜俎》、《搜神記》、《續齊諧記》等中國歷代流傳久遠的神話傳說與筆記傳奇等。胡懷琛以其生動流暢的文筆重新改寫，為兒童傳述這些膾炙人口的不朽經典，用心引領兒童馳騁於一個自由想像、浪漫新奇的神話國度。

2.〈中國神仙故事〉

〈中國神仙故事〉共 40 篇，自 1929 年起，陸續刊載於《兒童世界（上海 1922）》「中國神仙故事」欄，未見單行本。所輯故事有〈徐光種瓜〉、〈樊英救火〉、〈一醉二年〉、〈黃粱夢〉、〈費長房〉、〈壺公〉、〈魏伯陽〉、〈李阿〉、〈張公弼〉、〈廣寒宮〉、〈懶殘〉、〈翟乾祐〉、〈徐佐卿〉、〈張定〉、〈廉廣的仙畫〉、〈馮大亮與其牛〉、〈韋丹與黑老〉、〈韓湘子〉、〈茅安道〉、〈終南山翁〉、〈龍護〉、〈葛玄〉、〈孫博〉、〈董奉〉、〈蘇仙公〉、〈天津橋上的乞兒〉、〈水晶宮仙女〉、〈盧二舅〉、〈王十八〉、〈權同休的僕人〉、〈冷謙〉、〈于梓人〉、〈樊夫人〉、〈潘展〉、〈桂林韓生〉、〈小猶道人〉、〈陵陽子明〉、〈岳嵩〉、〈王婆〉〈介象〉等。〔註 66〕

中國五千年文化，融匯了佛道思想精髓，神仙修道渡化的故事，歷來在民間廣為流傳，歷久不衰。胡懷琛為兒童講述的神仙故事，都蘊含著深妙的因果精義，如〈壺公〉故事，暗示做事的人不要怕患難；〈魏伯陽〉故事，鼓

〔註 65〕《中國神話》諸篇，於 1926 年起，陸續發表於《兒童世界》「兒童神話」欄，見第 17 卷第 1～3、5～9、12～14、17、19～22 期，第 18 卷第 4～5、11 期。

〔註 66〕《中國神仙故事》諸篇，於 1929 年起，陸續發表於《兒童世界（上海 1922）》「中國神仙故事」欄，見 1929 年第 24 卷第 4～19 期，1931 年第 27 卷第 4～6、8～10、12、15～21、27 期，第 28 卷第 4、6～7、20～22 期，1932 年第 29 卷第 1 期。

勵立志不要怕犧牲;〈費長房〉篇中,桓景聽從費長房話,九月初九掛茱萸、飲菊花酒、登高避難,是初九重陽登高習俗的由來;〈懶殘〉和尚天性懶惰僅吃剩食,其實是神仙化身,曾指點李泌成為宰相,又施術為人移石清道,後隨虎豹仙離。這些故事語言淺顯,深具鼓勵與教育用意。

3. 《二十四孝圖說》

一冊,署名「涇縣胡懷琛」編,1925 年 2 月上海大東書局線裝石印本,有 1925 年 4 月再版。胡懷琛以白話為兒童講述〈漢文帝的孝思——親嘗湯藥〉、〈閔子的孝思——單衣順母〉、〈子路的孝思——為親負米〉、〈唐夫人的孝思——乳姑不怠〉、〈黃庭堅的孝思——滌親溺器〉、〈陳遺的孝思——囊飯遺母〉、〈李密的孝思——上疏陳情〉、〈花木蘭的孝思——代父從軍〉……等耳熟能詳的二十四孝故事,每一故事都配以精美版畫,以左圖右文方式編排。

4. 《中國故事》(第十冊)

1934 年 2 月,上海商務印書館出版《小學生文庫》第一集第 33 類「故事類」,收《中國故事》套裝叢書十冊,前九冊由程紹南、朱鼎元編撰,第十冊為胡懷琛主編。今有北京海豚出版社 2012 年 10 月發行的《小學生文庫 021:中國故事》一版。

該書輯有〈王文瑞賣麻繩〉、〈張祥麟醫病〉、〈徐光啟的襪〉、〈王恕藏金〉、〈楊壽賣驢〉、〈韓樂吾的慷慨〉、〈賣油老人〉、〈鄭俠繪流民圖〉、〈蘇東坡的節儉〉、〈范仲淹的仁愛〉、〈于令儀捉賊〉、〈柳仲益還父債〉、〈劉宰和睦宗族的方法〉、〈司馬光講孝經〉、〈徐鉉買宅〉、〈張知縣審官司〉、〈龐德公的家產〉、〈伯牙碎琴〉等共 18 篇故事,[註67] 每篇故事都附有精美插圖,以淺顯語言為兒童介紹文人的趣聞軼事。

以上神話、故事有書 4 種。

[註67] 《中國故事》收故事 18 篇,以上 14 篇,曾發表於《兒童世界(上海 1922)》:〈楊壽賣驢〉、〈王恕藏金〉、〈柳仲益還父債〉、〈徐鉉買宅〉、〈于令儀捉賊〉、〈王文瑞賣麻繩〉等 6 篇,初刊 1932 年第 29 卷新 1 期至新 6 期;〈張祥麟醫病〉、〈龐德公的家產〉、〈范仲淹的仁愛〉等 3 篇,初刊 1933 年第 30 卷第 2～4 期;〈韓樂吾的慷慨〉、〈蘇東坡的節儉〉、〈鄭俠繪流民圖〉等 3 篇,初刊 1933 年第 30 卷第 8、10～11 期;〈劉宰和睦宗族的方法〉、〈司馬光講孝經〉2 篇,初刊 1933 年第 31 卷第 1、11 期。

（二）寓言小說

1.《戀愛之神》

一冊，胡寄塵著，寓言小說集，1925 年 1 月上海廣益書局出版，初名《神怪小說集》，廣益書局 1939 年 12 月再版時，更書名為《戀愛之神》，今所見多此版本，台灣大學與復旦大學圖書館有館藏，國家圖書館有再版之影印本藏。

該書收錄〈戀愛之神〉、〈嫦娥之怨〉、〈四面人〉、〈幸福之宮〉、〈怪醫生〉、〈快樂之水〉〔註68〕、〈水晶人〉、〈不肖的子孫〉、〈中國之阿麗思〉（上中下）、〈鏡花緣補〉等共 10 篇寓言短篇小說。書取首篇〈戀愛之神〉為名，書前有韜漢序，書內頁並附有〈戀愛之神〉、〈嫦娥之怨〉、〈快樂之水〉與〈不肖的子孫〉等故事版畫四幅。

〈戀愛之神〉寫司戀愛之神以美桃與醜蟲，點化世人知曉「世間萬物，美醜乃心念所象，唯心誠則萬物皆美，心偏則美物皆醜」的道理。〈嫦娥之怨〉，故事假嫦娥視角，為獨居月宮的嫦娥代言，重新詮釋嫦娥奔月的寓言故事。嫦娥心念世人免遭后羿暴虐，擅取靈藥後寂居遙月，其心雖有怨，終因後世詩人能理解而釋懷。〈幸福之宮〉擁有人類渴盼的幸福，故事透過三位歷險青年，勸戒世人惟有禁絕賭、酒、煙誘惑，才可獲得人心（幸福之宮）真正永久的幸福。〈不肖的子孫〉假人類祖先猿猴之語，撻伐人類爭奪功名富貴、追逐聲色貸利、欺詐戰爭與人口販賣的惡行惡狀。〈中國之阿麗思〉為仿作西方童話故事《阿麗絲漫遊奇境》，為作者所化身的阿麗思，夢遊兔子國、蟹子國的奇遇記。〈鏡花緣補〉乃作者假託繼李汝珍《鏡花緣》與其《今鏡花緣》的補遺之作。

2.《快樂之水》

一冊，胡懷琛著，寓言短篇小說集，1933 年 3 月上海少年書局初版，至1935 年 7 月已發行三版。復旦大學及北京師範大學圖書館皆有館藏。封面標「胡懷琛創作寓言集」，取其首篇〈快樂之水〉為書名。全書收錄有〈快樂之水〉、〈水晶人〉、〈四面人〉、〔註69〕〈不自量的蜘蛛〉、〈小孩子與魔術師〉、〔註70〕〈動物賽跑〉、〈蒼蠅吃糖〉、〈長臂巫人〉、〈棉花雞雛〉、〈金蛇〉、

〔註68〕　〈戀愛之神〉與〈快樂之水〉2 篇，亦見刊載於 1938 年《明燈道聲非常時期合刊》。

〔註69〕　〈快樂之水〉、〈水晶人〉與〈四面人〉3 篇，後亦收入胡懷琛所編《戀愛之神》小說集中。

〔註70〕　〈不自量的蜘蛛〉，初發表於《兒童世界》1930 年第 25 卷第 18 期；〈小孩子與魔術師〉，初表於《兒童世界》1931 年第 28 卷第 24 期「創作寓言」單元。

〈愛虛榮的蟲類〉、〈聰明的龜〉、〈欺騙同類的老鼠〉、〈迎合人家心理的雄雞〉等寓言故事共 14 篇。

〈快樂之水〉寓寫快樂真諦是懂得分享的故事：少年尋得秘林隱山中的快樂之泉，卻違仙人指示欲獨佔私享，最終瓶水化為飛龍消失，青年終懊悔未及。〈水晶人〉故事中，純明潔淨、心履不染塵惡的水晶人，不願與濁穢的泥人混居，唯有三個水晶人願意犧牲自己，乞求上帝將水晶和泥重塑出更多好人，可惜上帝因調和不均，使重造之人有好壞之別，從此世間惡人多於善人。〈不自量的蜘蛛〉寫蜘蛛自不量力欲學漁翁撒網捕魚，得不償失的故事；〈小孩子與魔術師〉寫小孩藉由魔術三度變身為黃鶯、小魚、螞蟻，終而理解大自然汰弱強食的定律。

3. 《中國寓言》

全書四冊，胡懷琛著，共有三種版本：

（1）收在 1933 年 10 月及 12 月上海商務印書館《小學生文庫》第一集第 32 類「寓言類」。

（2）收在 1966 年 11 月台灣商務印書館發行《增訂小學生文庫》臺一版，收《中國寓言》四冊，列為「寓言類」。台灣大學圖書館、國家圖書館有館藏。

（3）收在 2012 年 1 月，北京海豚出版社發行《小學生文庫 001：中國寓言》。

全套四冊共收一百則故事，包括第一冊 26 篇，有〈農夫等兔子〉、〈葉公愛龍〉、〈梟鳥遷居〉、〈車轍中的鮒魚〉、〈農人拔稻〉、〈雕楮葉的工人〉、〈長生法〉、〈塞翁失馬〉、〈刻舟尋劍〉、〈弓箭互助〉……等。〔註71〕第二冊 24 篇，收〈狐狸借老虎的威風〉、〈屠牛吐拒婚〉、〈子夏的瘦和胖〉、〈魯人不宜到越國〉、〈伯樂待遇學生〉、〈鷗鳥和住在海邊的人〉、〈尹氏和他的僕人〉、〈多說話沒有益處〉、〈鄭人買珠〉、〈扁鵲醫病〉……等。第三冊 24 篇，收〈疑人偷斧的故事〉、〈楊朱談治國〉、〈楚人學說齊語〉、〈臧穀牧羊的故事〉、〈朱泙漫學屠龍〉、〈偷雞人的話〉、〈一個走錯路的人〉、〈孔子和子路論箭〉、〈惠施落

〔註71〕《中國寓言》第一集中有 8 篇故事，曾刊於《兒童世界》1933 年第 31 卷第 6 期「寓言故事」欄刊〈楊布打狗〉、〈愚人買鞋〉、〈楊朱歎亡羊〉等 3 篇。〈某老人的兒子〉、〈賣酒人家的狗〉、〈掩耳偷鈴〉3 篇，刊於第 31 卷第 9 期。〈信託兒子疑心鄰居〉、〈小鹿和獵狗〉2 篇，刊於第 31 卷第 10 期。

在水裏的故事〉、〈畫蛇添足的故事〉、〈鷸蚌相爭的故事〉……等。第四冊 26 篇，收〈紀昌學射箭的故事〉、〈齊景公游牛山的故事〉、〈孟子答梁惠王的話〉、〈獵人捉鳥的經驗〉、〈忘記了自身〉、〈常樅教訓老子的話〉、〈多人的話能顛倒是非〉、〈鼯鼠的技藝〉……等。

中國先秦諸子援引和載錄的寓言素材本極為豐富，言簡意賅而且深富哲理，胡懷琛從《韓非子》、《申子》、《尹文子》、《說苑》、《莊子》、《列子》等經史子集典籍中，精心選編百篇寓言，輔以淺顯生動的現代白話語言和精美的插圖，分訂為四冊，冀使兒童也能在閱讀趣味中領會中國文化的精華與深義。

4. 《中國寓言集》

上、下兩集，胡懷琛編，國語注音版寓言集，1935 年 9 月上海商務印書館收入《民眾基本叢書》第一集「寓言類」。全書收 33 篇寓言故事，內容多節選自 1933 年出版《小學生文庫》第一集《中國寓言》故事。

上冊收〈農人拔稻〉、〈鄰人偷雞〉、〈農人等兔子〉、〈蝦蟆多言〉、〈道士的長生法〉、〈梟鳥遷居〉、〈愚公移山〉、〈楊布打狗〉、〈醜女效顰〉、〈栽楊拔楊〉、〈漁翁得利〉、〈鄭人放鱉〉、〈狐假虎威〉、〈塞翁失馬〉、〈將月亮當太陽〉、〈南郭先生〉、〈前言不顧後語〉、〈刻舟尋劍〉、〈忘記了自身〉等 19 篇故事。

下冊收〈賣酒人家的狗〉、〈信託兒子疑心鄰人〉、〈弓箭互助〉、〈三人成虎〉、〈蠻觸相爭〉、〈掩耳偷鈴〉、〈哭得不誠心〉、〈疑人偷釜的故事〉、〈東門吳的達觀〉、〈屠牛吐拒婚〉、〈扁鵲醫病〉、〈晏子止齊景公求雨〉、〈樹穴中的魚〉、〈富和尚與窮和尚〉等 14 篇故事。

以上寓言小說有書 4 種。

三、經典名著讀本

（一）《史記》

一冊，胡懷琛選編，1927 年 3 月上海商務印書館鉛印本初版，原收在《學生國學叢書》、《國學小叢書》，後收於《萬有文庫》〔註72〕第一集，有 1933 至

〔註72〕《萬有文庫》乃上海商務印書館於 1929～1937 年出版的一套大型綜合性叢書，分為兩集，共收書 1,721 種，計 4,000 冊。第一集於 1929 年 4 月起至 1933 年陸續出版，商務館綜輯其自 1922 年以來年，已經出版的各式叢書，包括：《國學基本叢書初集》、《漢譯世界名著初集》各 100 種，《百科小叢書》300 種、《新時代史地叢書》80 種、《工學小叢書》65 種、《學生國學叢書》60 種、

1936、1947 年等多版；台灣商務印書館有 1964、1969、1974 年等再版。1976年台灣商務印書館再收入《人人文庫》〔註73〕；另有武漢崇文書局 2014 年 9月出版《民國國學文庫》版。

　　胡懷琛推崇《史記》，為該書刪訛補闕，並輔以新式標點。書前有「序言」，為中學生析解《史記》之讀法。歷來學者多以史學觀點，評《史記》有「記載失真」、「自相矛盾」、「體例不當」與「次序錯亂」等弊，胡懷琛則以為，《史記》之「富於感情」、「擅於描寫」、「趨於自然」三個文學特點，使其具有極高的文學價值，適合學生文藝閱讀。

（二）標點《搜神記》

　　一冊，胡懷琛編，1931 年 2 月上海商務印書館初版，復旦大學圖書館有藏本。中研院近史所圖書館與台灣大學圖書館有 1957 年上海商務印書館版重印本，另有 1978 年、1980 年台北鼎文書局版。

　　《搜神記》乃古代神異的民間傳說之集，東晉干寶原著，原書已散逸，今本係後人綴輯增益而成。全書二十卷，刊載故事 454 則，大多篇幅短小，情節簡單，設想奇幻，極富浪漫主義色彩，對後世影響深遠。胡懷琛曾考作〈讀搜神記〉、〈搜神記的研究〉，〔註74〕謂《搜神記》「是一部「古代的民間傳說故事」、亦是一部「古代的神話」。所載率皆民間口耳相傳故事，雖非全為有價值的神怪故事，然若以民間傳說或古代神話視之，亦可得鑑賞研究之趣味。為便於閱讀，乃據崇文書局《百子全書》本加以現代標點，其卷數與內

　　　　《國學小叢書》60 種、《師範小叢書》60 種、《農學小叢書》50 種、《商學小叢書》50 種、《算學小叢書》30 種、《醫學小叢書》30 種、《體育小叢書》15種等共十三式各科入門小叢書，並附參考書 10 種，總為 1,010 種，2,000 冊合為第一集。《史記》為《學生國學叢書》及《國學小叢書》之一。

〔註73〕《人人文庫》為台灣商務印書館於 1966 年 7 月至 1970 年 6 月出版的一套大型文庫。該套叢書以廉價普及為宗旨，採單行本出售，為便於攜帶閱讀，書版縮小為四十開，以新五號字排印，字小而密。其內容包羅萬象，中外社會科學、文、史、哲各類皆有，超過 1,500 種，除《人人文庫》外，又發行《特號》與《新人人文庫》。《史記》為其《特號》系列之一。

〔註74〕胡懷琛〈讀搜神記〉一文，初載《小說世界》1927 年 5 月第 15 卷第 22 期，後收入《文藝叢說》（二），介紹《搜神記》中四個故事：〈蠶的故事〉、〈細腰的故事〉、〈女孩子殺蛇的故事〉、〈螺蚌精的故事〉。〈標點搜神記序〉，即〈搜神記的研究〉，初刊於《小說世界》1929 年 12 月第 18 卷第 4 期，後以篇名〈標點搜神記序〉，刊在《新時代》月刊 1933 年 8 月 1 日第 5 卷第 2 期，乃胡懷琛對《搜神記》卷本的考據。

容悉依舊著，書前並附有干寶原序，及胡懷琛〈標點搜神記序〉〔註 75〕，簡要介紹《搜神記》內容。

（三）《真西遊記》

一冊，胡寄塵著，章回體小說，1932 年 7 月上海佛學書局出版。全書十八回，分上、下二卷，第一卷至第四卷部分文稿，曾發表於《佛學半月刊》1931 年第 29 期、1932 年第 30～34 期。原書有「二冊」，後合訂為一冊，〔註 76〕今可見 1933 年 9 月及 1942 年 7 月二種再版，上海復旦大學圖書館有 1933 年版館藏。

作者標示此書為「佛學歷史小說」，書前有〈真西遊記序例〉，說明該書異與他說故事的「史傳」背景云：「原有《西遊記》及《三藏取經詩話》兩書，流傳甚廣，幾乎婦孺皆知。雖亦詠奇可喜，然多憑空結撰，絕非事實。彼託名為玄奘之事，當為玄奘所不許也。今此書一以《三藏法師傳》為本，與原有《西遊記》憑空結撰者不同，故稱《真西遊記》。」

小說採用宋人平話記述，以通俗易懂的文句，旨為「表揚奘師萬里求經，不避艱險，努力奮鬥，有志竟成」精神與事迹。胡懷琛以審慎態度，詳參史實與佛典演繹故事，在小說取材時，「以《大唐西域記》為多」，在情節記述上，亦「已力避虛妄荒誕」，書成以後，並曾「就正於太虛法師及范古農、李經緯兩居士」，雖宣法揚教不免涉及神怪，本書為胡懷琛「考見印度民間傳記之一斑，並保存佛書中神話之本來面目」所編，具有相當的史傳參考價值。

（四）《水滸傳》

全套十二冊，胡懷琛編，共有三個版本：

1. 1933 年 12 月上海商務印書館出版《小學生文庫》第一集第 40 類「長篇小說類」。

2. 1966 年 11 月台灣商務印書館《增訂小學生文庫》臺一版「長篇小說類」，台灣大學圖書館與國家圖書館有館藏。

3. 2014 年 1 月，北京海豚出版社據《名家改編古典名著青少年版（插圖版）》系列，輯為四冊，1934 年《小學生文庫》編版重印。

〔註 75〕胡懷琛〈標點搜神記序〉，初以〈搜神記的研究〉篇名，發表於《小說世界》1929 年 9 月第 18 卷第 4 期。

〔註 76〕胡道靜〈先君寄塵著述目〉著錄胡懷琛編著《真西遊記》「二冊」，今所見皆為一冊合訂本。

《水滸傳》，又稱《忠義水滸全傳》、《江湖豪客傳》，簡稱《水滸》，敘述北宋時，以宋江為首的一百零八條好漢，被迫落草為寇聚義梁山的故事，流行坊間的版本有一百回、七十回、一百二十回等多種。胡懷琛擇取適合學生閱讀的七十回為底本加以改編，書前「改編者的話」說明其「棄神怪、刪情慾、去複重」的刪節標準，為助益閱讀，又增加標點及分段。胡懷琛以淺白簡潔的語言文字，凝鍊全書故事成六十八回，為青少年重現這部膾炙人口的經典傳奇。書中鮮活地呈現水滸好漢栩栩如生的人物性格，包括機警的宋江、勇猛的武松、魯莽的李逵、曠達的魯智深等，也傳揚了水滸英雄無懼強權、披肝瀝膽、扶危濟貧、誓言蕩賊安邦保民的俠行義舉。

（五）《三國演義》

全套十二冊，胡懷琛編，共見三個版本：

1. 1933 年 12 月上海商務印書館出版《小學生文庫》第一集第 40 類「長篇小說類」。

2. 1966 年 11 月台灣商務印書館出版《增訂小學生文庫》臺一版「長篇小說類」，台灣大學圖書館與國家圖書館有館藏。

3. 2014 年 1 月，北京海豚出版社出版《名家改編古典名著青少年版（插圖版）》系列，輯為四冊，1934 年《小學生文庫》編版重印。

書前有「節改者的話」，說明該書為「去其冗贅，刪繁就簡」，凡有「荒誕神怪、悖戾人情」、粗劣詩文、人物設寫過度神化等情節者皆刪，總以回歸原書在通俗中偏屬「歷史」小說的本質為旨，書中並加以新式標點句讀，便於閱讀。

（六）《岳傳》

全套八冊，胡懷琛改編，話本形式的長篇章回小說，共有三個版本：

1. 1934 年 2 月上海商務印書館《小學生文庫》第一集第 40 類「長篇小說類」。

2. 1966 年 11 月台灣商務印書館出版《增訂小學生文庫》臺一版「長篇小說類」，台灣大學圖書館與國家圖書館有館藏。

3. 2014 年 1 月，北京海豚出版社出版《名家改編古典名著青少年版（插圖版）》系列，輯為三冊，1934 年《小學生文庫》編版重印。

南宋抗金名將岳飛正直、忠良、孝順、神勇的英雄形象，自古為中國忠孝節義人物的典範，其故事流傳民間甚廣。胡懷琛乃據清代作家錢彩、金豐

所作二十卷八十回《說岳全傳》，節編成六十六回共八冊的《岳傳》。胡懷琛以為，原著內容多滲雜濃厚的神怪迷信與傳奇色彩，如第一回「天遣赤鬚龍下界，佛謫金翅鳥降凡」，說岳飛前世乃佛頂大鵬，與虬龍秦檜結有世仇，今生降世乃為了結前怨云云，又第二十回寫「金迎神鳥引真主」、第五十回寫「打酒罈福將遇神仙」等情節，不盡適合青少年閱讀，乃刪削其中牽強因果的封建迷信，又剔除違離史實的虛浮情節而成。節編本以貼近史實為原則，保留了原著的形式與精華，忠實地塑寫出岳飛與岳雲父子的英勇傳奇與忠義形象。

　　以上經典名著讀本，共有書 6 種。

四、詩文集選編

（一）《唐人傳奇選》

　　一冊，胡樸安與胡懷琛共同選編，版本有三：

1. 1915 年選編《文藝小叢書》第一輯，上海文藝小叢書社出版。

2. 1930 年 5 月，廣益書局收入《民國籍粹》叢書，復旦大學圖書館有藏。

3. 1933 年 3 月，上海廣益書局重印《文藝小叢書》版，國家圖書館、復旦大學與台灣大學圖書館有藏本。

　　書前有二人合撰「唐人傳奇選小記」，介紹該書所精選的 5 篇唐人傳奇代表作，如標示「武俠傳奇」之〈虬髯客傳〉、標示「神怪兼戀愛傳奇」之〈柳毅傳〉、標示「神仙故事」之〈南柯記〉、〈枕中記〉、及標示「戀愛故事」之〈會真記〉等。

（二）《描寫人生斷片之歸有光》

　　一冊，胡寄塵著，版本有三：

1. 1915 年胡樸安與胡懷琛選編《文藝小叢書》系列，收入第一輯，上海文藝小叢書社出版。

2. 1930 年 5 月，廣益書局收入《民國籍粹》叢書，復旦大學圖書館有藏。

3. 1933 年 3 月，廣益書局重印《文藝小叢書》版。國家圖書館、復旦大學與台灣大學圖書館皆有藏本。

　　書前有序，書後有附錄，說明本書「加標點」、「不節錄」、「不圈註」，以維作品完整，予讀者用心領會之作法。全書十二章，界說「什麼是古文」，分敘「歸有光的古文」、「歸有光的生平及其性情」、「歸有光的古文的淵源」、「歸有光與桐城文」、「歸有光的文學作品與現代的短篇小說」等。胡懷琛極推重

歸有光，稱其小說為「描寫人生之斷片的小說」，以歸有光文近於寫實派及自然派風格，所涉家庭生活瑣碎事實之描寫，情真意切寓有寄託，讀之雖平淡，卻深刻有味，能寫出文學真諦。其篇幅雖小，描寫卻逼真細膩，頗有現代短篇小說之特色。因選錄歸有光作品〈見村樓記〉、〈雪竹軒記〉、〈項脊軒記〉、〈女如蘭壙志〉、〈女二二壙誌〉、〈寒花葬志〉、〈先妣事略〉〈見村樓記〉、〈雪竹軒記〉、〈項脊軒記〉、〈滄浪亭記〉、〈花史館記〉、〈吳山圖記〉、〈世美堂後記〉、〈重修承志堂記〉、〈畏壘亭記〉、〈家譜記〉、〈亡兒翻孫壙誌〉、〈女如蘭壙志〉、〈女二二壙誌〉、〈先妣事略〉、〈筠溪翁傳〉等 19 篇，又詩〈遊靈谷寺〉、〈甫里送妹〉、〈金陵還家作〉及小簡數首，題以「描寫人生斷片之歸有光」，以見歸有光文學之價值。

（三）《歸有光文》

一冊，胡懷琛選註，有多種版本，試舉商務印書館版為例：

1. 1928 年商務印書館《學生國學叢書》、《國學小叢書》版。
2. 1929 年 10 月《萬有文庫》第一集版。
3. 1933 年 3 月《萬有文庫簡編五百種》版。
4. 1947 年出版的《新中學文庫》版。
5. 1965 年台灣商務印書館《萬有文庫慧要四百種》版。

本書為歸有光散文作品集之選編，書前「緒言」，寫「歸有光的小傳」，記其生平經歷、文學特色與純真性情。歸有光文集共有四種刻本，其門人王子敬「福建本」、其子孫所刻「昆山本」、族人歸傳道之「常熟本」、及其曾孫歸元恭之刻本。其中歸元恭所刻本最完備最精善，本書即據該刻本選編。胡懷琛談「歸有光文學的源流」，以為歸有光上承史記、歐陽修，下啟方苞、姚鼐，為桐城派遠祖。其文所談雖多家庭友人瑣碎，如小記、壙志一類，然描寫忠實，情感真切自然流露，深得「史記」之神氣，具有真文學之本色，本書選著標準，即以此類篇文為主，包括〈沈次谷先生詩序〉、〈守耕說〉、〈東隅說〉、〈懷竹說〉、〈見南閣記〉、〈見苓書舍記〉、〈滄浪亭記〉、〈陶庵記〉、〈項脊軒記〉、〈野鶴軒壁記〉、〈思子亭記〉、〈震川別號記〉、〈亡兒翻孫壙誌〉、〈寒花葬志〉、〈先妣事略〉等共 30 篇，於文中各加標點、注釋，較為罕見之字再加注音解說，以饗讀者認識歸有光文學之永恆價值。

（四）《柳宗元文》

一冊，胡懷琛選註，有多種版本，試舉商務印書館版為例：

1. 1928 年 8 月商務印書館《學生國學叢書》、《國學小叢書》版。

2. 1929 年 10 月《萬有文庫》第一集版。

3. 1933 年 3 月《萬有文庫簡編五百種》之一。

4. 1947 年《新中學文庫》版。

5. 1965 年台灣商務印書館《萬有文庫薈要四百種》版。

6. 1966 年 7 月，台灣商務印書館《人人文庫》版。

本書為柳宗元散文作品之選註集。胡懷琛據明代蔣之翹注刊本《柳河東集》，選錄柳宗元論說文、考訂文、寓言與遊記等 50 篇，並博參朱熹、楊慎、方苞諸人之說校訛考源，輯註為《柳宗元文》。書前有「緒言」，胡懷琛推舉柳文之思想自由，長於考訂、寓言與遊記。其論說文思理精密，剖析精闢，詞句嚴謹，筆力強勁，能融記敘、抒情、議論、辯駁於一爐，最能見其前進思想與論述能力，本書選註其〈斷刑論〉、〈天說〉、〈序飲〉、〈序棋〉、〈送僧浩初序〉、〈送薛存義之任序〉與〈柳宗直西漢文類序〉、〈送從弟謀歸江陵序〉及〈答韋中立論師道書〉等文。

柳宗元吸收先秦寓言與印度寓言之創作經驗，鋪寫成內容短小允實，寓言內容富含濃郁之現實色彩，語言犀利精煉，充分能體現其諷諭思想與藉事說理之技巧。其表現形式多樣，兼備說、傳、對、記、戒等體。所選其「說」體有〈鶻說〉、〈捕蛇者說〉、〈羆說〉；「傳」體有〈蝜蝂傳〉、〈種樹郭橐駝傳〉、〈梓人傳〉；另〈愚溪對〉為「對」體，及「戒」體〈三戒〉等篇。

悲困的人生境遇與謫地生活，成就了柳宗元山水散文傑作。其筆觸精煉，體物入微，語言清麗，刻劃生動，胎襲《水經注》山水遊記筆法，而能自成格局；本書選錄包括「永州八記」等山水遊記作品共 20 篇。

胡懷琛註解極重校訛考疑，因能發現前註未見之失，且據蔣注本對通行本指出若干校更之處，如《捕蛇者說》文末「今以蔣氏觀之，猶信」之「猶」字，註改為「尤」字語意更顯明確；又正《愚溪詩序》中「余家是溪，而名莫能定」為「莫定」；《愚溪對》所記之「惡溪」、「呂梁」等地，舊註多有所考，胡懷琛註以為，此概當與文中語出《山海經》之西海「弱水」一詞同解為虛指為適，未必真有其地。其並指出柳宗元〈送僧浩初序〉文中所記「揚子之書，於莊、墨、申、韓，皆有取焉」之句誤，以正揚雄《法言》「只取莊周，不取墨翟與申、韓」等多例，以茲提勉為學者建立存疑求解態度之必要。

（五）《中國活葉文選》

「活葉文選」源自日本書界，是一種以活葉（活頁）形式出版的文選書冊，所選編名家名作體裁不拘，方便教師從中擇選若干合適的篇章，作為教學補充教材與學生的課外讀物。由於收益極佳，深受出版社青睞，1919 年首由商務印書館試行，一時之間市場競相仿印。

上海廣益書局也在百家爭鳴的商機中，邀請胡懷琛、柳亞子、胡樸安與潘蘭史擔任編輯，選輯古今名家散文、詩歌、小說、戲曲等，略加注釋，出版一套線裝活葉套書《中國活葉文選》，全書四冊，凡 200 篇，書封上標印「胡懷琛主編，柳亞子、胡蘊玉、潘蘭史編輯」，書扉頁有葉楚傖「中國活葉文選」題字。書前〈編輯大意〉，說明該書係「專作初高中或大學中國文學讀本之補充材料」，又「每篇獨立，教師選取極其自由」；其選文標準，著重「中國文學中之名著」、「不經見之文而有特殊之價值者」，所選輯者，「清淺明白，便於初學閱讀者」。〔註 77〕

以上詩文集選編，有書 5 種。

五、名家傳記

胡懷琛以文學視角為中國文人詩家志傳，考其生平背景、記其生活境遇、寫其思想性情、評其詩文風格，描繪詩人一生曠達真摯、卓然高潔的精神品貌與傳誦千古的藝術成就。

（一）《詩人生活》

一冊，胡懷琛著，1929 年 11 月上海世界書局初版，有 1932 年 11 月再版。書前附有李易安、陸放翁、屈原、李太白等四位詩家描線圖。書前有作者〈弁言〉，說明本書係考察古今知名詩人之生活，敘寫詩人把酒談詩、戀愛、愛國氣節及愛自然之痴狂性格、詩心與詩興。

全書共廿節，首節緒言，舉陸放翁〈劍門道中遇雨〉詩中之「征塵、酒痕、細雨、騎驢」等形象，綜論詩人之外在特徵。第二節例舉屈原被讒投汨羅江、陶淵明為彭澤令不為五斗米折腰，以觀詩人講情感與重氣節的生活。

〔註77〕以上《中國活葉文選》相關內容，整理自鄭逸梅〈關於活葉文選〉一文，見《鄭逸梅選集》（哈爾濱：黑龍江人民出版社，1991 年 5 月），第一卷，頁 854～855。書影摘見孔夫子舊書網（http://www.kongfz.com）2018 年 5 月 11 日。

第三節至第八節，記述詩人尋詩和捉詩，或乘興、或苦吟，作詩與生活一任自然的詩情。第九至十八節，談詩人的革命性格與愛國心，詩人縱情於酒與愛情、主觀思想與夢想，其生活如癡人、如狂人，以情感為出發點，不受世俗禮教羈縛。末以蘇東坡詩「與可畫竹時，見竹不見人。豈獨不見人，嗒然遺其身。其身與竹化，無窮出清新。莊生世無有，誰知此凝神。」為詩與詩人生活作結。

（二）《東坡生活》

一冊，胡懷琛編著，1929 年 11 月上海世界書局《生活叢書》系列，台灣大學圖書館有 1934 年 10 月三版，國家圖書館有影印本館藏。全書十一章。首章「緒言」，說明本書主為「描寫東坡日常生活」，即記述東坡之「家庭、政治、貶謫、文藝、閒適、豪放、戀愛、慈愛、詼諧」等平生生活狀況，所論摘取東坡詩文以證。書末附錄東坡別號表、著述表、蘇門弟子表等，以茲參照。

（三）《陶淵明生活》

一冊，胡懷琛編著，1930 年 1 月上海世界書局出版，另有 1933 年三版。中研院近史所、台灣大學與復旦大學等圖書館皆有館藏。

書前有〈例言〉全書共八章，首章緒論，依章分就陶淵明的家庭、縣令、田園、閒適、悲憤、曠達與文學等生活，記述其人生的現實際遇與各階段的心境。胡懷琛以閒適、悲憤、曠達三個心理層面，概括文人的性情和人格，顯現其生命情調與精神風貌；又從親耕力作的勞務現實中，勾勒文人鴻鵠的學術核心。胡懷琛於書中引述許多作品，以論證陶詩的地位、儒道融合的陶學思想與純粹自然的文學表現，兼及非陶學作品的考證。書後並附錄陶學相關研究〈陶集紀略〉、〈唐以後宗淵明的詩人〉與〈淵明別傳〉等三篇互為參照。

（四）《陸放翁生活》

一冊，胡懷琛編著，1930 年 5 月上海世界書局《生活叢書》系列，有 1933 年 5 月再版。國家圖書館有館藏。全書共八章，敘論陸放翁的一生經歷，書前〈例言〉論陸放翁「家庭、宦游、任俠、愛國、鄉村、閒適、文學」生活，「用客觀的見解，詳為敘述，並取放翁在以上各種生活中所作詩詞，以為佐

證，故立論均有根據。」〈放翁的文學生活〉一節，特將其詩之風格和變遷，用歸納方法總結論斷，以知其宗派及詩之變化。如清代趙翼評陸放翁詩云：「放翁詩凡三變，宗派出於杜，中年以後則益自出機杼，盡其才而後止。……是放翁詩之宏肆，自從戎巴蜀，而境界又一變。及晚年，則又造平淡，並從前求工見好之意，亦盡消除，所謂『詩到無人愛處工』者，劉後村謂其皮毛落盡矣。」書末另附放翁著述考及專論書籍。

（五）《孔子》

一冊，胡寄塵編著，1933 年 10 月上海商務印書館《小學生文庫》第一集第 44 類「傳記類」。1966 年 11 月台灣商務印書館《增訂小學生文庫》臺一版「傳記類」，台灣大學圖書館與國家圖書館有館藏。

該書為記述孔子生平行誼與儒家思想的青少年普及讀物，共二十二章，分別講述孔子的家庭、少年時代、求學方法、周遊列國教學的遭遇、教學的科目和分法、刪詩書定禮樂的內容、與返魯後從政的經歷等。孔子在政治上倡舉賢才「學而優則仕」；在教育上主張「因材施教」、「有教無類」。其思想核心為「中庸」二字，所精編之《詩》、《書》、《禮》、《樂》、《易》、《春秋》等「六經」，乃儒家重要學理經典。孔子提倡以「仁」為中心的道德教育，「仁」之德行涵蓋惠澤、篤厚、慈愛、忠恕、克己等五種傳統美德；要求注重的「禮」，是「禮節」及行為規範的範疇。胡懷琛總結《孔子》思想，謂「是偏重於實踐的倫理學，是政治學。從一個人的立身做起，做到治國、平天下，是聯成一貫的。」益使兒童能認識並體悟孔子這位至善先師的偉大成就。

（六）《孟子》

一冊，胡寄塵編，1933 年 10 月上海商務印書館《小學生文庫》第一集第 44 類「傳記類」。1966 年 11 月台灣商務印書館《增訂小學生文庫》臺一版「傳記類」，台灣大學圖書館與國家圖書館有館藏。

全書八章，前兩章介紹孟子的少年時代、周遊列國的經歷；第三章為孟子學說「性善論」與仁政說；第五章談孟子說話的方法，以識其縱橫家恢弘滔滔的說話技巧；第六章敘述孟子學說的宗派其反對的各學說；第七章孟子的晚年及其著書；第八章探討孟子學說和後世哲學潮的關係。

以上名家傳記，有書 6 種。

六、故事劇本

（一）《故事劇》

共四冊，胡懷琛編，1934 年 2 月上海商務印書館《小學生文庫》第一集「劇本類」。1966 年台灣商務印書館《增訂小學生文庫》臺一版收在 45 輯「劇本類」，台灣大學圖書館有館藏。2012 年 1 月北京海豚出版社據 1934 年《小學生文庫》編版重印。《故事劇》共收錄「獨幕劇」四篇與「四幕劇」六篇。第一冊收獨幕劇《晏嬰使楚》、《鄒忌比美》兩篇與四幕劇《借米》（韓貞借米）一篇；第二冊收四幕劇《戚將軍》與《蘇武牧羊》兩篇；第三冊收四幕劇《投筆從戎（班超）》、《車夫之妻（御者之妻）》兩篇；第四冊收（獨幕劇）《吳宮教戰》、《放賊（苟巨博仁義護友）》兩篇與四幕劇《優人仗義》（寓言）一篇。

《故事劇》本事，多取材自兒童耳熟能詳的歷史人物傳記與民間故事改編而成，透過精煉的戲劇語言，具體而精準地呈現這些歷史人物的思想性格與行事典範，藉以宣揚謙遜、忍讓、仗義、助人、知錯能改與自律的品德修養，與忠貞愛國的節行操守，寓教於樂，對於兒童深具啟發意義。

（二）〈博浪椎〉

署名「胡寄塵」著，1933 年起連載於《兒童世界（上海 1922）》第 30 卷第 8、9 期。未見成書。

〈博浪椎〉為四幕劇，標註「愛國劇本」。改寫自《史記・留侯世家》，張良與力士飛椎刺秦王的故事。第一幕「密謀」，寫張良和力士密謀於博浪沙刺秦皇事。第二幕「痛飲」，寫張良和力士於行刺前在酒館痛飲，藉夥計諱畏之口，凸顯秦皇無道。第三幕「狙擊」，寫張良和力士刺秦於道情節。第四幕「匿居」，張良與力士刺秦後匿鄉避難，自農人口得知刺舉失敗事。

（三）〈西臺淚〉

署名「胡寄塵」著，1933 年起連載於《兒童世界（上海 1922）》第 30 卷第 11 期與第 31 卷第 1 期；同年亦見刊載於《南通民眾》第 25 期〔註 78〕。未見成書。

〈西臺淚〉為四幕劇，標註「愛國悲劇」。劇前有「本事」，說明本劇係以

〔註 78〕據《民國時期期刊全文數據庫（1911～1949）》所收 1933 年《南通民眾（1932）》的〈西臺類〉僅得其（一），含前述「本事」及第一、二幕，連載未完。

謝翱所撰〈西臺慟哭記〉演為劇本，記抗元英雄文天祥殉國志節。第一幕「戰敗」，寫文天祥兵敗被執前，本欲自裁謝國，為參軍謝翱所阻事。第二幕「逃難」，寫謝翱避難途中，親睹元兵蹂躪百姓而慨亡國之痛。第三幕「殉國」，記文天祥囹圄北監，寧死不折於勸降元臣之志。第四幕「慟哭」，記謝翱於文天祥殉國後，登高祭奠，擊石悲歌之事。

以上故事劇本有 3 種。

七、綜合知識及其他

（一）《科學演義》

一冊，胡寄塵編，1917 年 1 月上海文明書店出版，至 1929 年已出至第 6 版。該書以科學小實驗、小遊戲為例，介紹物理、化學等科學知識。其〈序〉曰：「誠能於玩物之中，寓啟智之意者也」。書分上、下兩卷，上卷解說水學、氣學、力學、光學；下卷解說聲學、化學、電學、算學、代數、幾何、測繪、地理、圖畫、製造、遊戲法等。每個遊戲實驗皆有圖片對照，以豐富小朋友知識與增加學習興趣。

（二）《解學士詩考證》

稿本，一冊，胡懷琛著，著錄於胡道靜〈先君寄塵著述目〉，乃胡懷琛對明代神童解縉《解學士詩》的考證之作。該文曾以標題〈一本明代人編的童話——解學士詩〉，收入胡懷琛所撰〈文學史上的零碎的話〉[註79]文中。

胡懷琛以為，《解學士詩》之性質與童話條例相合，是「用白話文敍述解縉在兒童時代的故事」，書中夾有解縉多篇詩作，故「假託解縉做的」，書名亦稱以《解學士詩》。該書共三十頁，每頁分為上下兩層，下層是解縉故事，上層是張良故事，並〈漁樵問答歌〉等，胡懷琛謂，「書分兩層，是元明通俗小說通例」，可確認書係明人所編；又該書內容，「是敍述一個聰明小孩子的故事」、「用極淺近的白話寫成」、「篇幅不多，書本不大」、「文字確合兒童心理」等由，因可證知該書當為「明代人編的童話」。

（三）《一個平凡的少年》

一冊，1933 年 9 月上海少年書局出版，胡道靜〈先君寄塵著述目〉著錄，湖北省圖書館有藏，筆者未見。

〔註79〕胡懷琛〈文學史上的零碎的話〉文，刊載於《編輯者》1932 年第 5 期。

（四）《格言注釋》

一冊，胡懷琛著，1933 年 12 月上海商務印書館輯為《小學生文庫》第一集第 3 類「社會類」。1966 年 11 月台灣商務印書館《增訂小學生文庫》臺一版收在「公民道德類」，台灣大學圖書館與國家圖書館有館藏。

書前有〈序〉，闡述「格言」之意，謂「格」者，「格式」、「模範」、「法則」也，格言即古代名人可為後世法則之言。格言多以三種方式呈現，一為「直說」式，如「開卷有益」、「溫故而知新」；一為「譬喻」式，如「為山九仞，功虧一簣」、「亡錐失斧，公輸無輔」；又有「譬喻」和「直說」並用之例，如「玉不琢不成器，人不學不知道」。中國格言內涵豐富，然多隱夾古籍中未經集冊整理，胡懷琛乃自古籍中摘節合於「積極的、淺顯易懂的、符合現代思潮」等條件的一百則佳句，俾以提供青年作為立身處世標準。

（五）《兒童音樂故事》

一冊，胡懷琛與音樂家宋壽昌合編，有 1934 年 8 月南京正中書局鉛印本，及正中書局 1942 年版、1947 年再版。國家圖書館有藏。

該書係依據小學音樂欣賞課程而編輯的補充教材，是介紹中國古代音樂家與西洋音樂家軼聞趣事的合輯。其中胡懷琛負責中國音樂故事部分，他取述典籍，記引了包括鍾子期與伯牙、張翰（季鷹）與顧彥先、王子猷和桓伊（子野）的知音之交；司馬相如與卓文君的琴曲定情；湯琵琶悲琴弔妻墓、與嵇康〈廣陵散〉的絕曲；善笛的李謨逐歌永新、與陳子昂碎琴獻詩的奇聞；王昭君琵琶和親、與善琴的汪水雲、善羯鼓的李琬等共 13 篇。

另西洋音樂家部分，宋昌壽則推介了如巴赫、帕茹尼尼（帕格尼尼）、莫遮爾德（莫札特）、裴多芬（貝多芬）、修曼（舒曼）、修裴爾德（舒伯特）、蕭冰（蕭邦）、勃拉姆斯（布拉姆斯）等 12 位音樂家勵志成功的故事。書中廿五則故事，都附有相應的情境插圖，是專為小學生音樂課餘閱讀所編寫的音樂知識性讀物，期能透過音樂故事，使兒童藉由明瞭音樂，進而引發愛好音樂的興趣。

（六）〈「是」、「非」〉

胡寄塵撰，刊載於《兒童世界》1934 年第 32 卷第 2 期「談話」欄。教育兒童慎選朋友，明辨是非之理，學習虛心包容他人過錯，與不惡意苛責批評的好品德。

（七）《這就是我》

　　一冊，兒童歌謎集，新中國書局出版，胡道靜〈先君寄塵著述目〉著錄「謎詩，一冊」，筆者未見。今唯自「鑱歌的博客」網站（http://blog.sina.com.cn/u/2781207644）於 2017 年 1 月 21 日所發表〈我為什麼高價競買《這就是我——謎詩》〉一文中可見該書封面，標寫「小學校文藝讀物」，餘書目內容不詳。

　　以上綜合知識及其他著述，共有書 6 種，文 1 篇。

第三節　教學問題的建議與討論

　　五四白話文推行初期，因為教育觀念、教學經驗、教學方法、教材內容和使用上的不成熟，凸顯了過渡期文、白語文的對立和矛盾，為改革語文教學混亂多歧的現象，具有民主思想的語文教育學家，開始積極地從西方教學思潮中探求理論依據和教改經驗，引進各種新的教學觀念與教學方法，各種探討教育的主張、批評，教學觀點與革新意見不斷被提出，真知灼見為語文教育發展帶來蓬勃生機。

　　胡懷琛身兼教育家、學者、文學家多重身分，處於新舊交替、文白相混的過渡時代，對於語文發展教育前途有著深切期待與懷抱，因累其教學研究與長期觀察心得，多次提出切弊良方與針砭建語，自本節所輯其語文教育相

關諸篇，益可理解先生與當時語文教育工作者奉獻新文學教育的識見與貢獻。

一、〈編輯民眾文學之管見〉

胡懷琛撰，收入《中國文的過去與未來》「附錄」（三）〔註80〕，此為其中第二節之節錄，討論有關編輯民眾文學的用字問題。胡懷琛以為當時通用的《平民千字課》裏僅錄千字，難敷閱讀需求，因此主張運用《平民千字課》本有單字組合設計以「擴充字數」。如「鋸」字，在「木匠用鋸子鋸木頭」例句中，讀者雖不識生字「鋸」，卻可通過「金」旁與「居」聲，揣解鋸字之「聲」與「義」，學習生字便更輕鬆順利。

二、〈中等學校國文科選擇教材之討論〉

胡懷琛撰，初發表於《南洋雜誌（上海）》1924 年第 3 期，後收入《文學短論》〔註81〕。主要探討中學教材的適用性問題。胡懷琛認為，分科教育實施後，學生悉依科目獨立學習，國文教師已不再承擔所有知識與技能的教學任務，因此教授如一般、商業、農業、師範等中級學校，必先依據學校屬性與需求，審慎選擇適合的國文讀本，教師理解學習需求，釐清教學目的，方可收教育之效。

三、〈小學教科書用文言編的問題〉

胡懷琛撰，發表於《南洋雜誌（上海）》1926 年第 4 期「問題之討論」欄。

白話文推行時期，使用舊體文言的習慣尚未能完全根除，文、白教科書的編制與使用極為混亂，胡懷琛因此提議教育部應當統一規範。他認為社會之所以仍習用文言，皆因國語不曾統一、教員與社會思想執舊不願變通所致，為了改進教育品質，提議教育部應當全面杜禁書局投機濫製不宜的文言教科書，但可發行暫時性、淺顯而貼近語體文程度的文言教本，以協助過渡白話文教材不足的困境。同時又必須積極推進白話文教科書的發行，如此雙管齊下當能助益發展國語。

〔註80〕 胡懷琛著：《中國文的過去與未來》，見許談輝主編：《民國時期語言文字學叢書》（台中：文听閣圖書有限公司，2009 年 10 月），第一編第 49 冊，頁 105～107。

〔註81〕 胡懷琛著：《文學短論》，見張高評主編：《民國時期文學研究叢書》（台中：文听閣圖書有限公司，2011 年 12 月），第一編第 55 冊。

四、〈上大學院請規定國語及文法標準書〉

　　胡懷琛撰，收入《中國文的過去與未來》「附錄」（一）〔註82〕。此文為 1928
年胡懷琛上陳大學院，建議統一國語及國語文法標準的陳情書。文中直陳國語
運動的兩大障礙，一是「用字不一致」，二是「詞句的組織沒有統一標準」。胡
懷琛認為，「國語的最大好處，原在叫人容易明白」，國語用字若無統一標準，
詞句文法組織無依循準繩，易生各字隨用、各文多解的困擾，因此建議必須「制
定國語字典」、「統一國語文法」，使包括小學生以上的學習皆能有所遵循。

五、〈擬應教育部徵求編輯中小學國語教科書之意見書〉

　　胡懷琛撰，收入《中國文的過去與未來》「附錄」（二）〔註83〕。本文作
於 1930 年，胡懷琛預擬應徵教育部編輯中小學國語教科書的意見書。胡懷琛
就教科書的編制，提出「實質」與「形式」兩個方向的思考。胡懷琛以為，實
質上，教科書是給兒童看的，兒童是未來的民眾，因此教科書的編輯目光要
宏遠，內容必須具有永久性，避免為時代與環境所囿。形式上，重申「用字須
有統一標準」的建議，建議統一如「哪」、「那」；「嗎」、「麼」；「什麼」、「甚
麼」等字，可避免學習混淆。

六、〈關於選讀中學國文的話〉（〈中學國文選讀問題〉）

　　初刊於《讀書顧問》1934 年第 3 期，後更篇名為〈中學國文選讀問題〉，
收入胡懷琛《中學國文教學問題》（1936 年上海商務印書館）一書。胡懷琛當
時擔任中學教職，故署名「上海高中教員胡懷琛」。

　　本文談文章的選讀問題。胡懷琛認為同一篇文，會因選讀者立場的不同，
而產生不同的解讀結果。他將讀者依文章類型，區分為「考據的」、「思想的」、
「欣賞的」、「實用的」四類，以敘事長詩〈孔雀東南飛〉為例，指出讀者中便
有因重風俗典故而考之者；有就婚姻情感思論之者；有純以民歌長詩欣賞者；
也有鄙其無益而棄之不讀者。教師對於文章屬性必須透徹了解，教學時不可
依憑個人喜惡偏重任一立場，如此方能引導學生領略美文。

〔註82〕 胡懷琛著：《中國文的過去與未來》，見許談輝主編：《民國時期語言文字學叢
　　　　書》（台中：文听閣圖書有限公司，2009 年 10 月），第一編第 49 冊，頁 97～
　　　　100。
〔註83〕 胡懷琛著：《中國文的過去與未來》，見許談輝主編：《民國時期語言文字學叢
　　　　書》（台中：文听閣圖書有限公司，2009 年 10 月），第一編第 49 冊，頁 100
　　　　～105。

七、〈語文問題的總清算〉

胡懷琛撰，本文分上、下兩篇，分別發表於《時代公論》半月刊 1934 年第 143 期與 1935 年第 146 期。白話文使用後，有關舊式文言語文的存廢，與白話語文的使用問題一直爭議不斷。胡懷琛於本文中，分別就字、文法、作文與文學概念等問題，一一提出看法與建議。

有關改造漢字的提議，胡懷琛針對學者所持改造漢字的多種理論，包括使用羅馬字拼音、以注音符號代漢字、另創製一種音符、推行簡筆字、選定一種標準字、充分採用歐化字等，在文中進行了利弊的分析。有關文法的討論，胡懷琛以為中國文法組織與本質和西文不同，西方文法詞稱複雜，不適合直接移植套用，中國文法實有必要自己創造。有關文的問題，胡懷琛提出「文學」與「作文」不同的概念說明。他認為，白話文提倡之初，因未能清楚分別「文學」與「作文」界限，導致認知與使用時的混淆。「作文」是個人「隨意作」的文章，與專門從事詩歌、小說、劇本等以創作為業而「必須作」的「文學」有極大不同。凡能遵守作好文章的原則，即「不抄爛調」、「不空泛」、「簡淨明白」、「不前後矛盾」、「不賣弄用典」，掌握「人」、「事」、「時」、「地」四個要點，離作好文章亦不遠矣。至論五四運動中大步顯揚的現代文學，其中唯小說發展最好，戲劇次之，而舊體詩惜為新詩所排斥已逐漸沒落。

八、〈中學國文作文問題平議〉

胡懷琛撰，發表於《教與學》1935 年第 1 卷第 1 期，乃胡懷琛就中學生作文問題，提出觀察與補救之法。白話文推行以來，中學生作文程度仍普遍低落，胡懷琛以為皆因欠缺思想與技術所致，因此提出針砭之道：一是理解作文原因和目的，須認知作文不為應試，而當與生活密切相關，適用實際生活而作；二是建構縝密有系統的思想，作文自然明白通達；三是培養正確用字的技巧，用字要精確、造句合文法、結構曉暢清晰。如此而作文問題自可迎刃而解。

九、《中學國文教學問題》

一冊，胡懷琛著，1936 年 3 月上海商務印書館出版，上海師範大學圖書館有館藏。乃探討中學語文教學問題的論集。作者在「凡例」中說明編作要旨云：「為增加中學國文成績起見，將國文選讀及作文上各個問題拈出，逐個加以適當的解答。」全書共十六篇，內容為（一）清理中國語文的方案（國文

的性質和地位）；（二）中學國文選讀問題〔註84〕；（三）從文法到文學；（四）文與題；（五）題目的性質和命題的方法；（六）文的分類；（七）文的內質和外形；（八）文的作者和讀者；（九）練習和模仿；（十）別字問題；（十一）改卷子問題；（十二）讀經問題；（十三）翻譯問題；（十四）譯名例；（十五）國文教員的地位；（十六）自己介紹幾本書。每篇解答一個問題，依次排列成一系統，然諸篇又各自獨立可分合，方便閱讀。書中針對中學國文教學所涉之字、詞、句、篇與語法、修辭等問題，與命題作文相關的體裁、寫作、閱卷、參考書等多有論述。

〈清理中國語文的方案〉一文，主要釐清「作文」和「文學」二者觀念，內容已於其〈語文問題的總清算〉中詳述，可參考。〈文與題〉談作文命題，胡懷琛以為凡自由命題或教師命題，都要顧及學生知識經驗，教師須能提供適當材料助於提示為佳。〈練習和模仿〉建議初學者須多練習、重模仿，自可作出好文。中國經典是珍貴寶藏，胡懷琛特別在〈讀經問題〉文中，呼籲應該保留有益中學生人格修養的經典閱讀。翻譯是熱門話題，〈翻譯問題〉中提醒翻譯者必須熟悉各國人情風俗避免犯錯。〈國文教師的地位〉一文，針對國文教師地位低落問題，胡懷琛認為國文是國人生活中必不可少的一種工具，國文教師是應用這種工具的指導者，負有傳遞文化知識的重要任務，故不可自我輕視菲薄，給予國文教師正面的激勵和肯定。

十、〈論文化技術人員的需要〉

胡懷琛撰，發表於《南洋中學校友會會刊》1938年第7卷第4期。胡懷琛以其從事教育多年經驗，藉本文表達其對社會進修教育的看法。文中所指文化技術人員，乃指在出版業中，具有速寫、打字、校對、寫油印字、謄寫、排卡片與檢書……等專門技術人員，是一個重視準確、敏捷與技巧，重視技術本位的工作。文化事業愈發達，對於技術人員需求甚殷，然職業貴賤觀念根深蒂固，社會普遍重文輕器，胡懷琛以為，唯有普及教育可以解決專門技術人員缺乏問題，現職人員也需要再精進訓練，加強累積經驗，才能敷應專業實務需求。以此強調自學的重要，也傳達行行出狀元的觀念。

以上教學問題的建議與討論，有書1種，文9篇。

〔註84〕〈中學國文選讀問題〉一篇，初以篇名〈關於選讀中學國文的話〉刊於《讀書顧問》1934年第3期。

第四節　胡懷琛語文教育著述的成績

　　早於五四文化運動之前，胡懷琛已然利用從事教職與報刊編輯之便，逐步開展其對新文學教育的嘗試與探索，並積極投身新舊文學理論的整合研究。他的著述，涵涉語法知識、教學理論、讀寫訓練與教材讀本等。本章統計其著述數量，包括語文教學指導及語文知識應用教材，有書 38 種，文 16 篇；兒童文學課外讀本有書 34 種，童詩 53 首，劇本 3 種；另有關教學問題的建議與討論，有書 1 種，文 9 篇。經刪去重複篇章後，總計胡懷琛的語文教著述有專著 73 種，文 18 篇，童詩 43 首及兒童劇本 3 種。

　　檢視這些作品，當可觀知胡懷琛的懷抱，乃在啟迪民初語文教育，試總結其成績如下：

一、探索教學理論，追求科學化的教育革新

　　五四以後，受西方教育思潮影響，推動中國語文教育「科學化」的改革成為必然趨勢。胡懷琛與當時的教育學家們，借鑑西方科學化的教學觀念與方法，積極投入教改實驗，力使混沌的傳統語文教育有「明定之標準，顯別之程序，使教學得有遵循」〔註85〕。所謂「教育科學化」，學者吳樹仁指出：「就是認為教育是一種科學，應用科學方法研究其較為精確的結果。」即根據教學原理與教育理論，「制定標準，探索規律」，將語文教學納入科學化軌道的研究。〔註86〕

　　為順應新學教育體制改變，胡懷琛結合自己的寫作與教學經驗，建構了探討語文內部規律的文法、文字、語言、修辭等學科的理論專著，如《白話文談與白話詩談》、《新文學淺說》；修辭知識如《修辭學要略》、《修詞學發微》等，俾以提供教學依循標準；又編制了一系列讀寫專門教材，如《古書今讀法》、《作文概論》、《作文研究》等，以為實踐新文學理論的具體指導。這些作品，展現了胡懷琛對於語文教育的深切關注與整體把握。

二、強調技術方法，切合實用的寫讀訓練

　　語言文字作為表達思想，負載文化的工具，其本質就是應用的，胡懷琛

〔註85〕見李燕：〈五、四新文化運動與語文教育的民主化科學化〉一文引王森然語，《浙江學刊》2000 年第 3 期，頁 153。
〔註86〕吳樹仁：〈五四新文化運動與語文教育革新〉，《上饒師專學報》（1995 年 10 月），第 15 卷第 4 期，頁 45。

曾云：「文是發表意見的工具，作文是運用工具；練習作文的方法，就是練習運用工具的方法。」〔註87〕白話文主導下的語文課程，強調的就是語文的實踐性與實用性。延續清末實學思潮，民初寫作觀念逐漸由「應試」轉向「應用」，語文成為謀生必需，學校教育開始著重學生自主學習的思維能力、與聽說讀寫能力的培養，尤其是閱讀與寫作訓練。胡懷琛講究理論思想，其語文實用的觀點，展現在其編纂的實務教材與語文閱讀的教科書中，其內容包含作文常識、寫作技巧、文法與修辭概念、讀書方法、標點符號使用、與尺牘、應用文的實作教本。這些強調以技術訓練為重心，又注重實質訓練的著述，見證了胡懷琛在追求語文教育「合理化、實用化、普遍化」〔註88〕的建設成果。

三、重視啟發教育，關注兒童文學發展

中國兒童文學，深受傳統「明道致用」、「蒙以養正」等實用觀點影響，歷來固以成人本位為思考，並以附屬於成人文學的方式存在，主要以培育人文道德與品格修養並重、知書達禮與詩文並彰的士大夫養成為目標。清末民初，崛起於十八世紀逐漸成熟的兒童教育與兒童文學觀念，隨著西學思潮進入中國，五四前後，西方各種兒童教育理論，包括「自習法」、「自動主義」、「自學輔導法」、「實用主義」等，也在教學改革的需求下被引進，「兒童文學」一詞開始流行。

民國時期，兒童文學進入學校教育，與語文教學相結合，開啟以「兒童本位」為思考的語文讀本的改革。胡懷琛參與多種課內教材與課外讀物編纂，為學齡前幼童及低年級小朋友創作了許多簡短淺顯、洋溢童趣的兒歌、童詩與有趣的童話故事；也為青少年編寫了饒富啟發與想像力的詩歌、神話、民間傳說、寓言與小說等多種讀本。這些寓教於樂的作品，容納了兒童文學與生活需要的各式文體字詞知識，也包含了與兒童生活相近的常識經驗。作為一位兒童文學作家，胡懷琛的熱情和用心深值肯定。

〔註87〕胡懷琛：《作文研究》（上海：上海商務印書館，2014年3月），頁27。
〔註88〕胡懷琛：〈清理中國語文的方案（國文的性質和地位）〉，收入胡懷琛：《中學國文教學問題》（1936年3月上海商務印書館）。

第八章　胡懷琛其他學術著述敘錄

　　胡懷琛的學術研究，始於南社知識份子呼應中國近代國粹思潮、與新文化運動而起的文化重建與國學研究活動。

　　19世紀末鴉片戰爭之後，清廷借鑑「師夷長技」而「中體西用」以思振圖強，清廷與士大夫承認並取法西技先進的態度，益使時人深冀於西學新術之必要可用，甚而主張易種變俗，盡棄固有，「惟泰西是效」。然而在盲目歐化與全盤捨棄舊學的否定論調中，亦有一批新興知識分子，基於文化自覺，積極肯定「國學」、「國粹」與傳統學術之價值，並據此組織以「研究國學、保存國粹」為宗旨的「國學保存會」（1905），宣揚「復興中國故有文化」的國粹思想。「南社」隨之繼起，呼應國粹精神，鼓吹「以學術、文學來喚起國民意識和民族精神，改造國民品質、振奮革命精神。」〔註1〕

　　辛亥革命前夕，胡懷琛響應國粹思潮投身「南社」，擎筆宣揚反清革命思想；民國建立後，又先後加入「國學商兌會」、「國學研究社」、「中國學會」等國學研究團體，與當代國學研究學者，致力國學的整理與保存任務，他的學術觀念與文學視野，便是在這樣的歷史背景與時代氛圍中逐漸優化並開展的。

　　胡懷琛一秉乾嘉樸學實事求是精神與嚴謹治學態度，四十歲以後，浸研考據，治學益勤，胡樸安記曰：

　　寄塵喜深刻之思，中年以後，從事舊學，對於清乾嘉時代樸學派之

〔註1〕王颿：〈再論南社〉，《徐州師範大學學報（哲學社會科學版）》，2010年3月，第36卷第2期，頁33～34。

著作頗有正誤之作。〔註2〕

四十以後，治學頗走入樸實一途，且亦留心於文字聲韻訓詁。〔註3〕其畢生窮致於經史諸子文獻之探源、輯佚、校勘、辨偽、訓詁與注釋等工作，研究成績斐然，著述益豐。觀其四部論著中，以集部之「詩歌」、「小說」二種篇章最多，內容與體例亦極為龐雜，為便於統整論述，並彰見胡懷琛在詩歌、小說著述上的成績，筆者故將此二類自「集部」中析出，分別歸列於詩歌、小說二章敘錄。除詩歌、小說之研究論述外，本章所錄其他學術論著，要以經、史、子三部著述為主，至於其文學史、文學考辨、文學批評與文學理論相關研究，悉歸於「集部其他論著」一節中敘錄之，本章故名之為「胡懷琛其他學術著述敘錄」。

第一節　經部論著

五四以後，以考據學為主軸的新學術觀念，在疑古思潮對古史古書的質疑與徵實中形成。胡懷琛秉承乾嘉學術崇重小學文字訓詁與名物考辨傳統，致力於「有爭議」、「被蒙弊」等經籍文獻的去偽存真、正本清源的梳理與考校工作。其徵經所得，易類、詩類、四書類與小學類皆具，部分篇章已經納入其專著中，本節一以摘錄敘述，俾得完整理解其經學思辨與考據成果。

一、易類

古史材料是考據研究的必要基礎。清末民初考古學興盛，地下文物如金文、甲骨文、漢石經、馬王堆帛書《周易》和安陽殷墟等古史材料陸續出土，提供極為珍貴的考據文獻，因受新史料激勵與西方科學精神影響，易學研究獲得重大突破，蔚起一股民初易學研究風潮。新材料開拓新思維，治易學者不再墨守陳規，紛紛發表治易新法新論。胡懷琛亦發表〈八卦與數目字之關係〉一篇，陳其卦爻為記「數」之用論。

（一）〈八卦與數目字之關係〉

胡懷琛撰，刊於《小說世界》1929年12月第18卷第4期。胡懷琛論卦

〔註2〕胡樸安：〈札迻正誤跋〉，收在《樸學齋叢書》（1940年第一集第6冊）。
〔註3〕胡樸安：〈王念孫讀書雜誌正誤跋〉，收在《樸學齋叢書》（1940年第一集第6冊）。

－286－

之「用」，以卦為中國文字源起於伏羲所畫「八卦」，乃今人所共信，然胡懷琛幾經考證後，提出八卦當為上古之「數目字」，即是記「數」符號，而非記「物」符號之論。

　　全文四節，首節論「八卦為上古數目字」〔註4〕。八卦為記物符號之說，始於《易緯・乾坤鑿度》云「八卦：☰，古文天字。☷，古文地字。☴，古文風字。☶古文山字。☵古文水字。☲，古文火字。☳古文雷字。☱，古文澤字。」王應麟《困學紀聞》引之，而楊誠齋《易傳》亦曰：「卦者，其名。畫者，非卦，乃伏犧（羲）初製之字。」胡懷琛依此提出三個疑點，並據證詳釋八卦為記數符號之由：

　　其疑一、曰卦畫為記物符號，何以只畫直線與橫線，不見曲線與縱線。其疑二、使卦畫用於記物，以☰卦為老馬、☷卦為牛、☵掛為月、為耳，☲為火、為日。卦之用意至深，遠非初步造字者所能，亦無法理解為何使用更淺顯易懂、後出的象形文字。其疑三、以八卦既為伏羲觀天地萬象所畫，則馬牛大地日月等字之象形體，當較☰、☷、☲、☴等符號合乎天然現象，何以不取。

　　胡懷琛以為，概未有文字之前，記數之需求必殷於記物，概以物有形易記，數無形難憶，是知記物不能離數，故畫八卦以記其數也。初畫一為「－」、畫二為「＝」，畫三為「☰」，至此即停，未見有四，而將＝之最上橫截斷為二，成「☴」，依序次再截為「☶」、「☵」，至六為止不能再畫，又斷次橫為「☳」、「☱」，至八為止，終於九「☷」，數目已然完備。惟其中之三「☰」、九「☷」符號，揣當時必有分別，今已不辨，是卦之有八而無九原因。其後卦之形式續衍為六十四種，實數之相加算法變化也。八卦本為記數符號，後兼用記事，因事日繁不敷應用，故另造文字，而八卦之數以變化巧妙，遂變為神秘的占卜之具。

　　第二節「引其他民族之數目字為旁證」，胡懷琛取雲南黎民的竹刻契約、日本土著沿用的○□符號及象形字、埃及原始數字「｜」、「‖」、「｜‖」、「‖‖」、「‖｜‖」、古印度及澳洲土著多例為證。第三節「中國數目字之初步指於三，即可證明卦即數」，引文舉例在印度、巴西、澳洲、美國印第安等原始種族中，尚存與中國相同以「三」表「多數」的用法。第四節舉中國《虞書》、

〔註4〕「八卦為上古數目字」一節，原篇名〈八卦為上古數目字說〉，刊於《東方雜誌》1927 年第 24 卷第 21 期，後內容酌經修正，收為本篇之第一節。

《荀子》、《禮記》、《孟子》等古文，復證八卦由最初用以記數稱「數」、後兼為記物之具稱「文」之例。

以上《易》類有文1篇。

二、詩類

《詩經》流傳久遠，歷來學者對其疑點多有訓辨，惟諸論分歧，眾說紛紜。民初受疑古思潮影響，學者研究《詩經》的方法與目的逐漸改變，顧頡剛更強調「研究中國古史必由經學入手」〔註5〕，《詩經》逐漸脫去自漢至清以來「歷史化、政治化、倫理化、功利化」〔註6〕的經學規範與價值，被視為「詩歌總集」。《詩經》不復其聖經賢傳的經典地位後，近代學者亦以回歸文學原本風貌的觀點，重新詮釋和解讀《詩經》諸篇所蘊含的主題內容與藝術特質。胡懷琛以文學視角考察《詩經》，多取《國風》為辨，以其源自民間，反映豐富的民生百態，除優美詩篇可供文學賞讀外，更是考證先秦時代社會學、政治學、歷史學、考古學、人類學、民俗學等知識的重要來源。其主要論篇收入《中國文學辨正》（1927年上海商務印書館）〔註7〕。

（一）〈國風入樂辨〉

胡懷琛撰，發表於《小說世界》1926年3月第13卷第12期，收在《中國文學辨正》。本文論十五篇《國風》是否入樂問題。初胡懷琛以為，孔子正《樂》，但言《雅》、《頌》，未嘗言《風》，十五《國風》中，除《周南》、《召南》可被之管絃外，餘詩皆「聲不入樂」，如宋人程大昌所謂「十三國為徒詩」，以證《國風》非樂歌也。然胡懷琛則考辨徒歌而能入樂之例，如伯夷叔齊〈採薇歌〉後為《琴操》入譜管絃；漢武帝〈蒲梢天馬歌〉為《漢樂府》譜為〈天馬〉二章歌辭；屈原〈山鬼〉一詩亦見魏晉所奏樂歌中。依此論證，以《國風》之文采活潑自然，只要稍經改歌，亦能將文就譜，入樂為歌。此視《詩》為樂歌觀點，正是疑古學者以「多元視角」欣賞詩篇文學藝術特質的表現。

〔註5〕顧頡剛：〈研究中國古史必由經學入手〉，見顧頡剛著、顧洪編：《顧頡剛讀書筆記》（台北：聯經出版公司，1990年1月），第4卷《純熙堂筆記》，頁2301。

〔註6〕朱孟庭：〈民初《詩經》白話註譯的發展——以疑古思潮建構文學性質的影響為論〉，《台北大學中文學報》，2011年10月第10期，頁30。

〔註7〕胡懷琛：《中國文學辨正》，1927年9月上海商務印書館初版，筆者所引見張高評主編：《民國時期文學研究叢書》（台中：文听閣圖書有限公司，2011年12月），第一編第55冊。

（二）〈國風非民歌本來面目辨〉

胡懷琛撰，發表於《小說世界》1926 年 3 月第 13 卷第 13 期，收在《中國文學辨正》。十五《國風》，歷來所認知本為各國村俚歌謠、民間男女言情之作，然胡懷琛以諸詠詞「斐然成章，不蔓不枝，恰到好處」，當非村俚鄉野所能勝任，疑辨今之所見十五國《國風》，已經文人修飾而非民歌本來面目。其所據例，如〈九歌〉，本湘沅間之民歌，經屈原修飾後已無民歌原貌；〈竹枝詞〉，巴渝間之民歌，經劉禹錫修飾後亦不復見原本面目。並錄《莊子》與《論語》所載〈楚狂接輿歌〉、《史記‧滑稽傳》與〈孫叔敖碑〉所載〈優孟忼慨歌〉相較，以觀未經修飾文與已經修飾文間的異同，證辨《國風》非為民歌本來面目也。

（三）〈國風不能確切代表各國風俗辨〉

胡懷琛撰，發表於《小說世界》1926 年 4 月第 13 卷第 18 期，收在《中國文學辨正》。《國風》所采，考各國政教得失，知各地人情風俗，一國之詩，代表一國風俗，然胡懷琛疑各國風謠幾經民間交流傳唱，已難論溯本源。其探述各國風謠所載歌辭與風俗，舉論今人所見《國風》，已不能確切代表各國風俗。

（四）〈辨國風之巫詩〉

胡懷琛撰，發表於《小說世界》1926 年 11 月第 14 卷第 22 期，收在《中國文學辨正》。本文考證《國風》諸篇中之「巫詩」。大凡各國詩歌之源，初為祀神，然中國詩中僅見《楚辭‧九歌》有祀神歌，後人乃誤解《詩》中巫詩已為孔子所刪，藉證孔子刪《詩》之說。然胡懷琛據《漢書》、《朱子》所言，並舉《九歌》相較，如〈月出〉章中之「佼人」，即〈雲中君〉章中之「君」；〈東門之楊〉章中之「昏期」，即〈湘夫人〉章中之「夕張」；〈宛丘〉章中之「無望」，即〈湘君〉章中之「未來」等，以辨《陳風》中多見「巫歌」之實。

（五）〈誦詩歌詩絃詩舞詩辨〉

胡懷琛撰，收在《中國文學辨正》。本文據引《墨子‧公孟篇》所云：「誦詩三百、絃詩三百、歌詩三百、舞詩三百」以辨。其辨有二，一辨《詩經》篇數，一辨「誦詩、絃詩、歌詩、舞詩」各稱之異同。胡懷琛指出，今有學者不辨，據《墨子》所言而稱《詩經》共得千二百，特撰文以正其謬。

其謂「誦詩」者，指循文字而誦之詩；謂「絃詩」者，指能披之管絃之詩；「歌詩」不能批之管絃，其文字常應誦聲之抑揚徐疾而有增減改易；「舞詩」除可披之管絃外，又佐以動作，其文字亦隨樂詩可增減改易。「歌詩」與

「絃詩」之別,如《史記》所載〈採薇歌〉,即為「歌詩」,而《琴操》所載〈採薇歌〉,因可披管絃而稱「絃詩」;「絃詩」與「舞詩」同樣可披管絃,其別如〈董解元西廂〉為「絃詩」,而《王實甫西廂》除披之管絃外又佐以動作,故稱「舞詩」。胡懷琛以為,三百篇之「誦、絃、歌、舞」諸詩,或因「一詩分化為四」:可誦、可歌、能被管絃、能佐舞樂等表現形式不同而名稱相異,然實皆同指一詩,猶〈木蘭詩〉亦指〈木蘭從軍〉、〈長恨歌〉一名〈長生殿〉、〈琵琶行〉亦稱〈四絃秋〉等是也,此學者不可不辨。

以上詩類有文 5 篇。

三、四書類

胡懷琛考釋經學經典《中庸》之文論共有 3 篇,除闡發《中庸》內容思想與價值外,對於《中庸》是否託偽孔門之作亦有所釐述。

(一)〈中庸淺說〉(〈中庸說〉)

稿本,一卷,胡懷琛著,一名〈中庸說〉,收在《中國先賢學說》(1935年 2 月上海正中書局出版);1940 年收入胡樸安編《樸學齋叢書》第一集第 5 冊;1989 年台北新文豐圖書據《樸學齋叢書》本影印,輯入《叢書集成續編》第 34 冊「儒家哲學」類;又 2009 年台中文听閣圖書出版《民國時期經學叢書》,收入第三輯第 54 冊。中研院近史所、國家圖書館及台灣大學、東吳大學等圖書館皆有館藏。

卷前有孫世偉「中庸淺說」題字,卷末有胡樸安撰跋。《中庸》為儒家心性理論的重要學說,被定位為「初學入德之門」,然歷來學者對中庸是否孔門書、及中庸二字連稱之說多有所疑,胡懷琛亦於本文梳論其見。文中首析「中庸說之來歷」釋各家疑點。繼釋「中庸」二字之詞義。《中庸》之字面解釋為「中道」、「常理」之意,其言「中」,即適中、無過與不及也;「中庸」二字連稱,謂「用中以應事」也。並分以「時中」、「中和」與「執中」論述中庸之內涵。胡懷琛指出,「時中」之「時」義除可釋時間外,當亦含有空間之範圍,即立身處世必隨時代潮流而變,採取適當的持中態度為宜;所謂「中和」之修為,必處事適中,乃出於自然而非勉強者也。又釋「中之利弊」,以為持中庸論者,雖持不偏不倚無私之心,然不免流於模稜兩可、雙面討好之弊;無過與無不及者固好,但易流於保守滯進之弊;知隨「時中」而變者,若不知主動改變,僅因應外界被動之變,則其雖有進步亦乏創

造力。「執中」以求「中和」，情緒平靜時為「中」，情緒表現經調整以符合常理為「和」，旨為修養人性。

卷末另附錄〈道家之中說〉與〈亞里多德之中說〉二篇。除儒家言「中」外，又取《老子》云：「多言數窮，不如守中」，與《莊子·山本篇》中「材與不材之間」之論，以釋道家之擇「中」處世之道；另希臘學者亞里多德亦嘗以「不及」、「適中」、與「太過」三種品格論人。以此印證比較中庸積極思想對中外哲學家的影響。〔註8〕

胡懷琛於〈中庸非孔門之書〉，提出對《中庸》真偽之疑辨；另有〈中庸之人生觀〉一文，引錄梁漱溟講詞，體現《中庸》於人生之意義與價值。

（二）〈中庸非孔門之書〉

胡懷琛撰，本文初刊《儉德儲蓄會會刊》1923 年第 4 卷第 3 期「雜俎·披沙錄」欄，後收入胡懷琛《十年筆記》。自宋以降，學者對《中庸》之作者、成書年代多有質疑。胡懷琛疑辨《中庸》書中遣辭用語與時代背景不相符，其引（清）梁紹壬著《兩般秋雨盦隨筆》所錄葉書山語，指辨《孔》、《孟》多言泰山，本就所居之地指所有之山，此人之常情，而《中庸》引山乃稱華嶽，疑係長安之人指長安之山，依此提論《中庸》一書當係漢儒託偽之作。

（三）〈中庸之人生觀〉

胡懷琛撰，發表於《國學彙編》1924 年第二集第 4 冊《國學彙編》「雜俎」欄。本文為胡懷琛閱報見〈梁漱溟之人生態度〉文，有感而發之作。

報載梁漱溟先生在北大第二院演講，講辭大要為：首先批評胡適於《新青年》第六卷所作之〈不朽〉一文中之人生態度，謂：胡適提出「小我」與「大我」觀念，凡小我（自身）之一切善惡是非等作為，無不影響大我（社會）。小我之生命有限，而大我則永存不朽。小我唯有通過認同和奉獻大我，故在小我有限之生存週期中，必須勤勉向上，以作成就大我之良善因子。」

梁漱溟先生於講詞中，自述其「生則生耳，不當問生之意義與價值」之人生態度。以為「人生在世，不必問求生命之意義與價值。生則生耳，若貪念外尋解答，則一切煩苦必起，不如拋卻此念想，方能永保清淨愉快人生。」

〔註 8〕胡懷琛另有〈中庸之人生觀〉一篇，刊於《國學彙編》1924 年第二集第 4 冊「雜俎」欄，係對梁漱溟先生有關人生觀演講內容之評述，從中可見作者對《中庸》之理解，茲並列參考。

胡懷琛以為，此種人生觀乃儒者本色，而《中庸》早言之詳盡矣。亦以為胡適「我執」之人生觀乃亂源之起，而梁先生之人生觀切合《中庸》「素位而行，不願其外」、「君子居易以俟命」思想。「素位而行」即「生則生耳」之意也。「不願乎其外」外指外物，即不問意義與價值也，所謂不應向外尋找也。有意義吾如是生，無意義吾亦如是生；有價值吾亦如是生，故無入而不自得；又「君子居易以俟命」，仰不愧於天，俯不怍於人，無往而不自樂，樂終此生，正不必問其意義與價值耳。胡懷琛故贊曰：梁先生之言為《中庸》之言，亦其人生觀適為《中庸》之人生觀，並此傳述了胡懷琛對於《中庸》思想的解讀定見。

以上四書類有文 3 篇。

四、語言文字學類

民初，延續自清代以來的實證學風，考據研究得益於文物史料的發現、西方思維的融入、文化教育事業的發展而蓬勃興盛。胡懷琛學柢皖派精神，志承南社「存學保國」與「弘揚國粹」文化思想，五四運動以後，多留心語文史料之辨析研究，包括歷史淵源、性質、類型、結構、衍變規律與應用方向等之具體考察。

（一）專著

1. 《簡易字說》

一冊，胡懷琛著，1928 年 10 月上海商務印書館初版，台灣大學與復旦大學圖書館有館藏；2009 年 10 月，台中文听閣圖書有限公司據商務館版影印，收錄於《民國時期語言文字學叢書》第一編內〔註9〕。

書前有序，胡懷琛為普及教育所需，自創一種「簡單易學、簡明易識」、捨繁從簡的漢字簡化法，本書即為其研究成果。

全書共十八章，第一章首先定義何謂「簡易字」。胡懷琛以為，中國文字源造於「六書」，歷經由簡而繁長遠的演化過程，包括古字、俗字、方言等，其結構與使用複雜，今為便於一般人學習，必修正文字使之更易於一般人辨識，更簡省書寫時間，因在重「實用」前提下，提出簡易字建議方案。

針對時人批評「聖人所造不可改易」爭議，胡懷琛於第二章提議當由專

〔註 9〕許錟輝主編：《民國時期語言文字學叢書》（台中：文听閣圖書有限公司，2009 年 10 月），第一編第 49 冊。

業的語文學家，依據通用原則進行審慎的文字改造評估，萬不可任由一般人隨意增刪，而造成第三章所見的「荒謬的造字和改字」情形，又於第四章「研究和應用」提舉生活所見多例以證之。另就字形標準爭議，胡懷琛於第五章以經傳文字為標準，證舉「字本沒有一定的寫法」。如《詩經》「桃之夭夭」，《毛詩》作「枖枖」，說文引作「枖枖」；又「野有死麕」，《毛詩》作「麕」，《釋文》云：「亦作『麕』，亦作『麇』」。說明漢字本無固定寫法，只要酌依風俗習慣，不拘文字理論，取簡便適用字加以改造即可。

第六、第七章論「簡易字構成的經過」〔註10〕與「簡易字的提倡者」。第八章編錄「簡易字表」，就十種「簡易字的種類」，包括古字、俗字、方言、譯音字、併合字、新創字……等，提出九種「構成簡易字的方法」，包括：「刪繁為簡法」、「化繁為簡法」、「加偏旁法」、「改偏旁法」、「借用外國字法」、「併合字」、「刪改兼併合字法」、「譯音字」及「譯音兼譯義字」法等。「刪繁為簡法」，如「蟲」同「虫」字；「化繁為簡法」，如「台」字寫為「臺」；「加偏旁法」，如「吳公」二字旁加「虫」成「蜈蚣」；古之「椀」字使用「改偏旁法」，成為今之「碗」字；「卐」本印度字，「借用外國字法」即同「萬」字；「尥」是「併合字」；「仿」本作「放」，運用「刪改兼併合字法」，刪「攵」併「亻」而成「仿」；「單于」讀作「禪於」，乃源於突厥的「譯音字」；又有「譯音兼譯義字」法，如「鉮」字。

書中據此九法，列舉了以原有漢字造成的三百多個簡體字彙。第十八章附錄〈字的分化〉一篇，說明一字可分化衍成多字之例，如「盧」，便有「爐」、「鑪」、「壚」、「罏」等字形字義的變化，證之只要正確理解字的分化與規律，必能助於創寫並推廣簡易字。

2. 《中國文的過去與未來》

一冊，胡懷琛著，1931 年 9 月上海世界書局出版，中研院近研所圖書館、台灣大學、復旦大學圖書館有藏。2009 年 10 月，台中文听閣圖書有限公司據 1931 年上海世界書局版影印，收錄於《民國時期語言文字學叢書》第一編。〔註11〕

〔註10〕「簡易字構成的經過」一章，後另以篇名〈論簡易字之形成〉，署名「胡懷琛遺稿」，刊於《說文月刊》1940 年第 1 卷。
〔註11〕許錟輝主編：《民國時期語言文字學叢書》（台中：文听閣圖書有限公司，2009年 10 月），第一編第 49 冊。

書前「緒言」，說明本書欲「從過去歷史中，尋求將來改革的計畫」，主要為探討與整理「中國字」、「中國文法」的內容，俾供中國文字未來研究與發展的寫作要旨。全書共五篇，每篇各討論一個獨立主題。第一篇〈韻語的種類及其影響〉；第二篇〈縱橫文的內容及其影響〉；第三篇〈論中國古代文字中的譯音字〉。以上三篇，探討中國文中「韻語」、「縱橫文」及「譯音字」的優劣與影響。中國文學因大量「諺」、「詩」、「賦」等韻語而益顯豐富，然其雖有便於誦讀與易於記憶的優點，卻也實際存在「難以說明複雜事理」、「難以描述事件原貌」、「難於記述事件發生順序」等缺點。縱橫文即縱橫家之言，不外迂迴曲折的「緩說」法、與提綱挈領的「急說」法，雖彰顯「才鋒橫厲」，亦難免「機巧偏激」。

中國文中尚存有大量不易明辨的「譯音字」，胡懷琛因考「答」、「骨董」二字，另作有〈答字說〉與〈骨董解〉二篇。〔註12〕於其〈筆記四則〉文中，又考「鷓鴣」〔註13〕、「孔雀」、「茉莉」與「玻璃」等為外來語，以證中國文混雜譯音字之普遍。第四篇〈改造文字的種種計畫〉，提出運用包括注音符號、國語羅馬字、中國新字、簡字、標準字、歐化字等以改造中文字的各種辦法。第五篇〈關於文法的種種問題〉，提出中國文法習慣與常見的問題，如以「之」、「乎」、「也」、「耶」、「哉」等助詞作為標點使用；切「之」「乎」二字成一個「諸」字；複雜的冠詞與計量用語如「百乘車」、「千竿竹」；或以「平上去入」讀音的變化改變詞性等。

書末另附其推廣國語文及詩教的四篇文章：〈上大學院請規定國語及文法標準書〉、〈擬應教育部徵求編輯中小學國語教科書之意見書〉、〈編輯民眾文學之管見〉一文節錄、及演講稿〈詩之鑑別〉等。

（二）單篇論文

1.〈中西文字相同之研究〉

胡懷琛撰，本篇為胡懷琛探討「中西文字，同出一源」之文，刊於《婦女雜誌》1920 年第 6 卷第 3 號。胡懷琛以為，中西文字初期必有天然相謀之處，

〔註12〕〈答字說〉一篇，收見《簡易字說》、《中國文的過去與未來》；〈骨董解〉一篇，初刊於《南洋・南洋中學校友會會刊》1934 年第 4 卷第 4 期，後收入《秋山文存》、《讀書雜記》（篇名〈骨董〉）、《簡易字說》及《中國文的過去與未來》。

〔註13〕「鷓鴣」一則，亦可參胡懷琛《淮南鴻烈集解補正》卷所釋之「鵕鸃」。

其後愈演變化愈多，始大有不同。其所析舉相同之處如：

（一）「數」有單複。西文中數量有單複數，中文亦有，然用者常忽略而已，如眾木為林、多山為巒即是。

（二）「性」分陰陽。西文中凡有生命之物必分陰陽，德法文中之無生命物也分陰陽，中文亦同，如有生命之「鳳」、「凰」，無生命之「日」、「月」。

（三）「名」別大小。西文中會因物體大小屬不同稱呼，如稱狗「dog」，稱小狗為「puppy」。中文亦會因物體之形式、顏色與性質改變名稱，如羊之大為「羬」，羊之犢為「羜」；有足之鍋稱「錡」，無足稱「釜」；劣馬為「駑」，良駒稱「駿」。

（四）「一字（名）多音」和「語尾語首」。西文字中有兩音合拼為一字者，而中文之字音獨立，無一字數音，卻有「一名數音」之例，如「蜈蚣」、「秋千」，是「一名兩音」，二字必相連方有意義；又有可分合之字，如「梧桐」可分稱「梧」與「桐」，「蝴蝶」可分稱一「蝶」字。又西文中常強調字首字尾，如書（book），「b」為字首，「k」為字尾，中文亦有發語詞與語尾助詞，如「羌愈思兮愁人」之「羌」為楚言發語詞，「葛之覃兮」之「兮」為語尾詞。中文之語首語尾又常有分合使用之妙，如「杯盤狼籍」，其中杯子、盤子可去其尾語字「子」，而西文斷不能去其杯（cup）、盤（dish）之尾音字「-p」和「-sh」，此為中文之好處。據例以證其中西文字同源之說。

2. 〈關於「新字」及「簡字」的同意〉

胡懷琛撰，發表於《南洋：南洋中學校友會會刊》1928 年第 4 期。本文作於胡懷琛《簡易字說》編印之前，先就吳南凱與陳光堯所提出中國文字改革方案之討論。胡懷琛以為，中國文字遠溯自伏羲畫卦、蟲書、至大小篆、隸、楷等體之演變，究因舊體太難，自有改革之必要。吳南凱提出拼音字加偏旁法，陳光堯提議採用俗字、古字及仿製新字，胡懷琛以為二者各有立說，建議無需另造新字母，就拼音字旁加上偏旁法為佳，如「鳴」字音同「明」，將作「ㄇㄧㄥ口」區分「ㄇㄧㄥ日」，此簡易造字法，既有助國人認知，亦便於推廣外國人學習，以茲作為建立世界普通語的根基。

3. 〈論簡易字之形成〉

署名「胡懷琛遺稿」，本文原為胡懷琛《簡易字說》第六章「簡易字構成的經過」，後另以〈論簡易字之形成〉為名，發表於 1940 年《說文月刊》。胡懷琛為倡導普及教育，於該書中提出對中國漢字進行捨繁從簡的漢字簡化法

改造建議，本文揭櫫簡易字演化形成的經過。如現之「炒」字，本演自古「鬻」字而來，揚雄《方言》有云：「凡以火乾五穀之類：秦、晉之間，謂之『聚』。郭注：「『聚』，即『鬻』字也。」炒物必用鍋，取「鬻」之鍋形，合以「窡」音而成；後以「火」代「鬲」，一變為「燹」，再以「取」代「窡」，而變為「聚」，又以「少」代「取」而成「炒」，故今「炒」字即古「鬻」字。又「鬻」字同「煮」字；「放」、「倣」、「仿」三字，初本作「放」，後加「亻」旁為「倣」，又減「攵」旁為「仿」，實為同一字義；我「輩」、我「每」，即今白話之我「們」等。說明今人通用之簡易字，實累經諸多變化輾轉形成，自有其因變傳承的歷史意義和價值。

以上語言文字學類有書 2 種、文 3 篇。

第二節　史部編著

中國歷史傳統，史學向被視為「資治的龜鏡，治亂的藥石，道德勸界的利器」〔註14〕，具有「借鑑」與「勸戒」的價值與功能，「以史為鑑」，是中國傳統重要政治思想之一。清末民初，世局困境與新時代刺激，促使學者開始省思並質疑傳統史學價值與功能，透過整理與尋根研究，啟發對於中國古學、經書與出土史料的疑古與辨偽意識，擴大了史學研究內涵與範圍，中國傳統史學至此逐漸脫離經學附庸，發展成為獨立性的專門學科。

五四以來，學者致力經史文獻的稽考，已累建了不少實績。呼應國粹學派對於國學史籍的蒐集與整理保存，胡懷琛於 1913 年開始投身史志研究，本節搜理其史部編著，包括雜史類、方志類、目錄類、傳記類等，分述如後。

一、雜史類

（一）《清季野史》

胡寄塵編，《清季野史》原輯有三編，線裝鉛印本，上海廣益書局 1913 年4 月先後出版第一及二編，1914 年 1 月續發行第三編。原書三編今已難見，各家圖書館所收版本皆不齊全，復旦大學圖書館藏有 1913 年版第一編；上海圖書館有 1913 年版第二編；華東師範大學圖書館所見為 1913 年版及 1926 年

〔註14〕張心愷：〈新史學思潮對清末民初歷史教育的影響〉，《歷史教育》（1997 年 6月），頁 1。

再版，不詳何編；國家圖書館收 1925 年第一編第六版；中研院近史所圖書館有長沙嶽麓書社 1985 年 12 月重印版一冊，書前增附胡道靜〈重印前言〉，記述重印意旨〔註15〕。

第一編前有「例言」，編者先明其作「筆錄翔實」，「足補正史之缺」，又言其書末所收之附錄「為徵稽史資可用」。全書內容包羅豐富，從宮廷到民間，除窺揭清宮帝妃秘史、官場傾軋亂象外，又寫民間俚俗掌故，與清政內外史實紀事等共 19 篇；非記清室而其事有相關者，則另收附錄 6 篇。書之作者有羅惇曧、蔣芷儕、胡適、工無生、丁立誠、程善之等人。

第一編收〈中日兵事本末〉、〈庚子國變記〉、〈拳變餘聞〉、〈都門識小錄〉、〈述菴秘錄〉、〈故宮漫載〉、〈清室餘聞〉、〈慶親王外傳〉共 8 篇，附錄胡蘊玉（樸安）撰〈多鐸妃劉氏外傳〉及〈二百六十年漢人不服滿人表〉2 篇。

第二編收〈鐵路借款考〉、〈美國退還庚子賠款記〉、〈中法兵事本末〉、〈割台記〉、〈三貝子花園記〉共 5 篇，附錄胡蘊玉（樸安）撰〈胤禛外傳〉、〈髮史〉2 篇；

第三編收〈英吉利廣東入城始末〉、〈清代割地談〉、〈德宗承統私紀〉、〈京師大學堂成立記〉、〈中俄伊犁交涉始末〉、〈王風百首〉6 篇，附錄胡蘊玉（樸安）撰〈殘山賸水錄〉、〈太平天國軼史〉2 篇。

《清季野史》一書所記，多有涉政治軍事外交之紀實者，如羅惇曧〈中日兵事本末〉、〈中法兵事本末〉、〈中俄伊犁交涉始末〉、〈英吉利廣東入城始末〉、〈割台記〉、與程善之〈清代割地談〉等篇；〈鐵路借款考〉與胡適的〈美國退還庚子賠款記〉篇中，細數了清國償銀賠款的內容；羅惇曧〈割台記〉及程善之〈清代割地談〉，刻記清廷喪權失國之恥；〈都門識小錄〉則是古北京市閭巷弄人文生態與民情風俗的深度記憶。

《清季野史》非僅雜史傳聞的紀錄，其所反映歷史事實的某些真貌，深具歷史研究參考價值。

（二）《清談》（《清譚》）

署名「安吳胡懷琛」編，共上、下二冊，一作《清譚》，國家圖書館有 1916

〔註15〕長沙嶽麓書社於 1985 年 12 月重印出版《近世文史資料》叢書一套共 10 冊，內收胡寄塵編《清季野史》三編不分卷，輯為一冊，書前有胡道靜〈《清季野史》重印前言〉一篇（亦收見虞信棠、金良年編：《胡道靜文集》（上海：上海人民出版社，2011 年 12 月），卷七《序跋題記·學事雜憶》，頁 22～25。

年、1918 年上海廣益書局線裝鉛印本，今僅見上海華東師範大學館藏。1975
年 2 月台北文海出版社據 1918 年廣益版影印輯為二冊，收入沈雲龍主編：
《近代中國史料叢刊續編》第十二輯，乃現今之通行本。

　　該書封面頁右上題有「滿清十三朝之秘史」字樣，作者於前序中說明書
以「清」「談」二字為名，乃因所談內容皆「遜清之往事與掌故」，既符應所談
為「清」事，亦適供文人雅輩閑餘消遣談資之用意。全書 350 篇分為十卷，
上冊收「宮闈談」、「政治談」、「軍事談」、「外交談」、「權貴談」、「風俗談」等
六卷；下冊收「文學談」、「藝術談」、「災異談」及「雜事談」等四卷。

　　各卷內容，乃作者摘自四十餘家筆記小說所得，但凡典章、政制、舊聞、
閱古、考景、探奇、藝能、收藏、祥異、鬼神、奇靈、雜說瑣聞等，無所不談。
如「宮闈談」收〈乾隆朝萬壽慶典之盛〉、〈庚子兩宮蒙塵軼聞〉等 24 篇，錄
自昭槤《嘯亭雜錄》與《清史獲野錄》等諸著。「政治談」收〈王公降襲次第〉、
〈永年令捕盜〉等 25 篇，錄自《庸閒齋筆記》、《蜨階外史》等諸著。「軍事
談」收〈英將戈登事略〉、〈記洪秀全事〉等 29 篇，錄自對山書屋《墨餘錄》、
《壺天錄》及小說《張文襄幕府紀聞》等諸著。「外交談」收〈滿洲失地記三
則〉、〈五口通商軼聞〉等 11 篇，錄自《春冰室野乘》、《雞林舊聞錄》等諸著。
「權貴談」收〈白石獅〉、〈和珅食珠〉、〈權貴之淫虐〉等 23 篇，錄自鈕琇《觚
賸》與焦循《憶書》等諸著。「風俗談」收〈稱尊官為大人始於清〉、〈忌辰禁
嫁娶始于清雍正〉、〈目蓮戲〉等 21 篇，錄自《橋西雜記》、《柳南隨筆》、《永
憲錄》、《巢林筆談》等諸著。

　　「文學談」所錄 74 篇最多，包括〈騏驥詩〉、〈聖武成功詩〉、〈燕京元夜
詞〉、〈王漁楊秋柳詩〉等篇，錄自《夕陽紅淚錄》、《歸田瑣記》、《賴古堂尺牘
新鈔》、《蕈鄉漫錄》、《鋤經書舍零墨》、《郎潛紀聞》諸著。「藝術談」收〈祝
玉成牙畫〉、〈劍術〉、〈著棋〉、〈秦腔〉等 27 篇，錄自《履園叢話》、《池北偶
談》、《浪跡叢錄》等諸著。「災異談」所載天地風雲雷雨水火、山地草木萬物
諸般異相共 42 篇，錄自《述異記》、《廣陽雜記》、《聞見偶錄》等諸著。餘「雜
事談」共 74 篇，收〈蒙古狀元〉、〈新算學〉、〈神樹〉、〈曾文正公軼事〉、〈太
平天國軼事〉、〈張之洞軼事〉、〈方敏恪公軼事〉等篇，錄自《龍沙紀略》、《藤
陰雜記》、《右台仙館筆記》、《筠廊偶筆》、《劉健庭聞錄》諸著。

　　以上雜史類有書 2 種。

二、方志類

　　方志者，地方史之編也，舉凡一地之輿圖、疆域、山川、名勝、沿革、建置、職官、賦稅、物產、風俗、人物、教育、名勝、古跡，以及詩文、著作等史志，無不詳載。其內容涉及政治、經濟、社會、地理、文藝與人物等多方面，是研究鄉縣郡邑發展與演變極為重要的紀錄，具有相當史料價值。

　　胡懷琛於 1932 年 7 月參與「上海市通志館」編纂上海史志。其所主編的第十九編「學藝編」，內容包括對上海市內蓬勃發展的詩文社、宗教團體的探源考察、民間藝文書目的調查、蒐輯，與上海地方史志文獻的研究整理等。

（一）《上海的學藝團體》

　　一卷，胡懷琛著，原輯於 1933 年 6 月《上海市通志館期刊》第二卷第 3 期，1935 年 12 月列為《上海市通志館期刊》抽印本之一，上海市通志館單冊發行。〔註16〕台灣大學與復旦大學、北京師範大學等圖書館有 1935 年版館藏。1977 年 5 月台北文海出版社重刊影印本，收入《近代中國史料叢刊續》第 39 輯第 389 冊；北京學苑出版社 2010 年出版《中國華東文獻叢書》之「華東史地文獻」，收入第三輯第八卷。

　　本篇乃胡懷琛為《上海市通志》編修的第十九編「學藝編」中「學藝團體」一門所作的考察研究。首溯其源，據考明代上海的詩文社、與上海學藝界關係密切的幾、復兩社中的上海詩人、及清代上海的春柳吟社、萍花社等九個詩文團體。近代上海重要學藝團體，涵括文學研究、醫學、科學、法律、商貿、紡織、武術、語言、書畫、考古、教育等，凡講學論藝涉與文藝相關的百家各業皆收，始自強學會以後，有愛國學社、中國教育會、教育研究會、春柳社、新劇同志會、國學保存會、寰球中國學生會、南社、上海書畫研究會、希社、淞濱吟社、新南社、文學研究會、中國學會……等共錄百家，其中若團史長久或具重要影響的社團，多另予篇幅解說，或加附立社序文、宣言或組織章程等，以詳社團活動概況。又錄中外合辦的學藝團體，如亞洲文會、上海法文協會、太平洋學會、德國東亞學會上海分會……等；尚有社團簡單或活動情況未明者計 220 個團體，則悉歸篇末綜表以備覽。

　　至於台灣詩社性質，胡懷琛特別轉錄了江亢虎《台遊追記》（1935 年中華

〔註16〕見《上海市通志館期刊》，沈雲龍主編：《近代中國史料叢刊續輯》（台北：文海出版社，1934 年 12 月），第 39 輯第 389 冊，第二卷第 3 期。

書局出版）所記述台灣詩社一段珍貴的史料曰：「台灣自割讓後，……詩社今為極盛。全島大小有百家，社員多者數百人，少亦數十人，大抵每週一課，每月一集，每年一會。命題限韻，臨時拈鬮定之。課藝則七絕為多，間作五律，……年中佳作，彙輯刊行。」以見台灣詩社逐步成長發展的記載。

（二）《上海研究資料》

一冊，胡懷琛編。1934 年起，「上海市通志館」成員吳靜山、徐蔚南、胡懷琛、徐蘐軒、蒯世勳、席滌塵、蔣慎吾、李純康、郭孝先及胡道靜等人，以研究及編纂上海地方史志為目的，義務性地組織私人學術團體「上海通社」（1934～1938），至 1935 年 6 月編纂完成四十餘萬字兩冊《上海研究資料》。該研究稿初期透過《大晚報》的《上海通》周刊發表，與 1936 年輯印出版的《上海掌故叢書》，同是研究近代上海社會歷史極為珍貴的文獻資料之一。

《上海掌故叢書》第一集由柳亞子題簽，共校勘出版了包括（元）陳椿輯《熬波圖》一卷、（明）張鼎撰《吳淞甲乙倭變志》二卷、（清）楊光輔撰《淞南樂府》一卷等共 14 種書，原擬出版的第二集後因抗日戰爭未及編成。〔註 17〕

（三）〈上海佛教史話〉

胡懷琛撰，本文註為「上海市通志館播音演講（稿）」，刊於《佛學半月刊》1936 年第 136 期「雜載」欄、《南洋・南洋中學校友會會刊》1936 年第 6 卷第 4 期。

胡懷琛考察上海一地在近代三十年佛教史上地位上升的原因，指出主係得利於四個條件，一是楊仁山於南京設刻經處，助益經典流通；二是中國留日學生受日本佛教影響，引發研究佛學興趣；三是上海印刷進步，利於佛學藏經傳布；四是民國以來佛教團體興起，促進佛學討論研究。又據通志館統計，經由頻伽精舍與商務印書館所翻印出版的藏經，共有 532 種，佛教雜誌也有 10 種；活躍於上海規模較大的佛教團體計有 7 個。通過這些團體的努力，可觀上海在近代佛教發展史上的重要地位。

〔註 17〕 以上胡懷琛參與編輯的《上海研究資料》，見〈上海通社紀事本末〉，收入虞信棠、金良年編：《胡道靜文集》（上海：上海人民出版社，2011 年 12 月），卷七《序跋題記・學事雜憶》，頁 314～320。柳亞子另作有〈上海研究資料敘〉，可酌參考。收《磨劍室文錄》（上海：上海人民出版社，1985 年 1 月），（下），「磨劍室文四集（1935 年）」，頁 1169。

（四）《同治上海縣志札記補、（民國）上海縣續志札記》

稿本，一冊，見胡道靜〈先君寄塵著述目〉「地方志」類著錄，筆者未見。
〔註18〕

（五）《上海外紀》

稿本，二冊，見胡道靜〈先君寄塵著述目〉「地方志」類著錄，筆者未見。

（六）《都市指南考》

稿本，一冊，見胡道靜〈先君寄塵著述目〉「考據」類著錄，筆者未見。
因不詳研考範圍是否含指上海都市文化風貌發展，暫列於此。

以上方志類，有書 5 種，文 1 篇。

三、目錄學類

（一）《民間文藝書籍的調查》

稿本，一冊，胡道靜〈先君寄塵著述目〉著錄於「書目」類，筆者未見單
行本。初稿曾署名「編者」與「秋山」，先後發表於《小說世界》1927 年 9 月
2 日第 16 卷第 10 期，及 1929 年 12 月第 18 卷第 4 期。

該書稿乃胡懷琛就 1928 年底以前出版的近代民間文藝書目的統整，詳細
記錄了近百種通行民間書籍的書名、編著者、印刷字體、出版社、冊數與內
容簡述，為民國時期文藝出版品保存了重要的研究資材。稿前有條例，說明
其收，以木刻與鉛印本之民間文學、鄉野傳說、神話、各地詩歌、諺語、謎語
為主。如「白蛇傳山歌」、「湘江郎」、「遊春山歌」等詩歌；民間情歌答唱「白
雪遺音選」、浙江民歌選「天籟」；上海俗諺「滬諺」、童謠兒歌、民謠集；謎
語集、民間俗語趣聞等，諸如閩南、台灣、馬來、紹興與粵謳等地民間文藝皆
有所採，並廣泛蒐羅了世界各國如波斯、希臘、北歐、俄德、印歐等稀見故事
與神話、各地民謠等，輯軼甚豐。

（二）《關於上海的書目提要》

一冊，胡懷琛編，原輯於 1933 年 6 月《上海市通志館期刊》第二卷第 1
期，1935 年 12 月列為《上海市通志館》期刊抽印本之一，上海市通志館

〔註18〕許洪新有〈《中國地方誌聯合目錄》上海部分校讀記〉一文，寫其所參與編撰
　　　　的《中國方志總目提要》，因尚有闕載書目，而作遺錄志書記之；文中錄有胡
　　　　懷琛《（同治）上海縣誌箚記補》一篇。

單冊發行〔註 19〕。1977 年 5 月台北文海出版社重刊影印本，收入其《近代中國史料叢刊續編》第 39 輯第 387 冊，為今之通行版。

書前有「編例」，說明收書範圍、隸類與體例。是書為胡懷琛為《上海市通志》編修的第十九編「學藝編」中「上海學藝書目」一門的部分初稿，共收書目約二百種，內容龐雜，區分為「志乘」、「租界問題」、「農工商」、「經濟」、「兵事」、「人文」、「方言」與「雜錄」等八個門類。其中蒐羅許多稀見的地方志目，又與上海歷史淵源、民生物產與人文掌故相關的典籍遺錄等，是見證近代上海發展極為珍貴的史料紀錄。

（三）《蒙書考》

《蒙書考》乃胡懷琛考證並介紹中國古代童蒙讀本的目錄專書。胡道靜〈先君寄塵著述目〉著錄《蒙書考》云：「啟蒙用書目錄，稿本四冊，計現藏書目兩冊（卷一、卷二）、所知書目一冊（卷三）、考證一冊（卷四）。」1940年《蒙書考》全冊悉捐上海震旦大學圖書館庋藏。1941年震旦大學圖書館據原稿校印出版《蒙書考》一冊，標「胡寄塵先生（懷琛）遺稿」，肯定並紀念先生輯考蒙書文獻之功。

該書封面為陳柱（柱尊）題字。全書四卷，現藏書目（上）、（下）兩冊收為卷一、卷二：

卷一以基礎識字教本為主，收《弟子職註》、《弟子職集解》、《倉頡篇》2 種、《凡將篇》、《急就篇補注》、《姓氏急就篇》、《急就章偏旁歌》、《三字經》27 種，包括《三字經訓詁》、《三字經故實》、《三字經註解》、《三字經註圖》、《蒙養釋義》、《新增三字鑑》、《廣三字經》、《大三字經》、《重訂三字經》、《小學三字經》、《三字孝經》、《地理三字經》；宗教性的《唯教三字經》、《天方三字經》、《釋教三字經》2 種；繁雜的醫用三字經，如《醫學三字經》、《溫病三字經》、《兒科三字經》、《外科三字經》等；又稀見的《滿漢三字經》2 種、《華英合編三字經》、《中法三字經》等多種譯本；《百家姓》有《百家姓考略》與《百家姓三編》2 種；《千字文》類有 21 種，包括《千字文釋義》、

〔註19〕1933 年 4 月，上海通志館出版《上海市通志館期刊》，於期刊上陸續發表其已完成的志書史料稿。民國廿三年（1934）起，通志館擇期刊中自成段落而又重要者抽印 10 種成冊發行，胡懷琛所撰《關於上海的書目提要》、《上海的學藝團體》即為其中二種期刊抽印本。《關於上海的書目提要》，收入沈雲龍主編：《近代中國史料叢刊續輯》（台北：文海出版社，1934 年 12 月），第 39輯第 387 冊《上海市通志館期刊》第二卷第 1 期。

《續千字文》、《訓女千字文》、《繪圖新千字文》、《三千字文音釋》，及蒙、滿、華英等多種譯本；《千家詩》包括《五言千家詩》、《小學千家詩》及《醒世千家詩》等有 6 種。

卷二收各種介紹歷史、自然、社會常識與掌故、教授語詞、聲律知識、詩文讀寫啟蒙的教本，如《神童詩》、《童歌養正》、《唐詩三百首》、及宋、元、明、清詩、宋詞、元曲等各三百首本共 10 種；《蒙求》、《李氏蒙求》、《十七史蒙求》、《唐氏蒙求》、《家塾蒙求》等 5 種；另有《龍文鞭影》、《幼學瓊林》、《小學韻語》、《韻史》、《天文歌略》、《三才略》、《訓蒙五種》、《群珠雜字》、《對類引端》、《課蒙易曉》、《四言便讀》、《干祿字書》、《字學舉隅》等合計百多種所知所見的蒙書。

卷三輯佚 41 種「所知書目」；卷四精細地考證了 18 條有關書名源流、作者與版本等資料，如考《日記故事》曰：「童稚日記故事，不拘古今，如黃香扇枕、陸績懷橘、叔敖陰德、子路負米之類，只如俗說，便曉此道理。」考《兔園冊子》曰：「兔園冊者，鄉校俚儒教田夫牧子之所誦也。」

中國童蒙文獻豐富，舊時私塾啟蒙所用童書，其起源可溯及先秦，然自古因被視為小道，官書不收，藏書家亦少輯，一般人用之即棄亦未曾重視，致殘遺散佚，蒐集不易。然胡懷琛視其為中國古文化資源，廣徵博搜，數十年而得歷代刻本、鈔本、油印本與翻譯本等數百種，經逐一考證比較，編列書目而藏之，本書乃研究古代蒙學教材的第一部專書，深具參考價值，極為後學研究者所重。

關於蒙書，胡懷琛同時撰有〈一本傳統的兒童讀物──三字經〉、〈兒童讀物趣史〉、〈中國最早之國文教科書〉等三篇書目考釋文，茲並錄於此，俾便參照：

1. 〈一本傳統的兒童讀物──三字經〉

胡懷琛撰，刊載於《編輯者》1932 年第 5 期，為〈文學史上的零碎的話〉其中一篇。[註20] 文中考證《三字經》作者是南宋末年的王伯厚；並介紹六種特別的《三字經》，包括清末談新學時出版的《新學三字經》、佛界編纂的《佛教三字經》、中醫學用之《醫學三字經》、章太炎改編的《三字經》、共產

〔註20〕 胡懷琛撰〈文學史上的零碎的話〉一文，收〈董解元與董西廂〉、〈一本傳統的兒童讀物──三字經〉、〈一本明代人編的童話〉等三篇，刊載於《編輯者》1932 年第 5 期。

黨發行的《共產三字經》，另摘自《越南輯略》中，有以漢文改寫而成的《四字經》，雖是摹倣《三字經》之作，甚為罕見。

2.〈兒童讀物趣史〉

胡寄塵撰，刊載於《紅雜誌》1923 年 10 月 12 日 2 卷 10 期。略溯《三字經》、《千字文》、《百家姓》、《上大人》等數種蒙書內容及書名來歷。

3.〈中國最早之國文教科書〉

署名「秋山」，發表於 1929 年 3 月《小說世界》第 18 卷第 1 期。文記清光緒年間（1988）南洋公學所編的蒙學課本，篇中附錄有「民國以前兒童讀物」，重錄並補充其在《蒙書考》一編所見，列舉包括《爾雅》、《凡將篇》、《急就篇》、《小學紺珠》、《龍文鞭影》、《訓蒙捷徑》、《小學絃歌》等近三十種收藏。

（四）《他山詩鈔書目提要》

稿本，一冊，胡道靜〈先君寄塵著述目〉著錄云：「外國人所作漢詩書目」，筆者未見。

以上目錄學類有書 4 種，文 3 篇。

四、傳記類

（一）《元代西域四詩人》

稿本，一冊，見胡道靜〈先君寄塵著述目〉「中國傳記」類著錄，筆者未見。胡懷琛另有〈元西域詩人馬易之〉及〈元西域詩人馬祖常〉、〈介紹詩人丁鶴年〉三篇，未知是否即該書所錄之三位詩人。

（二）《五忠集》

一冊，胡懷琛選註，1937 年 8 月上海正中書局鉛印本。復旦大學圖書館有 1947 年南京正中書局鉛印本；國家圖書館、台灣大學圖書館、中研院近史所圖書館有台北正中書局 1954、1958、1959 年等多版。

該書封「五忠集」為「楚傖」書法題字，書內有葉楚傖〈序〉云：「自古言文者貴氣骨，曰氣節，曰風骨，為人之準。」而「五忠之文，如日月經天、江河行地」，可「示人以矩，因人及文，使受之者進以識成仁取義之至模，退以立修己及人之定則」，使五忠氣節風範，永垂青史，是胡懷琛作此編之旨。

　　《五忠集》輯忠臣名將諸葛亮、岳飛、文天祥、史可法、楊繼盛等五人之詩文詞選輯。各集前皆附傳主線描像一幅及〈傳〉一篇。集一「諸葛武侯」，收諸葛亮〈草廬對〉、〈前出師表〉、〈後出師表〉等文 17 篇，及〈梁甫吟〉等詩 2 首。集二「岳忠武王」，收岳飛〈奏乞除在外宮觀劄子〉、〈奏乞終制劄子〉等上奏劄文 10 篇，及〈五嶽祠盟記〉、〈東松寺題記〉等文 16 篇、詩 11 首、詞 2 首，篇後並附錄〈忠武王遺事〉一篇。集三「文信國公」，收文天祥所撰序文〈張宗甫木雞集序〉等 9 篇、及〈敬書先人題洞巖觀遺墨後〉等文 12 篇，含詩 173 首及詞 1 首，末附錄〈指南錄〉一篇，乃文天祥自撰〈序〉及〈後序〉的合篇。集四「楊忠愍公」，收楊繼盛〈請罷馬市疏〉〔註21〕等文 9 篇，遺書 1 篇及詩 51 首，末附錄〈張宜人請代夫死疏〉、〈張宜人祭夫文〉兩篇。集五「史忠正公」，收史可法〈請進取疏〉、〈論人才疏〉等文共 9 篇，另家書 14 封及遺書 5 封。

　　除以上《元代西域四詩人》、《五忠集》等二種傳記類書外，胡懷琛另著有 25 篇傳文，包括已收錄其專書中之 14 篇，及散刊於各期刊報章之 11 篇。其已收錄於專著者，如：

（三）〈趙從龍傳〉、〈記李景元〉等 9 傳

　　胡懷琛記存〈趙從龍傳〉、〈記李景元〉、〈義工周諧傳〉、〈三先生傳〉、〈喬將軍傳〉及〈南洋中學四先生紀念碑文〉等九位傳主之評傳。以上收入《秋山文存》（《樸學齋叢書》1940 年第一集第 4 冊）。

（四）〈黃道婆〉、〈金梅溪〉等 4 傳

　　胡懷琛根據史料，為推廣上海種棉織布的〈黃道婆〉、憫惜棄養牲畜的〈金梅溪〉、志在中國行醫推廣漢詩的日人〈岸君吟香〉、捐貲興學的〈葉澄衷〉等四位功著上海之士立傳。以上收入〈春申懷舊錄〉（1925 年《十年筆記》）。

（五）〈女詩豪薄少君〉2 傳：

　　胡懷琛為明代女詩人薄少君之評傳有〈女詩豪薄少君〉、〈關於薄少君的話〉二篇。〈女詩豪薄少君〉（一名〈介紹女詩豪薄少君〉），刊載於《小說世

〔註21〕按胡懷琛注：「明嘉靖廿九年，俺答（韃靼酋長）入寇北京，焚掠引去。三十年，仇鸞議開馬市，與俺答約歲購其馬，以為緩寇之計，繼盛上疏力爭。」繼盛上此〈請罷馬市疏〉後，為仇鸞及嚴嵩所梗，遂下獄繼貶陝西。參胡懷琛選註：《五忠集·楊忠愍公傳》〈請罷馬市疏〉注①，頁 10。

界》1926 年 12 月 3 日、《逸經》半月刊 1937 年 5 月 5 日第 29 期。二文後收入《文藝叢說》第（一）、（二）集。

薄少君所作哭夫悼亡輓詩原有百首，今僅存 81 首，附於其夫沈君烈之《即山詩文鈔》書末，輯為《嫠泣集》，胡懷琛除詳為之傳，亦廣蒐其逸，贊其詩風豪放，並譽之為「女詩豪」。

（六）〈馮鑄〉、〈巧工〉2 傳：

〈馮鑄〉與〈巧工〉兩傳，初刊於《儉德儲蓄會會刊》1923 年第 4 卷第 2 期〈波羅奢館筆記〉。〈馮鑄〉記馮鑄女士，工書法，十齡能書，筆意蒼老。曾傭書助征蒙軍餉，蔣萬里有詩贊云：「媚書不數衛夫人，刊落三王寫八分。疾與橫風圖卷裏，縱橫筆陣掃千軍。」〈巧工〉贊記能於方寸之地篆字數千的篆刻家沈筱莊，尤稱其扇骨粟刻〈赤壁賦〉之絕學巧工。

（七）〈記汪正篤〉

胡懷琛撰，刊載於 1912 年 4 月《太平洋報》，又見《南社叢刻·文錄》1912 年第 6 集。記村童汪正篤，事母至孝，兄遠外經商，其母思子積憂成疾，正篤不畏路遙艱難，乞討千里尋兄，胡懷琛贊其孝悌大義而為之傳。

（八）〈蕭烈士小傳〉

胡懷琛撰，刊載於《南社叢刻·文錄》1914 年第 8 集，又收在《南社叢選》（二）卷十「寄塵文選」。民初蕭篤仁，憂清國之將亡，憤革命壯志未酬，以死殉國，胡懷琛特為之傳，贊烈士悲壯愛國精神。

（九）〈鄧守安傳〉

胡懷琛撰，刊載於《南社叢刻·文錄》1914 年第 10 集，又收在《南社叢選》（二）卷十「寄塵文選」。鄧守安，南宋時廣州羅浮山道士，以所創竹管引澗水法，紓解廣州城乏淡水可飲之苦，其法猶今日自來水之理，胡懷琛據史料而傳，以彰鄧守安貢獻。

（十）〈王女士小傳〉

胡懷琛撰，刊載於《香豔雜誌》1915 年第 9 期，又收在《南社叢刻·文錄》1915 年第 13 集，及《南社叢選》（二）卷十「寄塵文選」。王香蘭（玉英）女士者，涇縣朱椿年夫人，夫妻鶼鰈情深，女士於夫染疫亡後即相殉之，遠近聞其貞志者皆嘆，胡懷琛亦憫其至情可感而傳贊之。

（十一）〈中國近代兩小說家傳〉

署名「塵夢」，刊載於《小說世界》1925 年 1 月 23 日第 9 卷第 4 期。文中記當代小說家李伯元與吳趼人事。述其二人「獨托稗官，以寫其憤世嫉俗之概，而視當世所謂功名者，曾土芥之不若」之風骨，然雖書顯而名不彰，故為之傳。

胡懷琛亦撰有〈吳趼人為南亭亭長作傳〉一篇，記吳趼人曾為李伯元作傳事，刊於《文心》雜誌 1940 年 2 卷第 10 期，見胡懷琛《後十年筆記》。

（十二）〈上海藏書家李筠嘉傳〉

胡懷琛撰，刊載於《學術世界》1936 年第 2 卷第 1 期。記清乾嘉時，上海知名藏書家李筠嘉之家世生平與藏書。李筠嘉，又作雲階，字修林，號筠香，晚號近翁，善詩好讀書。嘉建有庭閣園林「吾園」，乃觴宴文人雅士詩詞唱和之所，所輯《春雪集》刻本六卷。其藏書樓「慈雲樓」，藏書八千餘種，計數萬卷，有《藏書志》八十卷，乃其畢生校勘庋藏，惜因戰亂書佚園毀已不傳。

（十三）〈瘦官人任環〉

胡懷琛撰，刊載於《興中月刊》1937 年第 1 卷第 2 期。記明代禦倭名將之一「任環」為國忘家、愛兵愛民之事功。任環，字應乾，號復庵，明嘉靖進士。屢平倭寇，於淞滬有戰功，公體纖瘦而有威望，倭人畏稱「瘦官人」。《四庫總目提要》稱其「無愧忠孝」，其忠孝至情，見詩語豪壯云「槎泛星河秋作客，劍橫滄海夜談兵」、「三尺龍泉書萬卷，丈夫何處不為家」。有遺著《山海漫談》三卷（附錄碑傳之類共五卷），事蹟附見於《明史·曹邦輔傳》，及蘇州〈錄功詞碑〉所記。其功績雖不下戚、俞（戚繼光、俞大猷），然史書所見記略，因特作傳彰之。胡懷琛又作〈題任兵憲遺像〉詩一首：「楩梧奇偉漫云云，亦有書生靖寇氛。等是熱心能衛國，英雄無異瘦官人。」〔註 22〕贊崇其事功。

（十四）〈介紹詩人丁鶴年〉

胡懷琛撰，刊載於《中國文學》1934 年第 2 卷第 2 期。丁鶴年，西域詩人，其父兄輩名字之末字皆有「丁」字（如其兄名「吉雅摩丁」），「丁」姓

〔註 22〕胡懷琛：〈題任兵憲遺像〉詩，收在《上武詩鈔》（《樸學齋叢書》1940 年第一集第 4 冊）。

為譯音，「鶴年」之名則顯示他已完全中國化了。其祖父苫思丁、父親職馬祿丁皆曾仕元，父親罷官後留居武昌。十二歲時丁父憂，後奉母輾轉避亂，元亡時，鶴年卅歲，既遭亡國之變，明人又痛恨色目人，丁鶴年顛沛流離，或為童子教師，或賣藥自給，或寄宿僧寺，最終轉徙返回武昌，至明永樂末卒，享年九十餘歲。

丁鶴年自幼成長於武昌，少讀儒書，兼讀道書與佛書，因常與方外人往來，故其詩中之哲學思想極深。明末因亡國之變，明人多痛恨色目人，丁鶴年飽嚐戰亂不得安居之苦，故其詩風近似杜甫，其律詩中多現顛沛經歷與困頓現實，如「身遠情重，途窮客病深。……自從遭喪亂，辛苦到如今。」「閶闔排雲事已休，牢牢猶恥為身謀。數莖白髮未為老，一寸丹心都是愁。……英雄已去空形勝，劍氣中宵射斗牛。」「數莖白髮鏡中新，兀兀窮年愧此身。萬里雲霄雙倦羽，千尋江漢一窮麟。望相薄暮憑西日，去中國宵禮北辰。客路漸遙身漸老，此君何以報君親？」胡懷琛除為之傳，並精考其詩集版本以傳於世。

（十五）〈元西域詩人馬易之〉

胡懷琛撰，刊載於《創導》半月刊 1937 年第 1 卷第 1 期。馬易之是元代時葛邏祿人，譯音又作「合魯」，即「馬」，故以馬為姓。貢師泰考葛邏祿氏源於「西北金山之西，與回紇壤相接處」，其俗相類，該地即今日俄國南境，可知馬易之為華化俄國人，其名原叫「迺賢」，又譯作「納新」，元人多稱之「葛邏祿」。有《金臺集》詩二卷，其詩清麗瀟灑，貢師泰稱其「五言類謝朓」，如「結廬東山下，門外萬松立。月明樹根坐，露華衣上濕。鶴歸洞雲暝，風生海濤急。茯苓倘可餐，永矢謝城邑。」表現詩人生活與心境的恬淡自然。

（十六）〈元西域詩人馬祖常〉

胡懷琛撰，刊載於《創導》半月刊 1937 年第 1 卷第 3 期。馬祖常，字伯庸，先世為西域擁古部落一支，曾任鳳翔兵馬判官，子孫遂以官銜「馬」為姓。自其先祖遷居中國，至馬祖常已經五世。馬祖常幼隨父親長居河南光州，築石田山房為居，故世又稱之「馬石田」。馬祖常幼而聰敏好學，元仁宗時經科舉拔擢上第，累官禮部尚書、樞密副使至御史中丞。有《馬石田先生集》詩文共十五卷。

馬祖常詩文皆佳，近杜甫與陸游寫實一派，其落筆古拙，出語不俗，如景寫閩浙鄉郊云：「光山近在故山西，樹滿江頭稻滿畦。鄰屋讀書相教授，社祠醉酒共提攜。水牛礪角嫌耕少，野繭描絲喜價低。春雨行田無從吏，獨騎齋馬畏青泥。」顯現其質樸思想。王守誠序文云：「其文詞簡而有法，麗而有章」，蘇天爵贊其「詩則接武隋唐，上追漢魏」，在元代詩人中自有其特色。

（十七）〈道燦和尚的無文印〉

胡懷琛撰，發表於《逸經》半月刊 1937 年第 21 期。道燦和尚，俗姓陶，名道燦，南宋末年豫章人，善詩文，有《無文印》詩文集二十卷行世。胡懷琛自其《無文印》卷中，考述道燦的俗中家庭、出家姻緣、出家後況狀、背景時代，推介道燦之詩文與評論等作，又考《無文印》集之版本。該卷集原刻本今已無從考，所通行者為日本刻本。

胡懷琛極推崇道燦之作，拈其詩作、書簡與題跋，並摘錄其文藝評論作品以饗，傳評其詩文「見解高，膽子大，筆墨超脫」，並彰其詩文價值。

（十八）〈韓越三遺民詩〉

胡懷琛撰，刊載於《逸經》半月刊 1937 年第 33 期。朝鮮與安南兩國，自古與中國同文，朝鮮自唐以來，安南自元以來，擅寫中國詩之詩人不勝枚數。胡懷琛摘取其中朝鮮遺民詩人黃玹（梅泉）、金澤容（滄江）、與安南詩人阮尚賢（鼎南）等傳，合其詩作以為吾人所識。

1. 黃玹（梅泉），朝鮮長水人，少聰穎好讀書，十一歲能詩，曾擢高第，與名人遊，然無意進仕，國亡後悲慟絕食，作有絕命詩四首，與子弟書曰：「吾無可死之義，但國家養士五百年，國亡之日，無一人死難者，甯不痛哉！」遂食鴉片、沙蔘，火酒同飲而亡。其詩悲憤云：「擁書千卷終安用，洞外如今八表昏」、「古來亡國多如鯽，亡得分明不足悲」。有《梅泉集》詩文七卷傳世。

2. 金澤容（滄江），朝鮮花開人，曾為史官，朝鮮亡國前已遷居中國，依南通張謇。朝鮮亡國後以遺民自居，有詩云：「一片春風萬里潮，吳江江上望河橋，誰憐南北相思客，曾是前韓國史僚。」當其遷住中國期間，致力保存朝鮮文獻，所撰有《韓代崧陽耆舊傳》二卷，校刊有《李甘山詩選》、《申紫霞詩集》、《梅泉集》等書，自撰詩文集《韶濩堂全集》十八卷。

3. 阮尚賢（鼎南），安南河內人。父為安南協辦大學士，工部尚書。安南

國危時，鼎南出使清廷求援，清庭未允，安南遂亡。鼎南於亡國後仍奔走四方，以其著《南枝集》詩二卷、文一卷冀喚醒國人，其詩多慷慨激憤，如：「野草東風戰血多，六龍宮闕泣銅駝。鈞天夢罷成烏有，易水歌中喚奈何。去國煙光空爛縵，題橋名姓欲消磨。關山躍馬心猶壯，醉握燈前越石戈。」亦云：「鼇嶼誰能挽陸沉？南枝望斷海雲深。從公願借吳山月，照我平生一片心。」詩中除豪語之外，更多深沉悲痛的情感。

　　以上傳記類共有書 2 種，文 32 篇。

第三節　子部論述

　　民國時期，乾嘉樸學以徵是求實的態度，對傳世文獻進行考據與整理研究。基於尋找中華文化歷史源頭，凝聚民族精神所需，學者在深入源流考辨時，上溯學術根源到先秦諸子。五四以後，地下文物史料的出土，與西方科學引證和歸納分析法的輸入，又子書作為證經、證史的重要材料，為古史學者奠立疑古辨偽的研究基礎。在「西學中源論」觀念下，國粹派學者對於諸子思想有了全新的認識和吸收，逐漸打破獨尊儒術的偏見，力倡諸子之學，著手進行子書的整理與校勘，先秦哲學和諸子百家遂成為近代學者國學研究關注的焦點。〔註23〕胡懷琛的子部論著，要以諸子各家思想與學說考辨為主；另凡賞玩銜娛之具，則編為「譜錄」一類以保存之。

一、哲學總論

《周秦倫理學史》

　　稿本，一冊，見胡道靜〈先君寄塵著述目〉「倫理學」類著錄，筆者未見。以上哲學總類有書 1 種。

二、諸子思想總論

（一）諸子思想論述類

1. 儒家

　　中國兩千年學術思想，自漢以降，要以儒、墨、道三家為主；三家之中，又以儒、道兩家思想影響中國最為深遠。胡懷琛考述儒家之仁政、禮樂、中

〔註23〕桑兵：〈晚清民國時期的國學研究與西學〉，《歷史研究》1996 年 5 期，頁 44。

庸、忠恕、性理、天人合一、知行合一等思想、與道家《老子》學說之重要
論述，主要輯於《中國先賢學說》一書。其中〈中庸論〉一篇，已編錄於第
一節經部「四書類」；〈南面術說〉一篇，乃老子重要學說，將編入「道家」
思想另論。

（1）《中國先賢學說》

一冊，胡懷琛著，1935 年 2 月上海正中書局初版，至 1947 年已發行第
四版。1959 年台北正中書局重新排印，至 1977 年已發行至台五版。另有合刊
本，2012 年 8 月，北京中華書局出版《跟大師學國學》系列叢書，其中《怎
樣讀古書》一書，乃《中國先賢學說》與《古書今讀法》之合集。以上諸版各
大學圖書館皆有館藏。

全書收〈南面術說〉、〈仁政說〉、〈禮樂說〉、〈中庸說〉、〈忠恕說〉、〈樂道
說〉、〈克己慎獨說〉、〈性理說〉、〈天人合一說〉、〈知行合一說〉等共十篇，乃
胡懷琛對儒、道二家重要學說之論述。十篇中除〈南面術說〉一篇為道家之
言外，餘九篇率皆儒家學說。

a. 〈仁政說〉（〈儒家之仁政說〉）

一名〈儒家之仁政說〉，刊載於《青年與戰爭》1934 年第 4 卷第 8 期。

蓋儒家學說最大目的即為「佐人君行人政」，「仁政」說乃為儒學之最重
要核心，可謂儒家之政治學。「仁政」大意早見於《尚書》，《論語》、《大學》、
《中庸》雖多有所言，但未見「仁政」之名；「仁政」之說始見《孟子》。胡懷
琛舉《孟子》所言，以明儒家之「仁政」，又闡「行仁」必「從自身做起」，即
「修身」以平天下的道理。《孟子》主張「以仁養民」，曰：「五畝之宅，樹之
以桑」、「百畝之田，勿奪其時」，胡懷琛以為曰：「行井田」也；主張「以仁教
民」，曰：「謹庠序之教，申之以孝悌之義」、「修其孝悌忠信，入以事其父兄，
出以事其長上」，胡懷琛以為曰：「興學校」也。是《孟子》行仁政之法，旨在
「井田」、「學校」也。周秦時諸家多有反對者，漢時「仁政」與「功利」亦迭
有爭論，然〈仁政說〉終為太平之標準，是儒家思想重要資產。

b. 〈禮樂說〉（〈周秦儒者之禮樂說及其與後世社會之關係〉）

一名〈周秦儒者之禮樂說及其與後世社會之關係〉，刊載於《社會月刊》
1931 年第 2 卷第 8 號。「禮」、「樂」為儒家學說之重要部份，禮是「禮教」，
樂即「音樂」，周秦儒者視為修身齊家、治國平天下、施行社會教化之工具，
然魏晉之後二者分離，社會紛亂。該文爰引「六藝與禮樂」、「詩與禮樂」、

「孔子之禮樂說」、「荀子之禮樂說」、「禮樂之調劑說」，說明儒家立禮成樂、依禮樂以調和陶冶人心之論；又以「禮樂之分離」、「刑政輔禮樂之不足」，說明荀子及法家以為禮樂之用有時而窮，故繼刑罰以補儒家禮樂不及之說；末以「禮樂之流弊」，分析中國傳統禮樂之短長，示今人必擇優矯偏，隨世而變，俾收禮樂之效作結。

c. 〈忠恕說〉

「忠恕」為儒家論人際往來重要的人生哲學，「盡己」之謂「忠」，「推己」之謂「恕」，正謂「己所不欲，勿施於人」，「忠恕」所重，「終身行之」也。曾子言「忠恕」為孔子之道，曾子思想即以「忠恕」為中心。然儒家「忠恕」美德，胡懷琛以為，苟與國族「功利」相衝突，亦難免於戰爭侵擾，此「忠恕」理論之難實行也。

d. 〈樂道說〉

「樂道」為儒家人格修養的哲學。孔子屢言「樂」，亦屢稱顏回：「飯疏食，飲水，曲肱而枕之，樂亦在其中矣。」顏回因可聞「道」而「樂」，是「樂道」也。聖人又言「道」，謂「君子坦蕩蕩，小人長戚戚」、「君子循理，故常舒泰」，「舒泰」而「樂」、「循理」即「道」也。胡懷琛以為，孔、顏樂道乃了然於「道」的曠達心境，自有其積極正向的意義，「窮則獨善其身，達則兼善天下」，故與「樂天知命」、「聽天由命」、「恃道傲世」等消極的態度大有差別，不可混同。

e. 〈克己慎獨說〉

「克己」為顏子之學、「慎獨」為曾子之學，二者皆儒家人格修養之重要哲學。儒家主張誠意、正心、修身，要求克己自持，庶亦可達至「仁」的境界了。「慎獨」二字見於《大學》，「所謂誠其意者，毋自欺也。……故君子必慎其獨也。」曾子所謂「吾日三省吾身，為人謀而不忠乎，與朋友交而不信乎，傳不習乎。」正是此種嚴省自察工夫的表率。

f. 〈性理說〉（〈性理淺說〉）

一名〈性理淺說〉，刊載於《國學周刊》1923 年第 5～11 期，又收在《國學彙編》1924 年第一集第 3 冊。本篇乃探述儒家性理之文，其謂「性理之名，始於宋儒，然宋儒之學，本於學庸，故言性理者，不得不探源於曾子子思及孟子也。」故彙錄自孔子以來，曾子、子思、孟子、告子、公都子引或人之言、荀子、淮南子、揚雄、王充、韓愈、王荊公、及宋儒程明道、程伊川、朱

子、陸象山、王陽明等十七家論性之言，綜結各家，謂善惡乃發於行為，以「動」（施方）與「衝動」（受方）呈現，而得五種結論：（一）無動；（二）動的形式有二，即「有形的」與「無形的」；（三）動的原因有二，一為維持生命，一為滿足慾望；（四）動的結果有四，一是既無動亦無衝動，故無結果；二、三種是直接與間接的善果或惡果，四是或得善或得惡的結果；（五）動的變例有二，為維持生命與滿足慾望而動，乃「生殺」也，不得謂之善；苟為自衛而動，自衛過當又將使人受衝動，亦以動之太過而不得謂為善也。

萬物因為維持生命與滿足慾望，顯現動之差等不同，故須以「理欲氣」三字解決，其「理」也，凡得氣之清者，則理不為欲所蔽，是為善，否之為惡；其「欲」也，欲維持生命為廣義之欲，欲滿足慾望為狹義之欲，欲能蔽理，故須以學力修為限制之，孟子謂「求放心」，朱子謂「復初」，王陽明謂「此心無私欲之蔽」，即「天理」是也。又言「氣」，氣有先天與後生，氣清則新思高超，道德亦必隨之高尚。文末貫串前賢學說，匯通各家「性四品」與「以人為經」之論為性理說一文總結。

g.〈天人合一說〉

中國古人敬天信神，相信天人合一，視天人為一體，老子與孔子如是，陰陽家與墨子亦如是，至漢儒董仲舒之《賢良策》，而〈天人合一〉之說始完成。胡懷琛依序探討老子、孔子、陰陽家、墨家、漢儒與宋儒對於天人之關係與觀念。

老子云：「人法地，地法天，天法道，道法自然」。日月運行，寒暑來往，莫之為而為，而萬物以生、以死、以枯、以榮，而天不居其功，亦不任其咎，聖人之治民，亦如是而已矣。此老子之天人關係，是謂「法天」。孔子言「天命」，視天地之自然變化為正理，此正理當敬而畏之，故曰「畏天命，畏大人，畏聖人之言」，因天命之不可得而聞，其妙之難言，故而「畏天」。墨家視天為具體之神，有司人禍福禳災之權，所謂「天子為善，天能賞之；天子為暴，大能罰之」。天之本意在於利人，故得饗其祭祀，人須祭天祀鬼，本天意而行。漢儒視「天人合一」，以人心之善惡與自然現象之順逆無形感召，故欲自然界之秩序不亂，惟有正人心以感之耳。宋儒言「天人一理」，張橫渠「視天地為父母」、周程諸子謂「人與天地並立」、程子曰「一人之心，即天地之心」。諸家視宇宙為一理，生於天地間之萬物，而「各得其性，毫不加損矣」。

h. 〈知行合一說〉

胡懷琛原有〈知行淺說〉、〈知行合一新解〉兩篇，分別刊載於《國學周刊》1923 年第 1 至 4 期及 1923 年之第 4 期；後《國學彙編》將之併為〈知行淺說（附知行合一新解）〉一篇，刊於 1924 年第一集第 3 冊。該篇思想內容大致同於其後發表的〈知行合一說〉，此乃參照兩文併述。

中國古有「知易行難」之理，明儒王陽明首創「知行合一」說，後有孫中山先生提出「行易知難」說，胡懷琛乃會此三說加以比較，以見各說之價值。

「知行」二字，首見《尚書・說命（中）》「非知之艱，行之惟艱」語，原為傅說勸勉武丁勇於實踐之語。王陽明衍為「知行合一」說，本「知是行的主意，行是知的功夫」，「知是行之始，行是知之成」，以「行」為難，勉人即知即行。孫中山應革命需求倡「行易知難」說，以「行」為易，能知即能行，鼓勵時人「無所畏而樂於行」。胡懷琛綜合三派之說，提出倫理學上與哲學上兩種觀察，以為倫理學上三派之說目的相同，皆在勉人做事，惟勉勵方法不同，故無謂是非；若就哲學上之觀察，又可衍出如「先行後知」、「先知後行」、「個人或團體」本位、及「知行螺旋並進法」等問題之思考。

文附胡懷琛閱讀〈知行淺說〉所得之〈「知行合一」新解〉一篇，其舉《墨經》「知聞說親」之「聞知」、「說知」、「親知」三類解「知」字，論得「親知」乃「知行合一」之實踐。

總結全書，儒家學說中，以「仁政說」為儒學之最重要核心，「禮樂說」次之；「中庸說」為儒家行為程度之標準；「忠恕說」、「樂道說」、「克己慎獨說」乃儒家人格修養之基本工作；〈性理說〉、〈天人合一說〉、〈知行合一說〉為儒學中偏於哲理之說。胡懷琛從學術角度深入淺出地剖析中國古代思想的本質，總述各家學說，可見先生融通儒道之學的研究成果。

（2）〈說性〉

胡懷琛撰，發表於《白相朋友》1914 年 9 月、《雙星雜誌》1915 年 3 月、《儉德儲蓄會會刊》1921～1922 年「雜俎」欄，又收在〈波羅奢館雜記〉。論儒家之性善性惡，以為「性善非人之天性，乃本其天性所之之結果也。天性有三，一曰好動，二曰好奇，三曰好勝。此三性無善無惡，人莫不共有。由好動而好奇，由好奇而好勝。」所謂善惡，係由好動、好奇、好勝而生出之結

果，概「其所向之途為善者謂之善，其所向之途為惡者謂之惡」是也。

（3）〈漢以後儒家的派別〉

胡懷琛撰，刊載於《中國革命》1934 年第 4 卷第 1 期，後收入《儒家、儒學與儒教》〔註24〕一書，探討中國漢後至清代儒學發展概況之文。

中國儒學文化始於春秋戰國，至漢代獨尊儒術，成為官學和國教，奠定了儒家在中國歷史文化中的崇高地位。漢儒分三派：一派為儒家混合陰陽家，以董仲舒為代表；一派和法家混合，兼採縱橫家方式，以賈誼為代表；一派專以註解經文為事，以馬融、鄭玄為主。三派雖都衍承自漢學，惟今人所謂漢儒，實指與宋儒相對峙的馬融與鄭玄等大家。宋代因儒釋道混合變化而產生另一種新的學術，通稱為「理學」。研究理學的宋儒依其所居地為學派名，主要為以周敦頤為首的「濂」派、程顥和程頤領導的「洛」派、張載的「關」派和朱熹的「閩」派，另有與朱熹對峙的陸九淵一派。除此，宋代尚有所謂「功利」派，又稱「事功」或「經濟」派，以陳傅良、葉適為代表。漢儒與宋儒治學，同以「經」文為本，漢儒潛心鑽研章句考釋，形成「考據之學」；宋儒發明精深，重視理論哲思，形成「義理之學」。

宋儒陸九淵派後開啟明代王陽明派的心學。清初儒家化達到頂點，為力矯明儒不重致用之流弊，清儒將儒學轉變成政治意識形態，以顧炎武、黃宗羲、王夫之為代表。後清儒又分為漢宋兩派，「漢儒」派以閻若璩、胡渭為代表；「宋儒」派以陸隴其、李光第等為代表。兩派意見分歧，產生激烈的「漢宋之爭」，故又出現調和漢宋的姚鼐一派，以聚合「考據」、「義理」、「詞章」為一家。道光以後時局變化，重視經濟實用的魏源一派應世而起，直至其後而有「洋務」、「時務」而變「新學」，新文化運動興起後，隨著新學堂取代科舉，儒家建制逐漸沉寂。

以上儒家論述有書 1 種，文 2 篇。

2. 道家

（1）《老子》

a. 《老子學辨》（《南面術說》）

一卷，涇縣胡懷琛寄塵著，一名《南面術說》，收在《中國先賢學說》（1935 年 2 月上海正中書局），原論四節，後內容酌經增補易為五節，更名

〔註24〕初小榮選編：《儒家、儒學與儒教》（上），《民國期刊資料分類彙編》（北京：國家圖書館出版社，2011 年 5 月），頁 190～191。

《老子學辨》，收入胡樸安編《樸學齋叢書》1940 年第一集第 5 冊；1989 年台北新文豐圖書據《樸學齋叢書》本影印，輯入《叢書集成續編》第 38 冊「道家哲學」類。中研院近史所、國家圖書館及台灣大學、東吳大學等圖書館皆有館藏。

封面有顧頡剛題字，後有胡樸安作跋。卷前有作者「緒言」，言明是卷乃以《老子》（《五千言》）學說為其辨述之旨。全文五節，論述重點為：

一考「老子學說之來歷」：胡懷琛列舉六例，包括「相傳自舊說」、「掇拾自古語並演繹之」、「使用與古書相同語言」、「記述於古書已見事件」、「周前學述本歸入道家之言」、「書中用語非史官口吻」等，以證《五千言》非老子所作。

二證「老子學說內容純為『人君南面術』」：《老子》學說，《漢書藝文志》所謂「人君南面術」也，其學說據以「術」為出發點，其術分為五步，次序分明，始於「用兵」、「取天下」、「治天下」、「功成名遂身退」、至於「養生」，欲為人君必先用兵取天下，既得天下，乃思所以治之；然欲為人君者多，苟不善以自處，既不能保其位，抑不能保其生，故須功成名遂身退，既退之後，則養生保性以期延年，是至道也。

三論「《五千言》由政治學衍變為哲學」之過程：《五千言》學說，涵蓋道家思想精華，「南面術」有其一貫系統，在漢以前本為政治學，至晉以後始生變化而與政治脫離，獨立而為哲學。（四）明「五千言中之所謂道與玄」。其所謂「道」，即「南面術」也，言其方法謂之「術」，言其原理謂之「道」；「南面術」之玄理不易言，猶「道」之不易言，故謂「玄之又玄，眾妙之門」。

四評「南面術之價值」，以為『五千言』學說皆由經驗而來，從事實悟得，必與其他學說融合互補，自可顯其價值。為便於讀者理解，胡懷琛並於卷末標有圖示，以析「一貫的南面術」與「割裂的南面術」之異、明「術」與「道」之義。

卷末附錄有〈李耳辨〉一篇，乃據《史記》細考老子之「姓」、「名」、「字」、與「謚號」，得證「李非姓」、「耳非名」、「伯陽非字」、「聃非謚」；又考「老」字、「聃」字、及「聃」、「耼」、「儋」三字之異同，探考老子其人其事之真相。〔註 25〕

〔註25〕老子姓名考辨，除〈李耳辨〉外，胡懷琛另撰有〈老子非姓李名耳辨〉一篇，刊登《知難週刊》1928 年第 89 期、及《南洋‧南洋中學校友會會刊》

b.　《老子補注》

一卷，胡懷琛著，發表於《學藝》月刊 1934 年第 13 卷第 7 期；後收入《樸學齋叢書》1940 年第一集第 5 冊；1974 年台北藝文印書館據《樸學齋叢書》本影印，收入嚴靈峰主編《無求備齋・老子集成續編》第 142 冊；1989年台北新文豐圖書據《樸學齋叢書》本影印，輯入《叢書集成續編》第 38 冊「道家哲學」類。中研院近史所、國家圖書館及台灣大學、東吳大學圖書館等皆有館藏。

封面有朱香晚題字，末有胡樸安跋。胡懷琛「前言」釋是卷乃據王弼本校註所得，共錄「橐籥」、「邪」、「揣而梲之」、「載盈魄」、「眾甫」、「大成若缺其用不弊七句」、「塞其兌」、「修之於國」、「未知牝牡之合而全作」、「其脆易泮」等 10 則，其中多有別於舊說之新見者，俾補諸家註解之闕。其考「橐籥」二字，舊說多以「橐」與「籥」為二物，胡懷琛而釋「橐」字為「狀詞」而非名詞，指「橐籥」為「無底囊」，即「洞簫」也；「眾甫」之「甫」為「父」之借字，「眾甫」者，眾物之父，眾物之始也；《道德經・善建者》「修之於鄉，其德乃長；修之於國，其德乃豐；修之於天下，其德乃普」句，其「修之於國」之「國」字原作「邦」，乃避漢高祖劉邦諱所改，而胡懷琛更釋「邦」字本當為「酆」，以酆地為文王封都，是以稱國為邦。卷末並附論「老子書不言山」〔註26〕、「老子書不應分章節」2 則。其謂《老子》書中但言水、江、海、川而不言「山」，主要與《老子》一書產於無山近海之地有關，因其根本思想主柔主下皆受地理影響，此亦可引道教所祭祀的「天、地、水」三官為證；又主張「老子書不應分章節」，以《老子》全書無系統無組織，語多零星又多重複，本不宜分章節，今既分八十一章，則其章節亦不當有先後次序之別。

c.　〈清靜無為說〉（〈清靜無為辨〉）

胡懷琛撰，刊載於《國學周刊》1923 年第 13 期；又題作〈清靜無為辨〉，收在《國學彙編》1924 年第一集第 4 冊「文錄」。

今人多以「清靜無為」四字概括老子學說，胡懷琛認為，此四字實與老

1929 年第 6 期「研究」專欄。該二篇之寫作次序不同，然內容多重複，可互相對照。

〔註26〕〈老子書不言山〉一則，亦見收在《讀書雜記》（《樸學齋叢書》1940 年第一集第 6 冊）。

子思想背道而馳。蓋「清靜無為」語出《史記‧老莊申韓列傳》，司馬遷稱老子「無為自化，清靜自正」，後世遂省之為「清靜無為」。司馬遷此二語，係出《老子》之言「我無為而民自化，我好靜而民自正」。胡懷琛謂《老子》所謂「我無為而民自化」，重在「民自化」，不在「無為」；所謂「我好靜而民自正」，重在「民自正」，不在「清靜」。使無為而民不化，清靜而民不正，則清靜無為之流弊不可勝言矣。老子之謂「無為」，非真無為也，其曰「道常無為而無不為」，可證乃無「為」之行，而收「為」之效。

胡懷琛以「自然」二字稱老子之學，謂《老子》云「人法地，地法天，天法道，道法自然」，而知「自然」乃最終歸宿，可相應其「無為而無不為」精神。

d. 〈老子與自然〉

胡懷琛撰，刊載於《國學周刊》1923 年第 17 期，又收在《國學彙編》1924 年第一集第 4 冊「文錄」。繼〈清靜無為說〉一文，胡懷琛再提老子「自然」之辨。《老子》主張自然，終為「人法自然」，法者師也、學也，胡懷琛以為，人學自然而成，我即自然；學周公而成，我即周公。自然貌若無為，而力能支配萬物；我即自然，我貌若無為，而力能支配萬物，此即「我無為而民自化，我好靜而民自正」真諦。

e. 〈老子學說之來歷〉

胡懷琛撰，刊載於《國學周刊》1923 年第 28 期，又收在《國學彙編》1924 年第二集第 4 冊「雜俎」欄。

本文乃繼〈老子學辨〉之後，胡懷琛對老子學說來歷所作更深入詳細的考論。胡懷琛質疑學者所論老子學說是因「受環境之刺激而發生反抗之思想」說法，並提出三點論證，駁議《老子》學說並非老子自創。其論一，以黃老並稱，是老子學說當祖述黃帝而來。其論二，《莊子》、《淮南子》等書，皆言老子學說有師承。其論三，《老子》書中語，有與《尚書》及金人銘大約相同者。胡懷琛舉《老子》書中之語，數引「古之……者」、「聖人云……」、「是以聖人……」、「是以君子……」等多例，證疑《老子》學說之來歷。

f. 〈老子書之真假問題〉

胡懷琛撰，刊載於《國學周刊》1923 年第 30 期，又收在《國學彙編》1924 年第二集第 4 冊「雜俎」欄。有關《老子》其人其書之真假考說紛紜，胡懷琛提出看法，以為讀書當以研究學問為主，勿計較小處斤斤論辯，《老子》學說本有其永恆價值，故讀其書不執其真假可也。

g. 〈老子與無政府主義〉

刊載於《國學周刊》1924 年第 35 期、《國學彙編》1924 年第二集第 4 冊「雜俎」欄。

胡懷琛於本文提辨老子之政治思想，非今日之無政府主義。其援引《老子》書中多語，如「聖人用之，則為官長，故太制不割」，「官長」即政府也；「聖人無常心，以百姓心為心」，「聖人」亦政府也；「以正治國，以奇用兵，以無事取天下」，曰「治國」、曰「取天下」，非政府何為？以無事取天下者，即使人民受其化而自歸之也。可見老子之政治思想仍存有政府之治，而其理想社會，則是小國寡民。胡懷琛末以郭橐駝種樹之法為例，喻老子治民之法，謂「郭橐者」，政府也，「樹」為人民，樹因有人種之育之，便可完好生長，使政府治民法寬政簡，則人民自可熙熙然想其樂也。

h. 〈老子與秦漢以後之社會〉

胡懷琛撰，刊載於《國學周刊》1924 年第 40 期，又收在《國學彙編》1924 年第二集第 4 冊「雜俎」欄。

漢武罷黜百家，獨尊儒學，然百家之說並未隱滅，概漢武之前，有張子房託仙以隱；漢武之後，有嚴子陵高尚其志不事王侯；晉唐以後，顯官儒仕寄情山水，野老村農安適田園，　派老了小國寡民說之默化；唐之道教，亦皆由老莊一部份學說而來，或冒託老子學說者，可見老莊對後世心理影響之大。老子主張無爭，墨家實行兼愛，由此可觀秦漢之後，儒墨道三家之學說久已融化矣。

i. 〈老子非姓李名耳辨〉

胡懷琛撰，刊載於《知難周報》1928 年第 89 期及《南洋：南洋中學校友會會刊》1929 年第 6 期。本文為胡懷琛對老子姓名之辨，內容多同《老子學辨》之附錄〈李耳辨〉。

《史記》與周秦諸子記云：「老子者，姓李，名耳，字伯陽，諡曰聃」。胡懷琛乃就「李耳」、「聃」、「老聃」、「伯陽」等詳加考證。「聃」《呂氏春秋》作「老耼」，按《說文》，「耼」、「聃」、「聸」、「儋」為一字，「李耳」二字之義亦同「聃」，「李耳」，「離耳」也，胡懷琛考「離耳」一詞，為南方「離耳國」種族名也，是「李」非姓，「耳」非名，疑老子為南方人。然考《山海經》可見「儋耳國」，一為「南儋耳」，即「離耳國」，一為「北儋耳，任姓」，「任姓」乃黃帝之子十二姓之一，使此說可信，或可釐釋老子曾任周室史官，

學術紹述黃帝源流說之疑。

　　另有老子指樹得「李」姓之說，胡懷琛以為過於牽強，不足為信。老子之字「伯陽」，乃魏晉時人所加，姚鼐及江瑔等已有所證。老子之「老」字，胡懷琛則以《禮記・曾子問》篇中謂「老聃」為「古之壽考者」之說證是。

　　j. 〈老莊新義〉

　　胡寄塵撰，刊載於《南洋：南洋中學校校友會會刊》1930 年第 2 卷第 2 期。該文彙集其閱讀《老》、《莊》等書所得共 17 則，如釋「兒」、「老子書不言山」、「姑射山」、「蜋且」、「狙人」、「折楊皇荂」、「建德之國」、「方舟」、「蹄」、「貴真」、「興之」、「蒙鳩」、「孔雀」等，該 17 則內容因多見重複收入於《讀書雜記》、《老子補注》、《莊子集解正誤》等書中，此處仍列之而不重贅。

　　（2）《莊子》

　　a. 《莊子集解正誤》

　　一卷，涇縣胡懷琛寄塵著，全文初以篇名《莊子集解補正》，刊載於《學藝》月刊 1934 年第 13 卷第 1 期；後更名《莊子集解正誤》收入《樸學齋叢書》1940 年第一集第 5 冊；1974 年台北藝文印書館據《樸學齋叢書》本影印，收入嚴靈峰主編《無求備齋・莊子集成續編》第 42 冊；1989 年台北新文豐圖書出版《叢書集成續編》，輯入第 39 冊「道家哲學」類。中研院近史所、國家圖書館及台灣大學、東吳大學等圖書館皆有館藏。

　　封面有丁福保題字，末有胡樸安跋。胡懷琛於卷前說明是卷乃其讀郭慶藩《莊子集釋》、王先謙註《莊子集解》，於名物訓詁之外所得之見解共 67 條，包括〈逍遙遊〉篇「坳」、「『乘雲氣』三句」2 條；〈齊物論〉篇「前者唱于」、「狙公」、「芋」、「園」、「蜋且甘帶」、「弔詭」、「罔兩」7 條；〈人間世〉篇「菫」、「車轍」、「剝」3 條；〈大宗師〉篇「胥餘」、「猗」2 條；〈應帝王〉篇「于于」1 條；〈駢拇〉篇「以物易性以身為殉」、「臧穀」、「情」3 條；〈馬蹄〉篇「闉」1 條；〈胠篋〉篇「羅落」1 條；〈在宥〉篇「釿」、「嶔」、「鴻蒙」、「乃今也得」4 條；〈天地〉篇「車軼」、「沕」、「諄芒」、「折楊皇荂」4 條；〈天道〉篇「大道之序」1 條；〈刻意〉篇「其寢不夢」、「干越」2 條；〈秋水〉篇「沕」、「鯈」2 條；〈至樂〉篇「芴乎芒乎」、「柳生其左肘」2 條；〈達生〉篇「覆卻萬方陳乎前」、「注」、「簿」、「齊」4 條；〈山木〉篇「方舟」、「萃乎芒乎」、「翔佯」3 條；〈田子方〉篇「受揖而立」、「欲終而釋之」2 條；〈庚桑楚〉篇「萬寶」、

「制」、「介」3 條；〈徐无鬼〉篇「女商」、「『直者中繩』四句」、「似人者」、「九方歅」4 條；〈則陽〉篇「擉」、「无內无外」2 條；〈外物〉篇「『木與木相摩』二句」、「吾得斗升之水然活耳」、「踦」3 條；〈寓言〉篇「天倪」1 條；〈盜跖〉篇「料」1 條；〈說劍〉篇「使臣上說大王」、「曼胡之纓」、「戲」、「敦劍」4 條；〈漁夫〉篇「走愈疾而影不離身」1 條；〈列禦寇〉篇「敦杖」、「秋」2 條；〈天下〉篇「其書五車」、「卵有毛雞三足二十一事」2 條等。

（3）《列子》

a.《列子張湛注補正》

一卷，涇縣胡懷琛寄塵著，收入《樸學齋叢書》1940 年第一集第 5 冊；1974 年台北藝文印書館據《樸學齋叢書》本影印，收入嚴靈峰主編《無求備齋·老子集成續編》第 10 冊；1989 年台北新文豐圖書據《樸學齋叢書》本影印，輯入《叢書集成續編》第 39 冊「道家哲學」類。

封面有姚光題字，末有胡樸安跋。《列子》又名《沖虛經》、《沖虛真經》，乃道家重要典籍，由鄭人列御寇所著。本文為胡懷琛解讀張湛註《列子》八篇所得補正 30 則，包括〈天瑞〉篇：「一變而為七」、「轉鄰」、「碼」3 則；〈黃帝〉篇：「養正命」、「硋」、「垸」、「潘」、「敦」、「涫」、「鶡」、「避平依險」、「四累之上」9 則；〈周穆王〉篇：「腥螻」、「阿錫」、「憣」、「郵」4 則；〈仲尼〉篇：「日數而不及」、「堀秋蟬之翼」2 則；〈湯問〉篇：「歸墟」、「憿」、「痕撻」3 則；〈力命〉篇：「以德厚自愧」、「行假」2 則；〈楊朱〉篇：「忙然」、「芹萍子」2 則；〈說符〉篇：「孔子之勁」、「九方皋」、「為我死」、「桌」4 則。

b.〈列子之優勝劣敗論〉

胡寄塵撰，刊載於《儉德儲蓄會會刊》1923 年第 4 卷第 2 期「披沙錄」欄。

《列子》一書由多個寓言故事組成，每篇故事都可與人事相符應，寓道於事，具有相當的文學價值。本文即舉〈說符〉篇中「齊田氏祖於庭」故事，贊其物類平等之論，具有達爾文生存競爭優勝劣敗之理。

以上道家論述有書 4 種，文 9 篇。

3. 墨家

胡懷琛考辨墨學源流、墨子國籍與墨子宗教信仰的篇章，初彙編為教學講義〈墨翟辨〉〔註 27〕一篇。於 1928 年 4 月起，又陸續發表數篇相關論述如

〔註 27〕〈墨翟辨〉全文十九章：（一）緒論（二）先從姓名上及膚色上假定墨子為印

〈墨學出於印度辨〉、〈墨翟的考證〉、〈關於墨翟問題之討論〉等，刊於《東方雜誌》及《中國學術周刊》，自此引發了 20 年代末期學術界一場有關墨子背景的激烈筆戰。1928 年 8 月，先有鄭師許以〈〈墨翟為印度人辨〉駁議〉文，提出對胡懷琛論點的質疑，繼有吳進修、方授楚、陳登源、楊寬等多人陸續刊文參與辯論。〔註28〕論辨學者多以牽強附會之言批判之，然胡懷琛以為，「學術不有研究，何有進步；而在研究期中，當然有須彼此討論，然討論之最後目的，是在尋出真是非。」〔註29〕以此說明其探討墨子議題的本意，並申明其考證歸於學術的立場。其後胡懷琛匯集諸論，加以刪削增補，總成《墨子學辨》一書，其論辨內容悉以此書為本。

度人（三）次就墨子學說之大概，假定其為印度人（四）墨經中之幾何界說出於印度（五）墨經宇宙名稱出於楞嚴經（六）墨經中知識論有出於「尼夜耶經」者（七）惠施難三足之說，其遠源出於佛書（八）中國寓言始於墨，墨子寓言出於印度（九）墨書文字與後世佛書之關係（十）墨書中之印度譯音字（十一）墨子書中曾言講經事（十二）墨子書中曾言火葬（十三）墨子書中曾言其他印度風俗（十四）就孟子斥墨子之語言之（十五）就墨子弟子方面言之（十六）墨子在中國之源流為何（上）（十七）墨子在中國之源流為何（下）（十八）墨子年代及佛法東來之時代問題（十九）答或問。各章如列，俾與《墨子學辨》相互參照。胡懷琛：〈墨翟辨〉手抄本講義影印，收入林慶彰主編《民國時期哲學思想叢書》（台中：文听閣圖書有限公司，2010）第一編 53 冊。

〔註28〕有關《墨子》論辨諸文多刊於雜誌上，茲整理如後：一、《東方雜誌》有胡懷琛〈墨翟為印度人辨〉（1928 年 4 月第 25 卷第 8 期）、鄭師許〈〈墨翟為印度人辨〉駁議〉（1928 年 8 月第 25 卷第 16 期）、胡懷琛〈墨翟續辨〉（1928 年 8 月第 25 卷第 16 期）、吳進修〈正胡懷琛的墨翟為印度人辨〉（1928 年 8 月第 25 卷第 16 期）；二、《知難週刊》有胡懷琛〈關於墨翟問題之討論〉（1928 年第 80～81 期）、方授楚〈再論墨子非印度人〉（1928 年第 87 期）、及〈駁胡懷琛君墨翟續辨〉（1928 年第 88～89 期）、胡懷琛〈關於墨翟問題討論之討論的兩封信〉（1928 年第 90 期）、胡懷琛〈討論學術與筆戰〉（1929 年第 101～102 期）、吳進修〈正胡懷琛的墨翟續辨〉1929 年第 103 期）、胡懷琛〈與吳進修通信〉（1929 年第 112～113 期）、吳進修〈正胡懷琛論墨子書中答字〉（1929 年第 112～113 期）；三、《文學週報》有胡懷琛〈關於胡寄塵是印度人問題的一封通信〉（1929 年第 8 卷第 9～13 期）；四、《一般》雜誌上有陳登源〈為墨翟國籍質胡懷琛君〉（1929 年第 7 卷第 1 號）、胡懷琛〈為墨翟國籍問題答陳登源君〉（1929 年第 8 卷第 2 號）、陳登源〈為墨子國籍事再質胡懷琛君〉（1929 年第 8 卷第 2 號）；五、《歷史科學》有楊寬〈論墨學決非本於印度再質胡懷琛先生〉（1933 年第 1 卷第 3～4 期）等。

〔註29〕胡懷琛撰：〈關於墨翟問題討論之討論的兩封信〉，刊於《知難周報》1928 年第 90 期。

（1）《墨子學辨》

鉛印本一冊，胡懷琛著，1929 年 10 月國學會出版部出版。2002 年 10 月北京圖書館出版社輯入《墨子大全》叢書第 38 冊，復有 2003、2004 年再版。

封面有蔡元培墨筆題簽，次為衛聚賢及太虛法師所作《墨子學辨序》二篇〔註 30〕。全書共十六章，分從哲學、科學、文學、文字、宗教、風俗、器物、墨翟姓名膚色、墨家弟子、孟子拒墨、墨學在中國淵源、墨翟年代與中印交通等方面，論證三個主要重點：（一）墨學出於印度；（二）墨翟為印度人。（三）墨翟為婆羅門教徒。

首章緒論，作者說明其虛懷就教、專致學術探討交流之用意。

第二章從哲學方面辨證，以《墨經》知識三術：「聞知」、「說知」、「親知」，對辨天竺《尼乾子經》之「現知」、「比知」、「不能知信聖人語」、「譬喻知」等諦義，以證「墨經知識論出於《尼乾子經》」。

第三章從科學方面辨證，觀墨書中多算學、光學、力學、幾何學等科學知識，疑「墨書科學．幾何學出於印度」。

第四章從文學方面辨證，比較墨學文字、論說形式，斷非春秋時所宜有；文句結構用法與佛經相似；書中多為假託之言；多仿印度寓言之作等，以觀墨學與印度文化淵源。

第五章從文字方面辨證，引證佛書襲用墨書中之「盂」、「洁」、「抯」、「度」等字。〔註 31〕

第六章從宗教方面辨證，謂墨書中「天志明鬼有宗教家語」、「墨翟弟子有宗教精神」、「鉅子制度為宗教制度」、「墨子有役使鬼神匿行幻化等術」。

第七章從風俗方面辨證，如「墨書中曾言講經事」、「墨書中曾言火葬」、

〔註 30〕胡懷琛論點深得衛聚賢、徐景賢、李經緯，及宗教改革理論家太虛法師等多人支持。太虛（法名唯心，字太虛）於其〈胡寄塵先生墨子學辨序〉文中言：「墨子為印度人之說，雖出胡君創見，發前人之所未發，頗駭聽聞，然細按墨子之思想，若天志、明鬼之神教，論理物理之科學，皆中國學術思想系統中所無，則說為外來之學術，亦深有由致。」該文原發表於《海潮音》1929 年第 10 卷第 7 期「法苑藝林」欄，後收入《墨子學辨》。衛聚賢除為《墨子學辨》作序，並於 1929 年 1 月《認識周報》第 2 期發表〈墨子老子是印度人考證〉，又撰有〈墨翟為印度人說〉，刊於 1935 年《古史研究》第 2 集。

〔註 31〕《墨子》書中有印度文字之辨證，胡懷琛另撰有〈墨子其中的印度譯音字〉一文，刊載於 1928 年 10 月 24 日《晶報》第二版，可並參考。

「墨書中曾言今緬甸風俗」、「墨書中曾言早婚之俗」。

第八章從器物分面辨證,墨子兵法多言外國器物,如「轒輼」(匈奴車)、「苫」(篷帳)〔註32〕、「鑿」(銅鼓)、「蠡」(大螺殼)、「璓瑁」(水晶)等,皆非中國原有產物。

第九章從墨翟姓名膚色辨證,舊說墨子姓墨名翟,胡懷琛取江瑔《讀子卮言》亦辨「墨」非姓說,疑墨當為學派之名,翟為其姓,墨翟或為學派與姓名之並稱;又謂墨翟之墨,或因其面黑或衣黑而稱之。

第十章從墨家弟子辨證,胡懷琛據孫詒讓《墨子閒詁》所見,墨子弟子之名皆極怪僻,非中國人姓氏,如隨巢子、胡非子、我子、纏子、彭輕生子、腹䵍等;又疑秦滑釐為匈奴人、索盧參為月氏人。

第十一章從孟子拒墨方面辨證,孟子之斥墨家「無父」、「摩頂放踵」,胡懷琛據《讀子卮言》,疑墨子為信奉佛教或婆羅門教之宗教家,自無家庭觀念;又「摩頂」為禿頭,「放踵」為赤足,皆印度之宗教儀式之一。

第十二章從墨學在中國淵源辨證,歷來言墨之淵源,一說出於禹,一說出於清廟之守,胡懷琛以為禹和清廟之守,難以解釋墨學在哲學、文學、科學、軍事與宗教等豐富背景,故其源不清;又墨於嬴秦之後突然絕世,此或疑墨徒已混入佛教徒或道家之故,致其流不明。

第十三章從墨翟年代辨證,既疑墨子為外國人,胡懷琛將之置與釋迦牟尼、阿育王年代同考,疑墨子當在釋迦滅度後六、七十年,或阿育王遣使東傳之前約二百年已至中國。

第十四章從中印交通辨證,包括《隋書經籍志》、張衡《西京賦》、《搜神記》、《漢武故事》等古籍中,多言秦前中印已有交通,近中外學者亦襄證此事,足證墨翟可能早於秦以前進入中國。

第十五章「答或問」乃其與多位學者往來駁辯論點之摘輯;末章總結並辯證方法說明。胡懷琛以為,若設論「墨翟為中國人」,則生「思想不類、文體不類、學術之源不清、學術之流不明、書中言外國風俗、書中言外國器物、國籍不明與姓名可疑」等八處疑點難解;若設論「墨翟為印度人」,雖亦有「春秋時佛教是否已外傳他國、春秋時中印是否已交通、墨子書中何以多言中國事、墨翟為外國人何以不見載中國古籍」等四問,然胡懷琛持論甚堅,因得

〔註32〕胡懷琛撰有〈答字說〉一篇,收入《中國文的過去與未來》第三篇〈論中國古代文字中的譯音字,可參考。

「墨翟為印度人」之結論。

以上墨家論述有書 1 種。

4. 名家

名辯之學興於諸子百家爭鳴的先秦時期，其學說在獨尊儒術的文化主流中被視為「悖論」而漸形湮沒。五四以後，學者開始探索西方邏輯觀念與名家析辯思想的異同，名家理論始受重視。名家擅用數學和物理學常識，就物體外表形式和測算方式進行分析及定義，胡懷琛本其對科學研究的興趣，著文論析惠施與鄧析之說。

（1）《惠施詭辯新解》

一卷，涇縣胡懷琛寄塵著，收在《樸學齋叢書》1940 年第一集第 5 冊；1989 年台北新文豐圖書據《樸學齋叢書》本影印，輯入《叢書集成續編》第 40 冊「哲學」類。

是卷乃胡懷琛為惠施「雞三足」、「輪不輾地」、「龜長於蛇」、「飛鳥之影未嘗動也」等四說之證解。卷前有緒論，作者以為，世稱惠施思想為詭辯者，本「見仁見智」說法，學者解釋均不免「各自為說」，雖偶見新意卻難得正解。胡樸安於卷末跋云：「（惠施學說）嘗以事理、物理而佐其辯才」，是胡懷琛故嘗運用科學新法，窮究事理與物理之現象，以揭得四解如後：其一，證之「雞三足」乃利用人目「影像暫留」所生錯覺之詭辯也；其二，證之「輪不輾地」係利用幾何學中的圓周與直線相切原理之詭辯也；其三，證解「龜長於蛇」，一涉原題語意未明二者大小與數量之詭辯，二有數學分數概念之詭辯，三亦利用人目與人心理對於龜蛇外型的錯覺為詭辯也；其四，「飛鳥之影未嘗動也」，證亦利用人目對於光影產生的錯覺為詭辯也。

（2）〈鄧析之滑稽〉

胡懷琛撰，刊載於《文心》1939 年第 2 卷第 2 期《後十年筆記》。為胡懷琛引釋《呂氏春秋·離謂》所錄名家代表人物鄧析「以金贖屍」故事，以見名家巧辯之論。

鄧析主張法治，曾以私著「竹刑」，反制大夫子產所編「刑書」，並聚眾傳授律學，以其律法知識與善辯之才，為庶民調訴解訟。其訴訟過程中，常提出獨到見解。「以金贖屍」故事寫洧水大患，窮人拾得富人溺屍，向富子贖索巨金，鄧析以「待價贖屍」調解兩造紛爭，操「以非為是，以是為非」的

「兩可之說」。胡懷琛以為此即鄧析反向思維的「滑稽」智慧。

以上名家論述,有書1種,文1篇。

5. 雜家

先秦諸子之「雜家」博采眾議,綜成一論。本文為胡懷琛據劉文典《淮南鴻烈集解》校本,逐篇考錄《淮南子》所得,計補正23則。

(1)《淮南鴻烈集解補正》

一卷,涇縣胡懷琛寄塵著。1934年起,分上、中、下三篇刊載於《青鶴雜誌》第2卷之第10至12期;後收入《樸學齋叢書》1940年第一集第5冊;1989年台北新文豐圖書據《樸學齋叢書》本影印,輯入《叢書集成續編》第40冊「哲學」類。

《淮南子》又名《淮南鴻烈》、《淮南內篇》、《淮南王書》,西漢淮南王劉安主編,故而得名;書名「鴻烈」,取其大而明亮之義。該書成於眾家之手,所論融會先秦諸子思想,以道家老莊思想為本,採納儒家和陰陽家觀點,修正先秦道家無為的政治理論,發揮天人感應之說,於政治、哲理、天文、地理、自然、養生、軍事等多有所涉,內容廣博,是漢初各派學術思想的總匯,被視為諸子百家之雜家代表作。

全書廿一卷,歷來注家雖多,然未見為全書注解者,直至劉文典始系統編校完成《淮南鴻烈集解》。胡懷琛於民國廿年(1931)據劉文典《集解》校本,糾謬補正又得23則,包括〈俶真篇〉「千羊之羣」、「趨」2則;〈墜形篇〉「食葉者有絲而蛾」、「諸稽攝提」2則;〈精神篇〉之「髯蛇」1則;〈主術篇〉之「駒驗」、「畯醫」2則;〈謬稱篇〉之「則聖者眾矣」1則;〈齊俗篇〉之「其衣煖而無文,其兵銖而無刃」、「窮盧」2則;〈道應篇〉之「枕」、「朝秀」2則;〈氾論篇〉之「之于」、「則必有繼之者」2則;〈詮言篇〉之「枝葉美者害根莖」1則;〈兵略篇〉之「履幽而戴明」、「曠曠如夏」、「飛鳥之摯也」3則;〈說山篇〉之「聽雷者聾」、「桑葉落而長年悲」2則;〈說林篇〉之「有然之者也」1則;與〈人間篇〉之「蠹啄剖梁柱」、「延路」2則等。〔註33〕

〔註33〕以上《淮南鴻烈集解補正》部分內容,亦見於胡懷琛〈王念孫《讀書雜志》正誤〉與《中國文的過去與未來》書中所考。如:「千羊之羣」與「趨」,可參照《讀書雜志》「趨」與「再論趨字即曲字」二則;「窮盧」與「枕」,可參照「窮盧」與「忱」;「朝秀」一則,可參照「朝菌」。又「畯醫」一則,可參照《中國文的過去與未來》卷中所考之「畯醫」。

胡樸安於「跋」中謂《集解》乃「作總帳式之整理」，失之「未能字字悉注解」，而胡懷琛之〈淮南鴻烈集解補正〉，乃見其精審校勘成果。

以上雜家論述有書1種。

（二）諸子學說考辨類

1. 〈論說出於縱橫辨〉

胡懷琛撰，刊載於《小說世界》1926年11月第14卷20期，後收入《中國文學辨正》（1927年商務印書館出版）。

首先探「論說」一詞之源，胡懷琛以為歷來諸子之文，有以「論」為名者，如《莊子》〈齊物論〉；有以「篇」為名者，如《荀子》之〈天論〉、〈正論〉、〈禮論〉等，蓋無論以「論」、「篇」為名或是否冠以「論說」之名，「諸子之文，篇篇皆是論說。」

繼考「論說」與經、子學之關係。針對姚鼐、曾國藩曾論得「論說於實際上源於經、子，而論說之名，則自賈生後始有之」之說，胡懷琛提出「後世『論說』，乃出於縱橫」之不同見解。其論一，「古家所謂『論說』，其體例與經絕不相同，或則鋪張，或則馳騁，篇必有波瀾，言必有反覆。其如經之平正者，千百中無一二焉。」其論二，何以「孟子、韓非、賈生、莊子之行文，皆縱橫家之言」？蓋「戰國之世，異說爭鳴，九流各以其所學，著書立說以號召當世，苟不兼縱橫，何能動他人之聽哉？」孟子、韓非、莊子皆生於其世，賈生生於漢初，「故其為文也，皆不能脫縱橫之習，而歸於平正」；後有「退之取於孟子、子厚（柳宗元）取於韓非、賈生，明允雜以蘇、張之流，子瞻及於莊子」，其論說但以鋪張馳驅見長，是證「論說」之出於縱橫，自不辯而明。

2. 《王念孫讀書雜志正誤》

一卷，涇縣胡懷琛寄塵著。胡懷琛讀王念孫《讀書雜志》，初勘正《史記》9則，發表於《東方雜誌》1925年與1928年〔註34〕，有提記曰：「王氏所訂，

〔註34〕胡懷琛初正《史記》9則，刊載於《東方雜誌》1925年第22卷第24期，有「一與文等」〈孟嘗君傳〉、「為雄雄者」〈孟嘗君傳〉、「王氣怨結而不揚，涕滿匡而橫流」〈淮南衡山傳〉、「自投」〈屈原賈生列傳〉、「肩蔽」〈樊酈滕灌列傳〉、「今單于能，即前與漢戰」〈匈奴列傳〉等6則；刊載於1928年第25卷第9～10期者，有「快耳目」〈李斯傳〉、「皆異之」〈扁鵲倉公列傳〉及「君畏匿之」〈廉頗藺相如列傳〉等3則。

偏於形音之訛，而於句之結構、文之脈絡，則略不注意，遂有因此而致誤者。余適習《史記》，取王氏書為參考，因發見其誤處數起，為記於此，以質讀《史記》者。」（文見《東方雜誌》1925 年第 22 卷第 24 期），後集諸篇合為〈王念孫讀書雜志正誤〉一卷，收入《樸學齋叢書》1940 年第一集第 6 冊；1989年，台北新文豐圖書據《樸學齋叢書》本影印，輯入《叢書集成續編》第 24冊「考據」類。

該卷所錄包括《戰國策》、《史記》、《管子》、《晏子春秋》、《墨子》、《荀子》、《淮南子》等諸籍，校得正誤計 62 則〔註 35〕。包括《戰國策》5 則，如正《讀書雜誌》釋〈齊策・卮酒〉「賜其舍人卮酒」句中「『卮』上當有『一』字」說，乃妄加之字也。《史記》13 則，如正《讀書雜誌》釋〈李斯傳〉「擊甕叩缶、彈箏搏髀而歌呼，嗚嗚快耳目者」句中「『快耳目』之『目』字為後人所加」說，是為誤也。《管子》有 13 則，如正《讀書雜誌》釋〈小匡〉「卑耳之貉」句中「『貉』字當為『貈』字之誤」，為非也。又得《晏子春秋》4 則，《墨子》5 則，《荀子》7 則與《淮南子》15 則。

胡樸安於卷末跋曰：「余嘗謂文字、聲韻、訓詁、文法，為治中國學者必需之工具，四者缺一，而讀古書終不免有緣詞生訓，守偽傳繆之弊。王懷祖之《讀書雜志》，有文字、聲韻、訓詁學之工具，無文法學之工具，時限之也。寄塵《讀書雜誌正誤》以文法學為工具，時時可以正王氏之誤。」胡懷琛以淵博的歷史與文獻知識，結合豐富史料，檢校古籍文字與句讀之訛誤，考辨音訓之異同，而能疏通全句，使該書深具閱讀與研究參考價值。

3.《孫詒讓札迻正誤》

一卷，涇縣胡懷琛寄塵著，1935 年發表於《學藝》第 14 卷第 3 期；後收入《樸學齋叢書》1940 年第一集第 6 冊；1989 年台北新文豐圖書據《樸學齋叢書》本影印，輯入《叢書集成續編》第 24 冊「考據」類。

封面有顧燮光「札迻正誤」題字，卷末有胡樸安跋。胡懷琛前言自述是卷乃其精讀孫詒讓《札迻》，所得之正誤共 12 則。其（一）正《札迻》訓《吳越春秋》「甲堅士選器飽弩勁」句中「器飽弩勁」之「『器』當為『飭』形近」之說為誤；（二）正《札迻》訓《老子・道德經》「大成若缺，其用不

〔註 35〕《王念孫讀書雜志正誤》卷錄正誤共 62 則，包括《戰國策》5 則、《史記》13 則、《管子》13 則、《晏子春秋》4 則、《墨子》5 則、《荀子》7 則及《淮南子》15 則。

弊；大盈若沖，其用不窮。」句中之「『弊』字應作『詘』字」之說有誤。
（三）正《札迻》訓《老子‧道德經》「塞其閉其門」句中之「『兌』字當讀
『隧』字」為誤；（四）正《札迻》訓《文子‧精誠》篇中「行乎無路，遊
乎無怠」句之「『怠』字疑為『迹』字」之說為誤；（五）正《札迻》云《文
子‧符言》篇中「故羽翼善者，傷其骸骨」句中「『骸骨』當作『骨骸』」之
說，以為皆可。（六）正《札迻》訓《鄧析子‧無厚》篇中「忠言於不忠，
義生於不義」句中之「『言』字當亦為『生』字」之說為誤；（七）又正《札
迻》云《荀子‧正論》篇中「風俗之美，男女自不取於途」句中「『取』字
當讀為『聚』字」之說，乃存疑也；（八）正《札迻》訓《論衡‧四諱》篇
中「人之有胞，猶木實之有扶也」句中之「『扶』字當讀為『核』字」之說
非也。（九）正《札迻》釋《論衡‧案書》篇中有「齊有三鄒子，衍其一也」
之句，是「齊有三鄒，衍之書」斷句之誤；（十）正《札迻》訓《論衡‧順
鼓》篇中「夫大山失火，灌以甕水」句中之「『甕』當為『罋』，形聲之誤」
之說為非也。（十一）正《札迻》訓《論衡‧狀留》篇中「目不在面，而在
於足，救昧不給，能何見乎」句中之「『昧』當為『眛』」是誤也；（十二）
正《札迻》訓《論衡‧說日》篇中「禹貢山海經言日有十」之「禹『貢』當
作禹『益』」之說為非也。

4.〈論九流之流弊〉

　　胡懷琛撰，刊載於《國大周刊》1925 年 92 期；《國學周刊》1925 年第 3
期；《南洋雜誌》1926 年第 4 期。中國二千餘年思想，無不出於九流。九流雖
各有所長，然亦各有其弊，胡懷琛概乎各家流弊之為害，不可不察，故著文
揭知。

　　文中指出儒之流弊有二，一以「獨講中庸，乃遞變而為鄉愿」；二以「儒
獨尚文，乃遞變而為後世無聊文人」。

　　道之流弊有四，一「由老聃而莊周，由莊周而清談」；二「由老聃而韓非，
由韓非而酷吏」；三「由『將欲奪之必固與之』之說，遞變而為口蜜腹劍之陰
謀」；四「由『含德之厚比於赤子』之說，遞變而為煉丹燒汞之神仙」。

　　墨之流弊有二，一「由墨翟之節用，一變而為鄙夫，再變為市儈」；繼「由
墨翟之摩頂放踵，一變而為游俠，再變為劇盜」。

　　法之弊為「酷吏」；名之弊為「惡訟師」；縱衡之弊為「政客」；陰陽之弊
為「迷信」；雜家匯諸家之說，亦具諸家之弊；惟農家流傳未廣，故其弊未顯。

胡懷琛指出，為學者「只見其說之可取，忘其弊之所屬；或只見其弊之叢生，遂以其說之本不善」者，皆不可以治學，勉學者當戒慎之。

以上諸子學說考辨有書 2 種，文 2 篇。

三、譜錄類

胡懷琛夙性澹靜，筆耕之餘，雅好蒔花觀魚賞鳥，如曾考海棠花、鳳仙花種植法，〔註36〕又於居室植栽百瓶，號書齋為「百瓶花齋」，〔註37〕並能深入研究動植物生態，詳載觀察所得，輯作〈金魚譜〉、〈石菖蒲譜〉、〈外國群芳譜〉、〈神州異產志〉等譜錄。

（一）〈外國群芳譜〉

安吳胡寄塵纂，刊載於 1914 年出版的《香豔集》第 2 集。〔註38〕〈外國群芳譜〉以外國奇花異草為主題，廣蒐 23 種外國稀樹奇花，如墨西哥變色花、巴西蚌花、西伯利亞薊、地中海冰草、西非酒棕、南非嚏樹、避蚊樹、阿拉伯笑草、印度硬竹、喀那利群島噴煙花、龍血樹、蘇門答臘森林大花、南美高山蠟石榴、赤道胡瓜、法國變色地榆、信花、南美洲夜明草等，先釋花名，記其產地，詳其顏色外觀與特徵，繼引之與《隴蜀餘聞》、《嶺南雜記》、《竹譜》、《簷曝雜記》等歷代異產籍錄互為參證，內容詳實珍貴。

（二）〈金魚譜〉

〈金魚譜〉，發表於《白相朋友》1914 年第 2 期〈波羅奢館雜記〉。前有〈金魚譜序〉〔註39〕，胡懷琛以其對魚鳥的喜好，詳記金魚歷史掌故與飼養

〔註36〕胡懷琛：〈種海棠花法〉、〈種鳳仙花法〉，刊於《儉德儲蓄會會刊》1923 年第 4 卷第 2 期〈波羅奢館筆記〉專欄。

〔註37〕胡懷琛於〈百瓶花齋記〉，記其志栽百盆花，後因居室湫隘，無地植置，遂易盆為瓶，號書齋為「百瓶花齋」一事。文刊於《文心》月刊 1940 年第 2 卷第 7 期，後收入胡懷琛《後十年筆記》卷一。

〔註38〕追求「香豔」是民初文壇一種行文弄筆的風尚，1913 年，胡懷琛創刊《香豔小品》雜誌，並出版《香豔集》，內容多為小說香奩詩詞，《香豔雜誌》，1914 年 1 月，中華圖書館以「表揚懿行、保存國學、網羅異聞、搜輯軼事、提倡工藝、平章風月」為旨，創刊於上海，至 1915 年共出版 12 期。雜誌內容包括歷史紀聞、時事論說、詩詞小說、譯文、題畫、女伶月旦、酒令燈謎等。

〔註39〕胡懷琛之〈金魚譜序〉、〈石菖蒲譜序〉，亦見收於《寄塵雜著叢存》中之〈小品文存〉。

方法。一考魚之「種」。金魚最早品種「金鯽」，源產於宋代杭州六和塔下，後貴族豢養觀賞金魚之法出，而「能變魚以金色，鯽為上，鯉次之」。二教魚之「飼」。關於養魚之法，如魚食製作、餵養時間、換水曬日等步驟。三談魚之「病」，預防及魚生病之處理。四設魚之「具」。如瓦盆魚器之樣式規格、盆內之擺設、水質控管等。

（三）〈石菖蒲譜〉

　　發表於《春聲》雜誌 1917 年第 6 期，乃作者考證「石菖蒲」生態之作。菖蒲者，香草也，有「水蒲」、「泥樸」、「石菖蒲」等多名。篇前有〈石菖蒲譜序〉，說明其據引《小知錄》、《群芳譜》、《呂氏春秋》、《說文》、《淮南子》、《楚辭》、《三柳軒雜識》等古籍，兼古詩、陸游詩、南宋裘萬頃詩與蘇軾文等，詳錄石菖蒲之「種、名、品、德、藝、宜、忌、器」等八法，據以為譜。其考證極細，所引資料龐雜，如說菖蒲之「品」，有「寸根九節，仙家所珍」；說菖蒲之「德」，謂菖蒲「服之益智寧神長壽」；說菖蒲之「器」，則盆與翕子皆有可究。

（四）〈神州異產志〉

　　一卷，胡懷琛撰，收入 1913 年上海廣益書局《古今文藝叢書》。後刊於《儉德儲蓄會會刊》1924 年第 4 卷第 5 期「雜俎」欄，並收見於《十年筆記》書中。

　　卷前言記云：「中國地大物博，出產豐衍，黍稷稻粱，足供飲食之需……山水靈氣，別有所鍾；異草奇葩，珍禽靈獸，於是乎出。」全帙共編錄 140 則，乃胡懷琛摘采《天錄識餘》、《閩雜記》、《隴蜀餘聞》、《兩般秋雨盦隨筆》、《廣陽雜記》、《輟耕錄》、《竹譜》、《張氏卮言》、《簷曝雜記》、《觚賸》、《蝶階外史》、《嶠南瑣記》……等 55 種前人筆記所得。

　　書中記覽多中國各地罕稀之珍禽異獸、妙品奇物，如稀茶「不知春」；竹節長似佛面的「佛面竹」；雲南「接骨米」色黑可益筋骨；「火浣布」具有入火不燃，愈濯愈潔之奇性；「相思石」浸醋後猶有磁性；「陰杪」枝木不腐，多作棺用；「孝子行」，兩歲筍也，夏生母竹外，不蔽母竹涼風，冬產母竹外，為母竹蔽寒風，一稱「孝順竹」；「不死草」狀如矛，食之多壽……等；另載有珍禽異獸，如倒懸而睡的閩中鳥「倒垂蓮」；粵地有「量人蛇」，凡遇人則高豎之以較量長短，贏則噬人，輸則自墜而亡；「水秀才」，池中大蚊也；「思

歸樂」三月鳩也；五臺山奇鳥「寒號蟲」，夏鳴聲似「鳳凰不如我」，冬鳴聲似「得過且過」；「提壺蘆」狀類燕子，春鳴聲似「提壺蘆，沽美酒」；「車歇歇」廈門異鳥，以鳥鳴聲似「車歇歇」得名；「肯吃虧」鳥，亦以鳴聲似「肯吃虧」而名……等。

該書所採博物豐庶可觀，繼有蔣瑞藻輯《神州異產後志》一書，乃為增補續遺之作。〔註40〕

以上譜錄類有文4篇。

第四節　集部其他論著

1922年，壬戌學制確立了現代分科教育體制，依據現代西學分類法為文學立科，也為中國語文學教育與學術理論架構了獨立專業的研究基礎。新學制、新思想與新知識，為傳統學術研究引進變革的活水，中國文學研究在形制與內容上，也突破尊經載道侷限，逐步向新文學領域開拓。新文學知識範圍廣泛，與傳統舊文學之內涵、觀念已明顯不同，不論先進的文學觀念、寫作方法論或批評理論等研究多有創見。

身為一位創新思想的文學家，胡懷琛以大量的作品和論著，具體闡述他的文學新觀點。在其〈文學界中的四個問題〉文中，他特別提出「原理」、「考證」、「介紹」和「批評與鑑賞」等，都是「研究」，而「文學底本身，只有創作」，清楚地釐析其文學「創作」不同於文學「理論」之見解。〔註41〕

本章除收經、史、子三部論著外，有關集部之文學史、文學考辨、文學批評與理論研究等，悉歸於「集部其他論著」一節。另胡懷琛從事文學史研究，先見於文學社團對時代文學的影響，其關注中國詩文團體發展的探溯之文，擬並列於本節敘錄之。

〔註40〕繼胡懷琛〈神州異產志〉之後，蔣瑞藻亦輯有《神州異產後志》一書，蔣逸人於其〈先父蔣瑞藻生平軼事追述〉文中記云：「胡懷琛（寄塵）先生有〈神州異產志〉，其時先父尚年輕，讀後或認為尚有遺編可予增補，故綴為《神州異產後志》，可視為胡著的續集或補編。」參《蔣瑞藻集》（杭州：浙江古籍出版社，2014年4月），頁11～12。

〔註41〕胡懷琛：〈文學界中的四個問題〉，收入《文學短論》，見張高評主編：《民國時期文學研究叢書》（台中：文听閣圖書有限公司，2011年12月），第一編第55冊，頁1～8。

一、文學史

（一）《中國文學史略》

《中國文學史略》文稿，原刊於《國學周刊》1923 年第 12～13、17～34 期及 1924 年第 36～39、41 期等，後收在《國學彙編》1924 年第一集第 3 冊及第二集第 3 冊（1972 年 12 月，台北國學研究社有影印本，1983 年台北胡道彥亦有影刊本），為胡懷琛任教大學時的授課講義，後又增加「附錄」文稿八篇合為一冊，1924 年 3 月由上海梁溪圖書館印行出版，至 1927 年 8 月已印行五版。今可見多種單行版：1929 年 6 月上海大新書局版、1931 年 7 月上海慧記書齋版、台灣商務印書館 1967 年版、近有及北京國家圖書館發行 2015 年版。復旦大學與台灣大學圖書館有 1926 年梁溪圖書館三版、及 1935 年 5 月上海新文化書社版館藏。

胡懷琛於〈中國文學史略序〉〔註42〕中，首先批判此前各家文學史所編，流於龐雜艱澀之弊，以其「不便有二：一則『取材富而分界不清』，舉凡字學、哲學、史學等，無不納入文學，不啻為中國學術史；二則『取材宏博而內容高難』，學習者難以清楚理解。」因自纂《中國文學史略》，「首求界線分明，不相淆混，次則簡明易讀，使讀者能得實益」，凡「大勢者，論其變遷蟬蛻之迹；小傳者，聊以供知人論世之參考。有特別當注意處，而又瑣屑不能編入於大勢中者，則別關特點一部以納之。」以示其書力矯斯弊，著力於「分界精審、淺顯適用」之編旨。

全書十一章，章下分節，首章「緒言」，論「文學之界說與分類、起源、與人生及其他學科之關係」；自第二章起分代敘說，始於上古、周秦、兩漢、魏晉南北朝及隋、唐及五代、又宋、遼金元而止於清，各時段體例皆區分以「此時代文學變遷之大勢」、「此時代文學之特點」、「此時代文學家小傳」等三部，每部之中，再分若干條敘述。書後另附錄有〈中國文言分岐之原因〉、〈所謂古文〉、〈中國小說之源流〉、〈中國之地方文學〉、〈古今兒童讀物之變遷〉、〈四庫全書之歷史〉、〈民間傳說之故事〉、〈民間流傳的歌謠〉等文八篇。

本書特值一提之處，為其於第六章介紹南北朝文學時，廣泛記述了他對當時中國與百濟、朝鮮、越南及日本、俄羅斯等各國域外漢學發展概況的觀

〔註42〕胡懷琛撰：〈中國文學史略序〉，亦見收入《文學短論》，見張高評主編：《民國時期文學研究叢書》（台中：文听閣圖書有限公司，2011 年 12 月），頁 108 ～113。

察；又在附錄的〈古今兒童讀物之變遷〉一文中，展現了其多年來致力於民間童蒙讀物的收集與保存成果；〔註43〕在〈中國之地方文學〉〔註44〕中，也對地方語言文學有極精闢深入的探討等，深具文學史研究參考價值。

（二）《唐代文學》

一冊，胡懷琛、胡樸安合編，1929 年上海商務印書館鉛印本，有多次再版，包括 1931 年 8 月、1933 年 2 月、1934 年 7 月及 1939 年版，又有 1983 年台灣商務印書館、2013 年北京瀚文圖書等版。該書曾收入上海商務印書館《百科小叢書》之一，又收為《萬有文庫》叢書之一。

全書共十章。第一章緒論，胡懷琛說明本書編輯目的和編纂範圍，係為初研中國文學者提供蒐羅更博、論斷更精的唐代文學史料，其關注範圍上自漢魏、六朝，下至五代及宋，除《全唐詩》已見之外，更自《全唐詩逸》發掘《全唐詩》未收諸作，〔註45〕為明辨文學界說，藉此矯正舊襲中詩文對稱或詩文詞並稱之誤。第二章唐代文學一覽，歷來區分唐代文學，有以時代分期者，如專指詩不談散文的「四唐說」與「三唐說」、及專指散文的「三變說」。胡懷琛以為，唐代文學以「詩歌」為代表，除外尚有「小說」（即傳奇）、「抒情散文」、「雜文」及「戲曲戲」（歌舞戲）等，因此乃以文學體裁分類，將唐代文學區為上列五個部分，分於第三章至第七章論述。第八章談唐代文學與外國文學的關係，五四以後的唐詩研究，學者已關注到外來文化對唐詩的影響，文中特別介紹了唐代盛朝與西域諸國、印度、高麗及日本等國家的文學交流情形；第九章記述唐代文人軼事；第十章研究唐代文學的書目，推薦有「應該細讀的書目」與「預備參考的書目」二種。

〔註43〕 胡懷琛藏書特色，一為蒙書，一為域外和少數民族詩文稀珍，其藏書事見周退密、宋路霞著：《上海近代藏書紀事詩》（上海：華東師範大學出版社，1993 年 4 月），「胡懷琛」，頁 46～47。

〔註44〕 〈中國之地方文學〉，一名〈中國地方文學的一斑〉，初發表於《小說世界》1923 年 4 月第 2 卷第 3 期，後以〈中國之地方文學〉篇名收入胡懷琛著《中國文學史略》附錄。

〔註45〕 胡懷琛撰有〈全唐詩的編輯者及其前後〉（《逸經》1936 年 11 月第 17 期），記述考證《全唐詩》編輯者及刊本過程。歷來以《全唐詩》為曹寅所編，胡懷琛據考而知唐寅乃主持刊刻之人，另有彭定求、潘從聿、楊中訥等 10 名校對官參與，實際編輯者名仍闕如。又考《全唐詩》所收，證知尚有《全唐詩》另本。明清大量蒐羅唐人詩集，剞劂成編，後篇籍散遺，故又編補《全唐詩逸》。文中期勉後學者持續珍籍考逸之業。

書中指出唐代文學中，混合許多似是而非卻被誤稱為文學的作品，如誤指王之渙〈出塞〉是可合樂譜之詩，實際該詩必須另加襯托字方能演唱；韓愈、柳宗元集中多論說、序跋、傳記，或說理、記事類文，如〈原道〉和〈斷刑論〉等偏於哲學論述，其形式雖為「縱橫文」，卻非文學作品；其他如司空圖《詩品》為詩評、陸贄奏議為議政文、劉知幾《史通》為批評史學、李商隱游戲文章《雜纂》、陸羽《茶經》、或《全唐詩》中所錄的科舉應試詩等，長久皆被誤視為文學作品；而如李朝威《柳毅傳》、張說《虯髯客傳》等優美絕妙作品，卻以小說遭舊文家長期輕視。諸如此類，本書因特糾舉其謬，正非為是。

（三）《中國文學史概要》

1931 年 8 月上海商務印書館初版，該書原為二冊，後合輯為一冊，胡道靜〈先君寄塵著述目〉著錄胡懷琛有《中國文學史概要》：「二冊，後合印一冊」，今所見者皆一冊。有 1933 年、1949 年再版。台灣大學圖書館藏有 1931 年版；復旦大學、北京師範大學圖書館藏有 1933 年再版；香港綠屋書屋有 1957 年翻印本；台灣商務印書館則於 1958 年重印，至 1990 年已發行第四版。

本書前頁附有屈原、司馬遷、陶淵明、李白、杜甫、蘇東坡等文學家描線像、與賈誼故居、韓昌黎祠、瀧岡阡表額拓本、天一閣藏書樓等共 16 幀珍貴圖片。胡懷琛於書前自序提出包括文學史研究範圍的界定、材料的蒐羅與擷選、時代分期的考量與行文標準等說明，也特別強調其蒐附珍貴圖表的必要性。

全書十二章，總論三大部分，一論各時代文學變遷之大勢；二論各時代文學之特點；三記各時代文學家小傳。第一章總論，首先對何謂文學、文學史與中國文學史等研究範圍做了界定，並闡述其以「考察各個時代文學體裁之變遷，及其與人民心理之關係，連帶校正其訛誤」為研究目的的說明。第二章介紹中國文學產生以前與周文化的淵源。自第三章起至第十章，就「各時代文學變遷之大勢」與「各時代文學之特點」兩個面向，對周秦以下各朝代進行分論。第十一、二章為「文學作者的故事」，分為上、下兩部，記述自漢魏起至清代章炳麟為止，各時代代表文人的逸事傳記與重要文學作品。

（四）《中國戲曲史》

稿本，一冊，著錄於胡道靜〈先君寄塵著述目〉，筆者未見。

以上文學史著述，共有書 4 種。

二、文學理論與文學批評

（一）《中國文學通評》

一冊，涇縣胡懷琛著，1923 年 10 月上海大東書局出版，有 1924 年 7 月再版，復旦大學圖書館有藏。2011 年 12 月，台中文听閣圖書據 1924 年大東書局再版影印，收入張高評主編《民國時期文學研究叢書》第一編第 55 冊，東吳大學圖書館有藏。

該文為胡懷琛於 1921 年授課滬江大學文稿。胡懷琛於「總敘」云：「余乃取《左傳》以至清末之文，由近而遠，略為評論如次，曰桐城文；曰清初三家；曰唐宋八家；曰左國史漢；曰孟軻莊周」，旨為「評論其源流派別，短長得失，以今人之見，論古人之文」。始論「桐城派之源流」，以為「今之談桐城派者，則曰方姚，是遠不過望溪而止。而不知望溪之文，上承歸震川，歸震川上承歐陽永叔，而兩家又多得力於《史記》，是欲追溯遠源，不得不自司馬遷始矣。」因述《史記》、歐陽永叔、歸震川、方望溪、劉海峰（大魁）、姚薑塢（範）、姚姬傳（鼐）、姬傳弟子及其他其桐城派文家、曾滌生（國藩）、吳南屏（敏樹）、及曾文正弟子張裕釗、吳汝綸、黎庶昌各家，並錄各家代表作品。繼評清初侯魏汪三家；乃論唐宋八家；及溯《左傳》、《戰國策》、《史記》、《漢書》；上考至孟軻、莊周以終。

（二）《文學短論》

一冊，胡懷琛著，1924 年 4 月上海泰東圖書局初版；另有上海梁溪圖書館 1924、1926 年版、上海大中書局 1934 年版、及 1937 年 3 月上海新光書局版，復旦大學及北京師範大學圖書館有館藏。2011 年 12 月，台中文听閣圖書公司據 1924 年 5 月上海梁溪圖書館版影印，收入張高評主編《民國時期文學研究叢書》第一編 55 冊。

該書內容包羅廣泛，共收胡懷琛短篇文論 37 篇，有詩文學的理論與評論研究，如〈文學界中的四個問題〉、〈新舊文學調和的問題〉、〈中國文學溯源〉、〈文學之體相用〉、〈評論刺激的文學〉、〈人為什麼要作詩〉、〈小詩的成績〉、〈再論小詩〉、〈與家兄樸安論段玉裁說詩〉、〈詩歌與感情〉、〈擺倫、易實甫、何海鳴〉、〈新體詩和趙甌北〉、〈中國古代的白話詩人〉、〈明朝的官場現形記〉；詩文、文法與字詞之釋辨，如〈林黛玉葬花詩考證〉、〈他她牠之研究〉、〈文字的誤會〉、〈則苗勃然興之矣〉、〈龔定菴病梅館記〉、〈毛詩新解〉〈不在其位不

謀其政〉；詩文的書信討論，如〈給柯一岑的信〉、〈再給柯一岑的信〉；小說觀
念與小說考辨，如〈鏡花緣之小考證〉、〈小說中狐狸之研究〉、〈何謂小說〉、
〈三個古文家中的小說家〉、〈論《西洋記》〉；另有多篇書序，如〈國文典表解
序〉、〈中國文學史略序〉、〈唐人白話詩選自序〉、〈古今白話詩選自序〉、〈武
術問答序〉；文學的觀察與感想，如〈林譯小說的兩種讀法〉、〈水滸紅樓夢的
版權問題〉、〈替施耐庵曹雪芹說話〉、〈因《小說年鑑》所發生的感想〉、〈影戲
與小說的進步〉；也涵蓋民歌研究如〈說粵謳〉、翻譯理論如〈古文今譯之管
見〉、及教育問題的討論〈中等學校國文科選擇教材之討論〉等篇。

（三）《中國文學評價》

　　一冊，胡懷琛著，1930 年 6 月上海華通書局初版，國家圖書館與台灣大
學圖書館有影印本。

　　全書六章，第一章「關於批評自身的話」。首先為「文學批評」下定義。
胡懷琛將文學批評概分為「解釋的批評」、「思考的批評」、「裁判的批評」與
「賞鑑的批評」等四種，並指出唯有「裁判」作品優劣的批評，才是真正的文
學批評。對作品進行研究與考證，有助於客觀的批評；而賞鑑是主觀的，用
賞鑑態度所作的批評，易失之偏頗。第二章「批評文學當先解決的問題」。包
括對於「文學作品與作者」、「文學作品的實質與形式」的理解，考量「批評者
的學歷與膽力」，重要的是批評者所持的「純文學論」與「人生文學論」的觀
點。「人生文學論」即「為人生而文學」，又可分為「中國原有的人生文學論」
和「新的人生文學論」；「純文學論」即「為文學而文學」。

　　第三章「人生文學論者之批評中國文學」與第四章「純文學論者之批評
中國文學」，胡懷琛以「新的人生文學論」和「中國原有的人生文學論」、「新
的純文學論」和「中國原有的純文學論」批評中國文學。「原有的人生文學論」，
即是以文學為人類的指導者，感化者。以虛擬的理想人格，理想社會為背景。
不重寫實，而注意於隱惡揚善。例如詩經中《周南》、《召南》歌詠文王、贊美
后妃的詩，或杜甫詩中部分純粹合乎儒家觀念的詩。所謂「新的人生文學論」，
認為「文學是人生的表現」，文學以人類的現實生活為背景。重在寫實，而不
諱宣佈人類的劣跡醜態，如杜甫〈三吏〉、〈三別〉，白居易〈秦中吟〉、〈新樂
府〉。「純文學論」，又稱「為文學而文學」，是建築在豐富的情感或想像力上，
其標準即「美」，如《詩經》中的抒情詩、〈古詩十九首〉、溫庭筠《瑤瑟怨》
等。第五章「舊式文學作者的誤點」，指出中國文學作者常犯的毛病，如誤用

文學的方式寫一切書、誤以文學作品為攻擊他人的利器、誤以文學作品為遊戲品……等。第六章「舊式文學批評者之誤點」，指出中國文人批評常犯的錯誤，如籠統、多說情感的話、重形式輕實質、誤用工具等。

以上文學理論與文學批評，共有書 3 種。

三、文學考辨與討論

（一）文學之神秘

胡懷琛撰，發表於《婦女雜誌（上海）》1919 年第 5 卷第 12 期。胡懷琛指出，文學是一種不受事實、科學與法律等學問所拘束的獨立的學術，秉持這種獨立精神，即保有文學之神祕，所做出的文學才可稱作好文學。他例舉如《孟子》「三里之城，七里之郭」句，其中之「三」與「七」乃是一種文學語言，泛指大約之數，切不能以算學眼光實際估量；即如「四角礙白日，七層摩蒼穹」（〈岑參與高適薛據同登慈恩寺浮圖詩〉），詩句所讚頌塔寺之高聳巍峨與壯觀樣貌，雖非事實，卻是絕美的文學語言。

文學中常使用的意在言外之語，如《論語》「是知津矣」句，孔子周遊列國問津，此句雖未言明如何知津，知津之意即在言外，若就法律觀點，則其文失之未明；又如「湧金門外柳垂金」、「二人同心，其利斷金」、「楊柳青，糞如金」三句之「金」，各取金之「色」、「質」與「價」稱之，若侷以科學或法律觀點析之，必致偏差。此乃文學獨立於各學科之上的特性，亦文學之神秘，學文學者必當認知。

（二）〈文與文學〉

胡寄塵撰，刊載《小說世界》1924 年第 6 卷第 11 期。本文旨為分別「文」與「文學」的不同概念。胡懷琛指出「文是文的本身」，「文學是講『文的本身』的學問」。如言松竹梅，是指植物本身，若論植物學，是研究松竹梅等植物的學問。文人以文表達思想感情，不必一定懂得作文理論；反之，精通文學理論者，未必善為文。以此期勉富有才氣之文家，不為研究與考訂所縛。

（三）〈古文今譯之管見〉

胡懷琛撰，收在《文學短論》（1924 年上海新光書局）。胡懷琛提出以今文翻譯古文經典的五個困難：一為「確解之難」。如「學而時習之」，「習」字有「溫習」或「演習」兩解，溫習靠自修，演習重實踐，解釋不同於執行時便

產生不同結果。二為「斷句之難」，如「嗟我懷人」，就有兩種點句法，一以嗟字當感嘆詞用，譯如「唉，我正在思念遠人」；二以嗟字當動詞用，譯如「可憐我是個思念遠人的人」，兩種解釋因斷點不同而有差別。古文中每多連句唸讀，然當譯為今文或換以今文，因其斷點不同，解釋各異，將背離原意。（三）「不可以言傳之難」，若《道德經》，其經文精深，多有只可意會不可言傳之處，譯文難深悟精髓。（四）「句子組織法不同之難」，如《論語》「禮云禮云，玉帛云乎哉？」（五）「人材之難」，概不識科學者難譯科學書，不明孔、老學者難得孔、老學精髓，故翻譯人才難尋，亦古文今譯之難點。

（四）〈新舊文學調和問題〉

胡懷琛撰，收在《文學短論》（1924 年上海新光書局）。胡懷琛新舊文學的觀點為：「文學作品只有好與不好的分別，沒有新舊的分別，所以新舊二字，不成問題。新舊既不成問題，『調和新舊』當然不成問題了。」「對於文學，我只知道吸收好的部分，排斥不好的部分；使好的逐日發展，不好的逐日淘汰。」總結「新舊和調和都不成問題，只要首先認識文學的真面目。」

（五）〈桐城文派〉

胡懷琛撰，發表於《國學（上海）》1926 年第 1 卷第 1 期。桐城文之名，始識於清之中葉，然文派之淵源甚遠，文學史談桐城文學者，必先溯其源。本篇為胡懷琛考述桐城衍流之文，摘出於《中國文學通評》書中「桐城派之源流」一章，主要推介桐城各家，略論各家作品，乃〈桐城派之源流〉一文之精簡版，可對照參考。

（六）《中國文學辨正》

一冊，胡懷琛著，1927 年 9 月上海商務印書館初版，1933 年 5 月國難後第一版，台灣大學、復旦大學圖書館有館藏。2011 年 12 月，台中文听閣圖書公司據 1927 年上海商務印書館版影印，收入張高評主編《民國時期文學研究叢書》第一編第 55 冊。

針對古典詩學經典中曖昧不清的觀念，胡懷琛提出辨正之論。其書前〈序〉云：「欲治中國文學史，首宜從事劃界，其次則正名」，劃界之說已有，而今《中國文學辨正》諸篇，乃其為經史文學「正名」之作。所考辨之詩文共有 17 篇，包括詩辨 11 篇、文辨 6 篇。其中論考《國風》5 篇，包括〈國風入樂

辨〉、〈國風非民歌本來面目辨〉、〈國風不能確切代表各國風俗辨〉、〈辨國風之巫詩〉、〈誦詩歌詩弦詩舞詩辨〉；及〈楚詩正名〉、〈和詩辨〉、〈再辨和詩〉、〈豔詩辨〉、〈辨竹枝詞非詠風俗〉、〈詩歌聲律辨〉等詩辨文章 6 篇；〔註 46〕另考論〈文筆辨〉、〈賦辨〉、〈論說出於縱橫辨〉、〈韓柳歐蘇文之淵源〉、〈詩歌與感情〉、〈明清以來文學家之創見〉等文論 6 篇。

歷來論楚詩皆以《楚辭》為代表，然胡懷琛作〈楚詩正名〉，以為南地楚詩因地域不同而風格各異，屈、宋之《楚辭》乃「湘、沅間之楚詩」，其俗信鬼好祠，故詩多神秘幽怪之思；〈漢廣〉、〈汝墳〉、〈江有汜〉等「江、漢間之楚詩」，以溫柔敦厚為旨；如〈垓下〉、〈大風歌〉等「江、淮間之楚詩」，以近北地而多蒼涼激楚之音。三者皆楚詩之一部分，然皆無法代表全體，研究者若狹於地界不清，其研究固難「名正言順」。〈和詩辨〉與〈再辨和詩〉，所考「和詩」之源流與演變。和詩歷史由來甚古，如〈股肱歌〉與《國風》；漢魏以後，和詩變為贈答，只答其意不襲其語，如李陵與蘇武詩、劉琨答盧諶、陶淵明酬劉柴桑等。唐後一變專為「和韻」，有「用韻」、「依韻」和「次韻」三種，元、白又開「步韻」之端。古之〈股肱歌〉及《國風》重在能歌，故和其語而易其韻；漢後贈答詩，不必能歌，只答其意；唐後之詩轉以藝術之巧見長，既不必歌亦不必答其意，但以壓險韻為工。此古有和詩之證也。

〈豔詩辨〉謂古豔詩之「豔」字有多解，如〈左思賦〉云：「荊豔楚舞」，是豔稱「楚歌」；《古今樂錄》云：「諸曲調皆有辭有聲，而大曲又有豔」，是豔為「篇章之名」；《漢樂府》〈陌上桑〉又作〈豔歌羅敷行〉，此「豔歌」乃指「楚歌」；又引班婕妤〈怨歌行〉之「怨」字恐為「豔」之同音借用；《梁樂府》有〈昔昔鹽〉，「昔昔」者，「夜夜」也，「鹽」舊解為「曲」名，或亦「豔」之借用。今人稱冶遊詩為豔詩，或香豔詩，自不可相混同於古「豔」字之用。

〈詩歌聲律辨〉論辨詩歌不分之關係，以為「心志言為詩，詩永言為歌」；「永言者，長言也」，歌也。而論曰：「詩與歌是同一物，不永言，則為詩；永言之，

〔註 46〕以上《中國文學辨正》詩辨諸篇，初登刊於《小說世界》者，包括：①〈和詩辨〉，初刊 1926 年第 13 卷第 1 期；②〈再辨和詩〉，初刊 1926 年第 13 卷第 2 期；③〈辨竹枝詞非詠風俗〉，初刊 1926 年第 13 卷第 4 期；④〈國風入樂辨〉，初刊 1926 年第 13 卷第 12 期；⑤〈國風非民歌本來面目辨〉，初刊 1926 年第 13 卷第 13 期；⑥〈國風不能確切代表各國風俗辨〉，初刊 1926 年第 13 卷第 18 期，⑦〈辨國風中之巫詩〉，初刊 1926 年第 14 卷第 22 期；⑧〈詩歌聲律辨〉，初刊 1926 年第 13 卷第 24 期。

則為歌。」另辨「竹枝詞」，歷來學者皆以竹枝詞為「紀事詩」，胡懷琛則於〈辨竹枝詞非詠風俗〉文中，力證「竹枝詞」為巴蜀民歌之專名。

（七）〈文學史上的零碎的話〉

胡懷琛撰，發表於《編輯者》1932 年第 5 期。所記為三則考述，其一考「董解元與董西廂」、其二考「一本傳統的兒童讀物──三字經」、其三考「一本明代人編的童話──解學士詩」。

《董西廂》又稱《西廂記諸宮調》，乃金代戲曲家董解元據元稹《鶯鶯傳》創寫的敘事體諸宮調小說，胡懷琛考證作者，提出董解元或可能是演唱者而非作者之疑。

「一本傳統的兒童讀物──三字經」文，發表胡懷琛多年羅致的新學、佛學與醫學、異域等稀罕《三字經》珍本數種；「一本明代人編的童話──解學士詩」文，乃胡懷琛就《解學士詩》其人其書之考證。〔註 47〕

（八）《柳宗元文》標點與選註的討論文（二篇）

胡懷琛選註出版《柳宗元文》，因更改柳宗元的文字句讀，引發 1932～1934 年與玄、曉風（陳望道）、曹聚仁等文家在報章上的激烈詰辯，胡懷琛以〈關於柳文標點〉、〈胡寄塵答華狷公論柳文書〉二篇回應疑論。〔註 48〕

（九）《太白國籍問題》

一卷，涇縣胡懷琛寄塵著，初題以〈李太白的國籍問題〉發表於 1936 年 3 月 5 日《逸經》（半月刊）創刊號的「逸話」專欄；收入《樸學齋叢書》1940

〔註 47〕該文考述之《三字經》內容，已見本書第八章第二節「目錄學類」中《蒙書考》所錄；有關《解學士詩》內容，亦已見本書第七章第二節「綜合知識及其他」中之《解學士詩考證》一文，可相互對照。

〔註 48〕諸文家與胡懷琛往來論辯之文，所見有①王雲六：〈與胡寄塵論「萬有文庫本」《柳宗元文》之選註〉文，刊於《中國新書月報》1932 年第 2 卷第 9～10 號（見彭二柯整理，《湖南科技學院學報》2015 年 8 月第 36 卷第 8 期）；②陳望道（筆名「曉風」）：〈柳宗元要求胡懷琛更正道歉〉，刊於 1933 年 3 月 18 日《申報・自由談》（摘自林興仁：〈柳宗元要求更正──從一則標點趣談說到借代〉，《當代修辭學》1987 年第 5 期）；③曹聚仁：〈「讀書不易，斷句亦難」──與胡懷琛書〉，刊於《濤聲》1933 年第 2 卷第 12 期；④白沙：〈胡懷琛敬覆柳宗元〉，刊於《骨鯁》1934 年第 19 期。胡懷琛回應文有二：①〈關於柳文標點〉，刊於《濤聲》1933 年第 2 卷第 17 期；②〈胡寄塵答華狷公論柳文書〉，刊於《中國新書月報》1933 年第 3 卷第 2～3 號（見彭二柯整理，《湖南科技學院學報》2015 年 8 月第 36 卷第 8 期）。

年第一集第 5 冊，有胡樸安跋；1989 年台北新文豐圖書據《樸學齋叢書》本影印，輯入《叢書集成續編》第 262 冊「史地」類，中研院近史所、國家圖書館及台灣大學、東吳大學等圖書館皆有館藏。

民國時期，學界掀起對唐代詩人李白身世背景的考證研究，〔註49〕在眾說紛雜的諸多論辯中，胡懷琛也提出了他對李白國籍問題的深度見解。依據史載資料，胡懷琛就詩人的先世背景與居處、詩人外貌、子女名字及其通曉突厥文等四個方向進行考辨，總而得出了「李白是突厥化的中國人」的結論。其據以探求的論點，首先是溯源。經匯整《新唐書》、《舊唐書》及序傳墓誌等所載，考得「李白先世，自其曾祖一代，於隋末時因避難而竄流碎葉（或記「素葉」，漢名「碎葉」，唐稱「條支」），後寓居呾邏私城（或稱「訶達羅支國」）之南，共住了八十九年」，又「李白生於呾邏私城（現屬中亞地區，於唐太宗時，改置為條支都督府）」，「五歲時由其父帶回巴西（或稱「廣漢」、「綿州」，今四川成都東北）」，因據以稱李白先世是「突厥化程度很深的中國人」。其二，據曾親眼見過李白相貌的魏顥於其〈李翰林草堂集序〉中所記，李白容貌「眸子炯然，哆如餓虎」，胡懷琛以為此貌即與「碧眼胡僧」等差不多。其三，魏顥文中並寫李白有二兒，一喚「明月奴」，一喚「頗黎」，該二名皆非中國人命名習慣，疑是突厥名。其四，考〈劉全白李君墓碣〉有云：「天寶初，玄宗辟為翰林侍詔，因為和番書，上重之」，〈范傳正李公新墓碑〉亦云：「草答番書，辯如懸河，筆不停輟，玄宗嘉之」，以李白能通識外國文（突厥文），證其為「突厥化的中國人」。

就李白能通突厥文一事，胡懷琛另撰有〈李太白通突厥文及其他〉〔註50〕一篇續作補充，以《李太白詩集》中〈寄遠〉詩之第十首所摘得之「月氏書」、「西海」、「字字有委曲」等句例，疑指「月氏書」就是外國字，「西海」即西域，「字字有委曲」表所寫字形彎曲，猶突厥文字之屈曲；進而聯想到李白「狂

〔註49〕1926 至 1936 十年間，考論李白身世的研究資料，筆者所見至少已有李宜深〈李白底籍貫與生地〉（1926 年《晨報副刊》）、馮承鈞〈唐代華化番胡考〉（1930 年《東方雜誌》）、陳寅恪〈李太白氏族之疑問〉（1935 年《清華學報》）、董維藩〈李白的幼年〉（1935 年《細流》）、幽谷〈李太白與宗教〉（1936《逸經》）、幽谷〈李太白——中國人乎？突厥人乎？〉（1936 年《逸經》）、王立中〈李太白國籍問題之商榷〉（1936 年《學風》）等多篇。
〔註50〕〈李太白通突厥文及其他〉，刊載於《逸經》（半月刊）1936 年 8 月 5 日第 11 期。

草」的筆法，與其思想之豪俠超逸，筆調之奔放飄忽，而提出其可能承自國外影響的思考角度。

　　以上文學考辨與討論，有書 2 種，文 8 篇。

四、文學社團考證

　　中國文人結社自古有之，組織或參與文學社團從事群體文學創作，一直是文人士子重要的文化活動。明末清初，各地文學社團興立，新文學風氣逐漸形成後，文學創作與文學理論百家爭鳴，文學社團與文學活動聯繫緊密，蔚為一股龐大的政治力量，也創造了豐富而具深遠影響力的文學成就。

　　胡懷琛重視中國詩文社團的歷史發展，早於參與編輯《上海市通志》之初，他在〈西湖八社與廣東的詩社〉一文中，便已提出「文人的結社運動，和一個時代的文學有極大的關係，是研究文學史的人所不能忽視的」〔註 51〕先見，呼籲從文學史的角度，考察文學社團與文學之間的關連。自 1924 年起，他陸續發表考述成果，包括〈中國文人結社考源〉、〈詩社考〉〔註 52〕、〈南社的始末〉、〈幾社與復社〉、〈月泉吟社及其他〉、〈西湖八社與廣東的詩社〉、〈中國文社的性質〉等文，透過對這些藝文團體的精確梳理與考證，為詩文學史研究留下豐富而珍貴的史料。

（一）〈中國文人結社考源〉、〈詩社考〉

　　胡寄塵撰，分別刊登《小說世界》1924 年第 5 卷第 5 期，及 1929 年第 18 卷第 2 期。二篇內容多有重複，乃胡懷琛考中國詩社之源。

　　中國文人結社，始自南宋，以「西湖詩社」最早，「月泉吟社」繼之；元有「越中詩社」、「武林詩社」與「山陰詩社」；宋之吳月泉、元之饒介之、明之鄭超宗等人所主持的詩社亦有聲聞；嘉靖杭州有「西湖八社」，曰「紫陽」、「湖心」、「玉岑」、「飛來」、「月巖」、「南屏」、「紫雲」、「洞霄」，有詩集行世。明末「幾社」與「復社」聲勢浩大，匯當代詩文之雋傑；清有「粵中詩社」，又「西園」、「南園」、「青溪」、「橫沙」等社，皆廣州之詩社；近之「南社」，能繼「幾社」、「復社」遺風，有極大社會影響力。

〔註 51〕胡懷琛：〈西湖八社與廣東的詩社〉，刊載於《越風》1936 年第 14 期。
〔註 52〕胡懷琛：〈中國文人結社考源〉，刊載於《小說世界》1924 年 1 月第 5 卷第 5 期，後收入《文藝叢說》第一集（1928 年 4 月上海商務印書館）。〈詩社考〉，刊載於《小說世界》1929 年 6 月第 18 卷第 2 期。二篇之內容近同。

（二）〈南社的始末〉

胡懷琛撰，發表於《越風》1935 年第 1 期。

胡懷琛為推介南社，撰寫關於南社活動緣起、集會概況、執行社員及入會社友、社團出版物等文，並附記「新南社」活動大略。文中點明南社振起於革命、致力保國保學的成立宗旨，為南社作了有力的宣傳，也存留了南社活動的歷史資料。

（三）〈幾社與復社〉

胡寄塵撰，發表於《越風》1935 年第 3 期。

「幾社」與「復社」興立於明末國政隳壞的時代，文人以「提倡氣節、振作頹風」為職志，明亡後幾社併入復社，成為領導反清復明的兩個重要文人團體。胡懷琛考兩社之創立與詩會活動、記幾社之分化與復社之墮落、又詳錄明亡後兩社文人殉節與棲隱情況，謂幾復社精神深值後人取法。

（四）〈月泉吟社及其他〉

胡懷琛撰，發表於《越風》1936 年第 6 期。

「月泉吟社」乃南宋遺民於亡國後，「借無聊之吟詠，以寄其故國之思」所成立的社團。發起人吳渭，徵集四方文人應題之詩，以成《月泉吟社詩》一卷。文中鉅細考證了該社之緣起、徵題詩篇、應徵者、獎品謝禮、並往來信函等。又載錄了同時代其他詩社，如汐社、清吟社、白雲社、孤山社、武林九友會、雙溪社、明月社等，為考南宋詩社之珍貴史料。〔註 53〕

（五）〈西湖八社與廣東的詩社〉

胡懷琛撰，發表《越風》於 1936 年第 14 期。

本文乃繼考月泉吟社之後，對明代西湖八社及廣東各詩社的史料記錄。「西湖八社」乃明代嘉靖時，閩人祝時泰與友人所結詩社，吟詠所輯有《西湖八社詩帖》一冊。八社及其主持，分別為「紫陽詩社」祝時泰、「湖心詩社」劉子伯、「玉岑詩社」方九敍、「飛來詩社」童漢臣、「月巖詩社」高應冕、「南屏詩社」沈仕、「紫雲詩社」童漢臣、「洞霄詩社」王寅。文末並錄有社約。

另考自明初起至清代中葉，廣州一地略有八詩社，曰：鳳臺社、南園詩社、越山詩社、浮邱詩社、訶林淨社、西園詩社、青溪詩社、橫沙詩社等。

〔註 53〕據胡懷琛文中所記，後又有陸樹枏先生補敍了「雪苑社」與「望社」兩家。

（六）〈中國文社的性質〉

胡懷琛撰，發表於《越風》1936 年第 22～24 期。本篇為胡懷琛考溯中國詩文社團歷史外，進一步闡述詩社性質之文。

據考宋人吳可的《藏海詩話》和灌園耐得翁的《都城紀勝》兩書，得北宋榮天和有詩社雛形「為學館」，席下開放「當舖朝奉、酒店夥計、和販賣角梳的陳二叔」等流皆可入社學詩，比之後世詩人結社不同；南宋杭州「西湖詩社」多「行都士大夫及詩人」往來，是現今可考中國最早有詩社活動之始。胡懷琛依時代區分中國文社性質為二類，一類是治世的詩社，一類是亂世的詩社，一類是亡國遺民的詩社。治世詩社，明代「西湖八社」即是；亂世結社者多烈士、節士，其詩文多議論朝事、提倡氣節之言，明末「復社」可為代表；亡國遺民之詩多寓黍離之悲，以宋末「月泉吟社」為代表。三類中，以第二類詩文表現最有力量，亦最可見文學價值。

以上文學社團考證，有文 7 篇。

第五節　胡懷琛其他學術著述的價值

中國近代國學觀念，受政局影響與西學思潮衝擊，歷經了由「政治」、「文化」趨向「學術」等不同時期的演變與發展。胡懷琛的學術研究，也在承繼清末乾嘉樸學的治學基礎，並融合五四以來西方科學知識與思維方法的「新國學」觀念中，展現了進步的思想與趨新的特點。本章統計胡懷琛的學術著述，包括經部論著有書 2 種，文 12 篇；史部編著有書 13 種，文 36 篇；子部論述有書 11 種，文 18 篇，集部之文學史著述有書 4 種，文學理論書 3 種，文學考辨與討論書 2 種，文 8 篇，文學社團考證有文 7 篇等，總計其在學術研究的著述共有專著 35 種，文 36 篇。胡懷琛畢生在考源溯流、辨偽釋真與史錄表志補訂等研究上不遺餘力，不僅保存了珍貴的文獻，也標寫了胡懷琛在中國學術界的貢獻。

一、廣徵博引，取材豐贍，於保存文獻有功

史料徵集與運用是考據治學的基礎，積證益富，論據益實。清末民初，地下文物出土與西方史料學觀念的輸入，擴大並改變了中國學者在傳統翰籍之外，研取史料的方法與範圍，包括「取地下實物與紙上遺文互相釋證」；「取

異族故書與吾國舊籍互相補正」;「取外來觀念與固有材料相互參證」。〔註54〕

胡懷琛博覽多聞,畢生喜書好書,藏書曾集八千卷,其中包括「外籍和少數民族作者的漢文詩集,作者有日本、朝鮮、越南、俄羅斯等籍,又得蒙、滿、回、維吾爾等族、自元至清末各種刻本、鈔本千餘種」〔註55〕。在《中國文學史概要》中,並進一步介紹了崔致遠、金立之、空海、小野篁等高麗、日本詩人的漢詩。論中國古文之譯音字時,撽取龜茲、匈奴、突厥等西域語,及阿拉伯、波斯、印度等中南亞多國譯語。《簡易字說》檢校簡體字彙高達三百多字。《蒙書考》搜采古今蒙書之歷代刻本、鈔本、油印本與翻譯本等有數百種。論《易經》八卦之數,曾取雲南黎民竹刻契約與日本古著文字。〈海天詩話〉輯論日本、英國、希臘、德國、俄國等中外多位詩家。〈神州異產志〉稽錄資料有55種,所得稀品珍禽達140種。又溯考中國文人社團,詳載名家傳記,並編修上海一地志目,輯其典籍軼錄、記其文社活動、人物風情與史地掌故等。這些精淘細漉的史料,多得自胡懷琛勤力蒐羅或書藏所珍,為學術研究保存了豐沛的史籍文獻,彌足可貴。

二、論著有據,考證精詳,可為後學研究參考

民初國故整理的目標,主要乃就中國固有語言文字、典章制度、人文事蹟等國粹文化的存考。胡懷琛承繼樸學實證徵信學風,又汲取西方歸納方法,著重中國學術的正名、疑辨與考釋研究。《中國文的過去與未來》論述中國韻語用途,所考廣含《易經》「卜占」之辭到民間「牙牌」、「神數」與廟裡的「籤詩」、《老子》古語至流行民間的俗諺與格言、蒙書歌謠與〈湯頭歌〉、〈藥性賦〉等專門藝術的口訣、及紀事詩賦如「竹枝詞」等範圍。《墨》學「出於印度」之辨,胡懷琛從哲學、科學、文學、文字、宗教、風俗、器物、姓名膚色、弟子、《孟子》拒《墨》、在中國淵源、至如年代、交通等方面悉心辯證,其引證書目高達74種,如哲學,引證《百論疏》、《中觀論疏》;科

〔註54〕陳寅恪曾概括王國維之學術內容與治學方法為:「一曰取地下之實物與紙上之遺文互相釋證」;「二曰取異族之故書與吾國之舊籍互相補正」;「三曰取外來之觀念與固有之材料相互參證」,摘自羅檢秋:〈清末民初考據學方法的發展〉引錄陳寅恪之〈王靜安先生遺書序〉,見《中國社會科學院近代史研究所青年學術論壇》,2002年卷,頁588。

〔註55〕周退密、宋路霞著:《上海近代藏書紀事詩·胡懷琛》,(上海:華東師範大學出版社,1993年4月),頁46。

學，引證《印度雜事》、《印度史》；文學，引證《隋書經籍志》、《太平御覽》、《呂氏春秋》、《百喻經》等近十種；宗教，提出有「明鬼」、「犧牲」、「鉅子」制度、能「役使鬼神」、「化丹砂水銀」、「匿行幻化」等術；風俗，辨有「講經」、「火葬」，並載「節葬」、「鬼妻」等緬甸風俗；言器物，有匈奴車稱「轒輼」、帳篷稱「苔」、螺螄稱「蠡」等皆非中國物。又〈李耳辨〉〔註56〕文中，乃據《史記》所記，釐辨老子之「姓」、「名」、「字」、「諡號」，又考「老」字、「聃」字，及「聃」、「耽」、「儋」三字之異同。其正《莊子》、《列子》、《淮南子》等皆有得。即如《清季野史》記宮廷雜瑣、民間稗聞、掌故俚俗等資，胡懷琛亦皆條分縷析審加審校，其所述可徵，因能與《清談》等史實紀事，同具「為徵稽史資可用」價值。

三、創新論說，觀點獨特，能發前人所未見

民國時期，學術界考據、疑古風盛，借鑑西方科學方法與進化論觀點的理論研究，增益並擴大了中國學者的學術思想與研究視野。胡懷琛長於思考，其在承繼傳統與汲納新學的過程中，從而也建構發展了自己的學術理論基礎。胡懷琛嘗究疑「墨學出於印度」、「墨翟為印度人」、「為婆羅門教徒」，其論乃立基於墨翟之事「有疑」，若「思想不類」、「學術之源不清」、「學術之流不明」、「姓名可疑」等，故釋疑之。又提出李白國籍問題，溯考其前世先祖、都邑方志，終證「李白為突厥化的中國人」。

胡樸安嘗謂胡懷琛為學「不肯依傍故籍，獨抒己見，往往多新奇可怪之說」〔註57〕；好友柳亞子亦論其「好為深湛之思，議論間憙特異，弗肯徇眾」〔註58〕。身為學術思想家與文學作家，胡懷琛不徇陳見，勇於嘗試創新，又能堅持論點，大膽假設、精審求實，故能發前人之所未見，而其執真的學術精神，實深值後學感佩仿效。

四、以中國文學為本位，展現融合新舊的文學視野

在普遍追求西潮的時代氛圍中，胡懷琛始終堅持其「以中國文學為本位」

〔註56〕胡懷琛：〈李耳辨〉，收於《老子學辨》附錄。
〔註57〕胡樸安撰：〈老子補註〉跋，見《樸學齋叢書》（1940 年第一集第 5 冊）。
〔註58〕柳亞子：〈亡友胡寄塵傳〉，收在《磨劍室文錄》（上海：上海人民出版社，1993 年 12 月），（下），「磨劍室文四集（1939 年）」，頁 1235。

的文學觀。他以為中國文學和西洋文學二者之「出發點不同」，嘗云：「中國文學不能和西洋文學一例而論，……我以為欲研究中國文學，當然要拿中國文學做本位。西洋文學，固然要拿來參考；卻不可拿西洋文學做本位。倘用拿西洋文學的眼光，來評論中國文學；凡是中國文學和西洋文學不同的地方，便以為沒有價值，要把他根本取消了，我想是沒有這個道理。」〔註59〕他以「調和」的觀念，嘗試弭合中西文學衝突，主張「去短取長」，因為「一國文學，有一國的特性。……中國文學的特性，有好也有壞；他國文學的特性，有好也有壞。所以改造中國文學，只能就自己本身，去短取長。」〔註60〕

透過文學史編就，胡懷琛除為中國文學發展溯本尋源外，主要乃為釐正五四以來學者對「文學」與「非文學」觀念的討論。他在《中國文學史概要》中提出，文學史之編首先必須釐清四個問題，「一是劃界的問題，二是蒐羅材料的問題，三是審別材料的問題，四是分期的問題，五是行文的問題，六是附圖表的問題。」〔註61〕強調釐清「文學」與「非文學」問題，是文學研究首要之事。在《中國文學史略序》中也指出，歷來文學史之編，都失之「取材富而分界不清」、「取材宏博而內容高難」。〔註62〕若分界不清，混雜字學、哲學、史學，則不啻為中國學術史；內容高難，則學習者難以清楚理解。

釐清文學觀念，發掘與運用文學史材料，使「編而能用」，是胡懷琛對文學史編纂的實用要求，而且要能「淺顯適用」，此其踐守之信條，以茲參照其他文學作品，亦可見胡懷琛透過各種文學撰述技巧，嘗試將專業理論平易化，以協助入門學習，為後學傳遞知識的苦心。

〔註59〕胡懷琛：《小詩研究》（上海：廣益書局，1924年6月），自序。
〔註60〕胡懷琛：〈給某先生的信〉，收在《文學短論》，見張高評主編：《民國時期文學研究叢書》（台中：文听閣圖書有限公司，2011年12月），第一編55冊，頁99。
〔註61〕胡懷琛：〈中國文學史概要序〉，張高評主編：《民國時期文學研究叢書》（台中：文听閣圖書有限公司，2011年12月），第一編96冊，頁15～20。
〔註62〕胡懷琛：〈中國文學史略序〉，收在《文學短論》，見張高評主編：《民國時期文學研究叢書》（台中：文听閣圖書有限公司，2011年12月），第一編55冊，頁108～113。

第九章 結 論

一、在新舊轉型時代中的創作者與研究者

　　中國歷代，大凡政局傾軋，社會愈動盪不安，文學反映現實所呈現的樣貌便愈益複雜多元。鴉片戰後，中華國族飽受內憂外患，一連串喪權辱國的條約與「亡國」危機，促使傳統文人改變原本從容溫和的步伐，轉向「經世致用」與「文學救國」的文學改革之途。胡懷琛成長於文風鼎盛的安徽涇地，自幼接受傳統四書五經的教育養成，當其成長之世，親歷了中國社會文化與西方思潮的激烈衝突，承自維新先進的政治理念、思想薰陶與文學啟蒙，胡懷琛的詩文書寫，有著與當時代文人同感艱困的轉型抉擇，便是在中與西、新與舊、古與今、雅與俗、傳統與現代的多方探索歷程中，既保有對傳統文學的理想與堅持，也有對新式文學的理解與接受，因此探討胡懷琛的作品，必先將之置與中國近代社會文化變革的特殊歷史背景中作考察。

　　胡懷琛於民國新立後遷居上海，在自由開放的文化場域中，逐步開啟其文學探索與創作研究之路。自 1911 年至 1938 年，胡懷琛以詩人、作家、報刊編輯、學者與教育家、小說家等多重身分，活躍於近代文學作家群中；又投身「南社」，呼應近代國粹思潮，致力國學的整理保存與研究。其畢生著述豐碩，本書乃裒理其作，分類撰述敘錄，藉以辨彰其學術，考鏡其源流。

二、著述宏富、內容廣博、述論新奇

　　本書茲將胡懷琛著述歸納為六大類，並總結其特色與價值如下：

（一）詩歌

　　胡懷琛自幼勤潛於詩，長而不倦，其詩初循古體，學唐、宋，學漢、魏，

後漸歸自然。他重視詩歌的詩性，強調詩歌的自然表現，曾與仲兄樸安屢論唐宋詩，而稱以宋詩寫實是「工筆畫」，唐詩則自然如「水墨山水」。他推崇著名詩人屈原、陶淵明、李白、杜甫、白居易、蘇軾、陸游、王漁洋等八家，在《中國八大詩人》中以六絕句精闢地點評了詩家的生平、詩歌特點及其宗源，如贊陶詩有「浩然元氣」；謫仙之詩「少含蓄」；寫東坡詩「才力奇雄」；稱放翁長於「寫實」；說漁洋「溫柔敦厚」。他長於古體，亦表現出嘗試創作白話新詩的極大興趣，在〈雜記九則〉文中，他曾讚揚清末文人趙翼提倡「詩風代變」的創新觀點，並認為詩歌隨勢移變本歷史發展之必然，縱使如李白、杜甫等偉大詩家，其詩作也有時代之侷限性，蓋因江山代有才人出，詩歌自不必唯古人是從。〔註1〕因此他嘗試創作白話詩，兼譯西洋詩。1920 年代於大學講授新詩，期間逐漸凝鍊為「融匯新舊二體之長」的「新派詩」理論。其後新詩理論漸多，發表了《白話詩談》、《小詩研究》、《詩歌學 ABC》、《詩的作法》等多部著作。

他積極地通過各種詩話理論，如〈海天詩話〉、〈新派詩話〉、〈一葉詩話〉、〈波羅奢館詩話〉等，與大量的詩作，實踐其新舊融合之論，雖然因此引發改詩風波，然他始終堅持「文學無新舊，只有好壞之分」的論點，不僅大力推崇抒情小詩，也創寫了許多紀事長篇，如〈女英雄〉、〈東南劫灰錄〉、〈敵國〉等，以詩紀史，錄寫時代之聲。他傾力於新舊詩的比較梳理，積極地展現對詩學的關注與學習熱情。

本書敘錄其詩歌創作集有書 8 種；詩詞創作單篇有詩 73 首、詞 13 首；詩詞集編纂有書 8 種；詩學總論有書 5 種，文 5 篇；詩學史有文 1 篇；詩論與詩評有專著 3 著、編著 2 種及文 33 篇。經刪去複重後，計有書 26 種，詩作 73 首，詞作 13 首，文 15 篇，總見其在詩歌創作與詩學理論豐碩的成果。

（二）散文

胡懷琛深受古典文學薰陶，然而他也是懷抱創新思想的文學家，透過寫作與編輯，他以大量的文學作品，具體地闡述他在歷史考辨、文化感懷、社會議論與時事觀察上的成果。民初文壇盛行小品筆記、隨筆雜文之作，雖是短簡零箋之語，猶多有可觀之作，如《秋山文存》中，記存了上海舊地的人文

〔註1〕 胡懷琛著：〈雜記九則〉，收在《文學短論》，見張高評主編：《民國時期文學研究叢書》（台中：文听閣圖書有限公司，2011 年 12 月），第一編第 55 冊，頁 133～134。

景觀，與上海先哲的功績。《十年筆記》與《後十年筆記》所錄包羅萬象，特別是對於傳統文藝的考據，如〈桃花源記辯〉、〈老殘遊記著者小考〉、〈拆字源流〉、〈中國逸書之存於日本〉、〈西廂記之源流〉、〈紅學與經學〉、〈水西洪秀全時代之服飾及稱呼〉等，所載極具學術與社會教育價值。

本書總輯胡懷琛的散文著述，包括散文集有書 2 種，雜文、筆記有專書 14 種及文 131 篇，專欄散文有 10 種（文 221 篇），單篇散文有序跋 37 篇，書信 11 篇，筆記、雜文共 113 篇，及編選與校訂之散文集有書 6 種，經刪去複重後，總計其散文寫作有專著 22 種，文 429 篇。

胡懷琛運用傳統文藝舊形式，傳達現代文學新思維，以散文呈現社會現實，表達他的人文關懷與改革意識，藉雜文寓教於樂，以實踐其社會教育目的。透過這些數量龐雜、內容可觀的作品，可以見出胡懷琛在精闢說理的文學見解之外，忠實敘事與觀照人生的筆墨文采。

（三）小說

清末民初，在梁啟超「小說界革命」吹播下，傳統小說從「稗官野史」的「非文學」提昇至「文學之最上乘」地位，上海因為大批文人作家的匯聚，成為小說創作大本營，胡懷琛也開始他的小說編寫生涯。懷抱「啟智寓教」的社會理想，胡懷琛秉持文學創作熱情，以力矯「浮泛之文辭」、極革「穢褻之思想」為撰寫標準，以「實行社會教育、提倡優美文學」自我期許〔註 2〕。他熱衷近代白話小說創作，勇於嘗試和創新，更致力於新舊小說觀念的融合，在他的作品中，絕少男女愛戀的風月歡情，多見的是對當時代社會黑暗現實的揭露，腐敗風氣的批判、僵化封建制度的諷刺、與對桎梏人心的解放鼓舞。不過度嚴苛，亦不輕忽敷衍，是胡懷琛對待小說的態度，也是他作為時代文人「有所為」的堅執與操守。

胡懷琛以大量創作展現寫作才華與對小說的興趣，創作之外，他也編纂許多小說刊物，如《香豔小品》、《白相朋友》、《好白相》、《小說世界》等，又嘗試譯寫外國小說，並傾力於小說理論的相關研究，出版包括〈中國小說考源〉、《中國小說研究》、《中國小說的起源及其演變》、《中國小說概論》等多種編著。

〔註 2〕胡寄塵：《小說革命軍》（1917 年 2 月自印）「書前宣言」。

本書統計其著述數量，包括小說創作有書 20 種、文 233 篇；短篇小說集有書 13 種，其所編纂的短篇小說集也有書 4 種；編譯小說有書 7 種、短篇翻譯小說 11 篇；小說叢論有文 22 篇；小說史料輯佚與考證有文 2 篇；小說理論研究有書 5 種，文 3 篇。經刪其複重後，總計胡懷琛的小說創作、編譯及研究著述，共有專著 49 種，文 267 篇，展現了豐碩的創作成果。

胡懷琛身處複雜多變的轉型時代，其創作思惟與隨時代而新變，五四新文化運動分嶺了中國小說的新舊壁壘，無論創作或翻譯，胡懷琛的小說，也在語言、體裁、主題內容和敘事手法上，顯現出由傳統過渡到現代的諸多特色：由文言到白話，由長篇變短篇，由實用到娛樂，由全面到片段，由嘗試到開創，由創作到研究。學者黃霖因贊曰：「在整個 20 世紀中，能這樣真正站在小說史家的立場上勇於探索一些史的發展規律的，實在是屈指可數。」〔註3〕

（四）民間文學

中國民間文學資產豐富，其範圍廣泛，形式繁多，內容和品類也多樣而龐雜，然蓋因流傳久遠，若非有心保存，終將湮滅消失。民初文人承載教育與啟迪民眾之任，胡懷琛也運用語言文字的力量，透過輯理與考釋，積極投入民間文化資產的輯佚與保存工作。

本書統計其各類著述，包括口頭俗諺語、各種回文詩、禽言詩、蟲言詩、謎語、詩鐘、集句、酒令、牙牌、對聯、打油詩等短語綴屬、遊戲文體類等，合計收錄有書 3 種，文 44 篇，詩 43 首；神話、傳說與故事、笑話逸聞等故事類著述，合計有書 6 種，文 62 篇；民歌與彈詞、鼓詞、時代歌詞等韻文學類，計有書 4 種，文 14 篇，歌詞 37 首；其他雜考有書 2 種，文 6 篇。經刪其複重後，總計胡懷琛的民間文學著述，有專著 15 種，文 80 篇，詩 21 首，歌詞 37 首。

胡懷琛輯佚補編出版，保存民間文獻，對於傳說、故事、神話等，也詳於探源考證，如〈木牛流馬考〉、《推背圖考》、〈龍王考〉等。他也嘗試創作「新體彈詞」〈哀蓮記〉、《綿綿恨》、《鐵血美人》等小說，以寓潛移默化之效；又創作「鼓詞」，以剛勁之筆頌贊文天祥勇武氣節；並仿鄭板橋〈道情〉，作〈新道情〉，是可謂以舊文學形式推廣新文藝觀念。

〔註 3〕黃霖：〈20 世紀的「中國小說史」編纂〉，《東岳論叢》，2004 年 5 月，第 25 卷第 3 期，頁 89。

（五）語文教育

胡懷琛於 1913 年起先後執教於競雄女學、中國公學、南方、上海、滬江、國民、持志等十數所學校，並利用從事教職與報刊編輯之便，積極開展其對新文學教育的嘗試與探索，並積極投身新舊文學理論的整合研究。1914 年起，他受邀為廣益、商務等數家書局，編寫語文教科書與課外文學輔讀教本。關切啟蒙教育的他，並為兒童撰寫了童詩、童謠、傳說故事、神話與寓言等多種閱讀學習教材，為推進民國時期的語文教育工作投注了相當的心力。

胡懷琛的語文教育著述豐富，包括實用性的治學指導類作、應用教本、文學原理、文學本質、語法知識、教學理論及學生讀寫訓練與教材讀本等。本書統計其著述數量，包括語文教學指導及語文知識應用教材，有書 38 種，文 16 篇；兒童文學課外讀本有書 34 種，童詩 53 首，劇本 3 種；另有關教學問題的建議與討論，有書 1 種，文 9 篇。經刪去重複篇章後，總計胡懷琛的語文教著述有專著 73 種，文 18 篇，童詩 43 首及兒童劇本 3 種。

（六）其他學術

胡懷琛的學思淵源，植根於先世胡蛟齡、胡承珙、胡世琦等皖系漢學名家與經學大師之後，深受徽派（又稱皖派）樸學陶染，他的學術研究，也在承繼清末乾嘉樸學的治學基礎下，並融合五四以來西方科學知識與思維方法的「新國學」觀念中，展現了進步的思想與趨新的特點。如他以文學視角考察《詩經》，取《國風》為辨，論證《國風》文采活潑自然，只要稍經改歌，亦能將文就譜，入樂為歌，視《詩》為樂歌的觀點，撰述了〈國風入樂辨〉；又以回歸文學原本風貌的觀點，探述各國風謠所載歌辭與風俗。在語文史料的研究，包括文字淵源、性質、類型、結構、衍變規律與應用方向等，在其《簡易字說》、《中國文的過去與未來》、〈中西文字相同的研究〉、〈論簡易字之形成〉等篇中，都有具體精詳的辨析。

在考源溯流、辨偽釋真與史錄表志補訂的研究上，胡懷琛也不遺餘力，不僅保存了珍貴的文獻，也考證諸多名物，例如其《中國文的過去與未來》論述中國韻語用途，從《易經》「卜占」之辭到民間「牙牌」、「神數」與廟裡的「籤詩」、《老子》古語至流行民間的俗諺與格言、蒙書歌謠與〈湯頭歌〉、〈藥性賦〉等專門藝術的口訣、及紀事詩賦如「竹枝詞」等。其論說創新，觀點獨特，往往發前人所未見，如究疑「墨學出於印度」、「墨翟為印度人」、「為婆羅門教徒」；又提出李白國籍問題，溯考其前世先祖、都邑方志，終證「李

白為突厥化的中國人」。胡懷琛不侷陳見，勇於嘗試創新，又能堅持論點，大膽假設、精審求實，胡樸安故云胡懷琛為學：「不肯依傍故籍，獨抒己見，往往多新奇可怪之說」〔註4〕。

胡懷琛的學術著述，包括經部論著有書2種，文12篇；史部編著有書13種，文36篇；子部論述有書11種，文18篇；集部之文學史著述有書4種，文學理論書3種，文學考辨與討論書2種、文8篇，文學社團考證文7篇等。總計其在學術的研究著述（不含詩、小說、民間文學、語文教育），共有專著35種，文36篇，透過這些著作，可藉以理解其在近代新國學思想主導下，「融通中西」的學術創見與治學理念。

本書經過廣搜博採，條理析分，綜合以上所錄胡懷琛之經史子集各類著述，共有專書221種，論文845篇，詩歌137首，詞作13首，歌詞創作37首及劇本3種等。其著述之宏富，內容之廣博，編纂之巨量，述論之新奇，莫不令人驚詫，此亦本書於撰作之初所始料未及也。

三、潔行修己的文人心血

胡懷琛不僅戮力保存中國經典學術文獻，其個人著述，至今仍有多種屢被再版，可見其論述之價值。然筆者相信其所著自當不僅只此數，蓋胡懷琛住家曾兩次遭到戰火焚毀，耗貲所庋之近萬藏書及部分手稿毀佚殆盡，也因避亂幾度被迫丟棄及典質書籍，他且屢次遷居，先後達26次，此可自其書齋之名，或「螺屋」（以屋小似「螺」名之也）、或「波羅奢館」（印度梵語 Palasa，即赤花樹，此與胡懷琛信仰有關）、或「百瓶花齋」（胡懷琛曾志植百盆花，因居室湫隘，無地栽置，遂易盆為瓶，以百瓶為之名）；及書名《江村雜俎》（居江村路時作）、《福履理路詩鈔》（居福履理路時作）、《薩坡賽路雜記》（居薩坡賽路時作）等之更易頻仍可見。胡懷琛一生清苦困頓，胡耐安總其一生際遇云：

> 胡寄塵不失為一個『潔行修己』的文人。……他不肯追逐，也不屑交接，因此他遺留的著作，都是一字一粒米，一句一束薪；文人心血，文人行檢，著實足當『表率』的。〔註5〕

〔註4〕胡樸安撰：〈老子補註〉跋，見《樸學齋叢書》（1940年第一集第5冊）。
〔註5〕胡耐安著：〈煮字療飢胡寄塵〉，《六十年來人物識小錄》（台北：台灣商務印書館，1977年4月），頁169。

　　胡懷琛畢生勤筆不輟，其筆耕成就，經由以上敘錄蓋可顯而易見，而其聲名竟不顯於當世，實令人不能不為之深憾。然誠如劉東方所云：

> 作為一個處於新舊文學之間的人物，胡懷琛儘管著述甚多，卻並沒
> 有引起後人的重視，這可能是他的不幸，但同時，作為一個由舊到
> 新的人物，他又較其他人更能看清新舊文學變化的軌跡及實質，這可
> 能又是他的幸運。〔註6〕

所謂幸與不幸，吾人實罕能言之。

　　徐淡廬曾於民國二、三年間，以胡懷琛之字「寄廛」作集句贈聯，其云：「人生若夢誰非寄，秋水為文不染塵」〔註7〕。文章千古事，得失寸心知，今胡懷琛身後墨卷幸而流芳，然筆者雖極蒐勉求，翰海猶不免遺珠，惟待學者方家續予綴闕補遺，俾保存前賢文獻，滋益後學研究者矣。

〔註6〕劉東方：〈論胡懷琛的現代小詩研究〉《海南師大學學報（社會科學版）》，2008年第21卷第4期，頁23。

〔註7〕署名「螺屋主人」，收在《小說世界》1926年11月5日第14卷第19期「螺屋雜記」（十一）。

參考書目

一、胡懷琛著述舉隅

（一）詩歌類

1. 胡懷琛著：《白話詩文談》（上海：廣益書局，1921 年 1 月）。

2. 胡懷琛著：《嘗試集批評與討論》（上海：泰東圖書局，1921 年 1 月）。

3. 胡懷琛著：《新詩研究》（《新詩概說》）（上海：上海商務印書館，1923 年 5 月）。

4. 涇縣胡懷琛編纂：《中國詩學通評》（上海：大東書局，1923 年 6 月）。

5. 胡懷琛著：《小詩研究》（上海：廣益書局，1924 年 6 月）。

6. 胡懷琛著：《詩歌學 ABC》（《中國詩歌概論》）（上海：上海 ABC 叢書社，1929 年 1 月）。

7. 胡懷琛著：《詩的作法》（上海：上海世界書局，1931 年 5 月）。

8. 胡懷琛著：《詩學討論集》（上海：新文化書局，1934 年 7 月）。

9. 胡寄塵著：《勸俗新詩》（上海：上海商務印書館，1935 年 9 月）。

10. 胡懷琛著：《江村集》（《樸學齋叢書》1940 年第一集第 4 冊）。

11. 胡懷琛著：《福履理路詩鈔》（《樸學齋叢書》1940 年第一集第 4 冊）。

12. 胡懷琛著：《上武詩鈔》（《樸學齋叢書》1940 年第一集第 4 冊）。

13. 胡懷琛著：《中國八大詩人》（北京：中華書局，2012 年 8 月）。

（二）散文類

1. 胡懷琛編：《中外名人演說錄》（上海：廣益書局，1919 年 5 月）。

2. 胡樸安、胡懷琛編:《文藝小叢書》（上海：廣益書局，1933 年 3 月），
   第一輯。

3. 胡懷琛著:《寄塵雜著叢存》（上海：廣益書局，1934 年 8 月）。

4. 胡懷琛編:《怪話》（上海：新民書局，1936 年 4 月）。

5. 胡懷琛著:《薩坡賽路雜記》（上海：廣益書局，1937 年 8 月）。

6. 涇縣胡懷琛寄塵著:《秋山文存》（《樸學齋叢書》1940 年第一集第 4 冊）。

7. 涇縣胡懷琛寄塵著:《讀書雜記》（《樸學齋叢書》1940 年第一集第 6 冊）。

（三）小說類

1. 胡寄塵著:《弱女飄零記》（上海：廣益書局，1914 年 1 月）。

2. 胡寄塵著:《寄塵短篇小說》（上海：廣益書局，1914 年 6 月）。

3. 安吳胡寄塵編譯:《孤雛劫》（上海：文明書局，1915 年 12 月）。

4. 安吳胡寄塵著:《春水沉冤記》（上海：文明書局，1916 年 2 月）。

5. 胡寄塵著:《蟒首蛇心錄》（《劍腹佳人》）（上海：新華書局，1921 年 11
   月）。

6. 涇縣胡寄塵著:《最短之短篇小說》（上海：曉星編譯社，1923 年 5 月）。

7. 胡寄塵著:《家庭小說集》（上海：廣益書局，1925 年 3 月）。

8. 胡寄塵編著:《今鏡花緣》（上海：上海商務印書館，1928 年 10 月）。

9. 胡懷琛著:《中國小說研究》（上海：上海商務印書館，1929 年 10 月）。

10. 胡寄塵著:《短篇小說叢存》（上海：廣益書局，1930 年 5 月）。

11. 胡懷琛著:《中國寓言研究》（上海：上海商務印書館，1930 年 11 月）。

12. 胡懷琛著:《中國小說的起源及其演變》（南京：正中書局，1934 年 8 月）。

13. 胡懷琛著:《中國小說概論》（《中國小說論》）（上海：世界書局，1934 年
    11 月）。

（四）民間文學類

1. 涇縣胡寄塵編:《捧腹談》（《新解頤語》）（上海：廣益書局，1913 年）。

2. 胡懷琛著:《中國民歌研究》（上海：上海商務印書館，1925 年 9 月）。

3. 胡寄塵編述:《托爾斯泰與佛經》（上海：上海世界佛教居士林，1928 年
   12 月）。

4. 胡寄塵譯著:《鐵血美人》（上海：文明書局，1929 年 9 月）。

5. 胡寄塵譯述：《百喻經淺說》（上海：上海佛學書局，1932 年 1 月）。

6. 胡樸安、胡懷琛選編：《子夜歌》，收在《文藝小叢書》（上海：廣益書局，1933 年 3 月）。

7. 胡寄塵著：《血淚碑附羅霄女俠》（上海：廣益書局，1933 年 9 月）。

8. 胡寄塵編纂：《田家諺》（上海：上海商務印書館，1935 年 9 月）。

（五）語文教育類

1. 涇縣胡懷琛編著：《中等簡易作文法》（上海：崇文書局，1922 年 5 月）。

2. 胡懷琛著：《修辭學要略》（上海：大東書局，1923 年 6 月）。

3. 胡懷琛著：《作文研究》（上海：上海商務印書館，1925 年 1 月）。

4. 胡懷琛編著：《陶淵明生活》（上海：世界書局，1930 年 1 月）。

5. 胡懷琛編著：《陸放翁生活》（上海：世界書局，1930 年 5 月）。

6. 胡懷琛著：《修辭的方法》（《修辭方法》）（上海：世界書局，1931 年 2 月）。

7. 胡懷琛著：《古書今讀法》（上海：世界書局，1931 年 4 月），

8. 胡懷琛著：《抒情文作法》（上海：世界書局，1931 年 12 月）。

9. 胡懷琛編：《言文對照古文筆法百篇》（上海：大東書局，1932 年 6 月）。

10. 胡懷琛編著：《最新應用文》（上海：世界書局，1932 年 10 月）。

11. 胡懷琛編著：《詩人生活》（上海：世界書局，1932 年 11 月）。

12. 胡懷琛選註：《柳宗元文》（上海：上海商務印書館，1933 年 3 月）。

13. 胡懷琛選註：《歸有光文》（上海：上海商務印書館，1933 年 3 月）。

14. 胡懷琛著：《應用文一斑》（上海：上海商務印書館，1933 年 10 月）。

15. 胡懷琛著：《文字源流淺說》（上海：上海商務印書館，1933 年 12 月）。

16. 胡懷琛著：《格言注釋》（上海：上海商務印書館，1933 年 12 月）。

（六）其他學術類

1. 涇縣胡懷琛著：《中國文學通評》（上海：大東書局，1923 年 10 月）。

2. 胡懷琛著：《中國文學辨正》（上海：上海商務印書館，1927 年 9 月）。

3. 胡懷琛著：《簡易字說》（上海：上海商務印書館，1928 年 10 月）。

4. 胡懷琛編著：《中國文學史略》（上海：大新書局，1929 年 6 月）。

5. 胡懷琛著：《中國文學評價》（上海：華通書局，1930 年 6 月）。

6. 胡懷琛著：《中國文學史概要》（上海：上海商務印書館，1931 年 8 月）。

7. 胡樸安、胡懷琛編：《唐代文學》（上海：上海商務印書館，1939 年 12 月）。

8. 胡懷琛著：《老子補注》（《樸學齋叢書》1940 年第一集第 5 冊）。

9. 涇縣胡懷琛寄塵著：《莊子集解正誤》（《樸學齋叢書》1940 年第一集第 5 冊）。

10. 涇縣胡懷琛寄塵著：《列子張湛注補正》（《樸學齋叢書》1940 年第一集第 5 冊）。

11. 涇縣胡懷琛寄塵著：《惠施詭辯新解》（《樸學齋叢書》1940 年第一集第 5 冊）。

12. 涇縣胡懷琛寄塵著：《淮南鴻烈集解補正》（《樸學齋叢書》1940 年第一集第 5 冊）。

13. 涇縣胡懷琛寄塵著：《孫詒讓札迻正誤》（《樸學齋叢書》1940 年第一集第 6 冊）。

14. 涇縣胡懷琛寄塵著：《王念孫讀書雜志正誤》（《樸學齋叢書》1940 年第一集第 6 冊）。

15. 涇縣胡懷琛寄塵著：《太白國籍問題》（《樸學齋叢書》1940 年第一集第 6 冊）。

16. 胡懷琛選註：《五忠集》（台北：正中書局，1954 年 1 月）。

17. 安吳胡寄塵編：《清談》（《清譚》），收在沈雲龍主編：《近代中國史料叢刊續編》（台北：文海出版社，1966 年 10 月），第 12 輯。

18. 胡寄塵編：《清季野史》（長沙：嶽麓書社，1985 年 12 月）。

19. 胡懷琛著：《墨子學辨》，收在《墨子大全》（北京：北京圖書館出版社，2002 年 10 月），第 38 冊。

20. 胡懷琛著：《中國文的過去與未來》，收在許錟輝主編：《民國時期語言文字學叢書》（台中：文听閣圖書有限公司，2009 年 10 月），第一編第 49 冊。

21. 胡懷琛著：《中國先賢學說》，收在《怎樣讀古書》（北京：中華書局，2012 年 8 月）。

22. 胡懷琛著：《文學短論》，收在張高評主編：《民國時期文學研究叢書》（台中：文听閣圖書有限公司，2011 年 12 月），第一編第 55 冊。

二、專書（按撰者姓氏筆畫順序排列）

1. 于潤琦編：《清末民初小說書系》（北京：中國文聯出版公司，1997 年 7 月）。

2. 中國俗文學學會編：《俗文學論》（哈爾濱：黑龍江人民出版社，1987 年 9 月）。

3. 王子堅編：《讀書顧問》（台北：河洛圖書出版社，1980 年 1 月）。

4. 王炳照等著：《中國近代教育史》（台北：五南圖書出版，1994 年 3 月）。

5. 王偉勇主編：《民國詩集叢刊》（台中：文听閣圖書有限公司，2009 年 9 月）第 1～5 集。

6. 方漢奇著：《中國近代報刊史》（太原：山西教育出版社，1981 年 5 月）。

7. 方漢奇著：《方漢奇自選集》（北京：人民文學出版社，2007 年 8 月）。

8. 甘振虎主編：《中國文學史資料全編（現代卷）：中國現代文學總書目‧小說卷》（北京：知識產權出版社，2010 年 3 月）。

9. 向燕南、匡長福主編：《鴛鴦蝴蝶派言情小說集粹》（上、下）（福州：福建人民出版社，1993 年 4 月）。

10. 任訪秋主編：《中國近代文學史》（開封：河南大學出版社，1988 年 11 月）。

11. 沈文沖著：《民國書刊鑒藏錄》（上海：上海遠東出版社，2007 年 7 月）。

12. 沈心慧著：《胡樸安生平及其易學、小學研究》（台北：新文豐出版公司，2009 年 3 月）。

13. 沈雲龍主編：《近代中國史料叢刊續編》（台北：文海出版社，1966 年 10 月）第 12 輯。

14. 李杏保、方有林、徐林祥主編：《國文國語教育論典》（上）（北京：語文出版社，2014 年 9 月）。

15. 李叔同：《花雨滿天悟禪機：李叔同的佛心禪韻》（西安：陝西師範大學出版社，2007 年 11 月）

16. 余薔薇著：《胡適、胡懷琛詩學比較研究》（北京：社會科學文獻出版社，2018 年 11 月）。

17. 初小榮選編：《儒家、儒學與儒教》（上），收在《民國期刊資料分類彙編》（北京：國家圖書館出版社，2011 年 5 月）。

18. 林明德編：《晚清小說研究》（台北：聯經出版公司，1988 年 3 月）。

19. 林香伶著：《南社文學綜論》（台北：里仁書局，2009 年 10 月）。

20. 林香伶著：《南社詩話考述》（台北：里仁書局，2013 年 9 月）。

21. 林慶彰主編：《民國文集叢刊》（台中：文听閣圖書有限公司，2008 年 12 月）第 1〜4 集。

22. 林慶彰主編：《民國時期哲學思想叢書》（台中：文听閣圖書有限公司，2010 年 5 月）。

23. 吳福助主編：《民國小說叢刊》（台中：文听閣圖書有限公司，2010 年 5 月）。

24. 邱睿著：《南社詩人群體研究》（北京：中國社會科學出版社，2014 年 12 月）。

25. 邵迎武著：《南社人物吟評》（北京：社會科學文獻出版社，1994 年 4 月）。

26. 胡耐安著：《六十年來人物識小錄》（台北：台灣商務印書館，1977 年 4 月）。

27. 胡適著：《胡適文存》（台北：遠東圖書公司，1980 年 4 月）。

28. 胡樸安輯：《南社叢選》，收在沈雲龍主編：《近代中國史料叢刊》（台北：文海出版社，1966 年 10 月）。

29. 胡曉真著：《新理想、舊體例與不可思議之社會——清末民初上海「傳統派」文人與閨秀作家的轉型現象》（台北：中研院文哲所，2010 年 9 月）。

30. 侯忠義編：《中國文言小說參考資料》（北京：北京大學出版社，1985 年 4 月）。

31. 南江濤選編：《清末民國舊體詩詞結社文獻彙編》（北京：國家圖書館出版社，2013 年 4 月）。

32. 柳亞子著：《柳亞子文集·磨劍室詩詞集》（上、下）（上海：上海人民出版社，1985 年 1 月）。

33. 柳亞子著：《柳亞子文集·磨劍室文錄》（上、下）（上海：上海人民出版社，1993 年 12 月）。

34. 柳無忌、殷安如編：《南社人物傳》（北京：社會科學文獻出版社，2002 年 6 月）。

35. 柳棄疾著：《南社紀略》，收在沈雲龍主編：《近代中國史料叢刊續編》（台北：文海出版社，1977 年 5 月），第 42 輯 420 冊。

36. 唐沅、封世輝、孫慶升等主編：《中國現代文學期刊目錄匯編》（上、下）（天津：天津人民出版社，1988 年 9 月）。

37. 袁行霈、侯忠義編：《中國文言小說書目》（北京：北京大學出版社，1981 年 11 月）。

38. 袁進主編：《鴛鴦蝴蝶派散文大系（1909～1949）》（上海：東方出版中心，1997 年 9 月）。

39. 袁進著：《中國近代文學史》（台北：人間出版社，2010 年 9 月）。

40. 孫之梅著：《南社研究》（北京：人民文學出版社，2003 年 9 月）。

41. 柴志光主編：《浦東石建築踏訪記》（上海：上海遠東出版社，2007 年 8 月）。

42. 陳大康著：《中國近代小說編年》（上海：華東師範大學出版社，2002 年 7 月）。

43. 陳必祥編：《中國現代語文教育發展史》（昆明：雲南教育出版社，1987 年 5 月）。

44. 陳引馳、周興陸編：《民國詩歌史著集成》（天津：南開大學出版社，2015 年 9 月）。

45. 陳平原主編：《中國近代文學文獻叢刊——小說卷》（鄭州：河南人民出版社，2019 年 6 月）。

46. 陳伯海、袁進主編：《上海近代文學史》（上海：上海人民出版社，1993 年 2 月）。

47. 陳洪主編：《民國中國小說史著集成》（天津：南開大學出版社，2014 年 1 月）。

48. 陳翅林（陳啟天）著：《最近三十年中國教育史》（上海：上海太平洋書店，1930 年 11 月）。

49. 陳國安著：《南社舊體文學著述敘錄初編》（上海：上海古籍出版社，2016 年 11 月）。

50. 陳鶴琴著：《名家散失作品集：陳鶴琴童書》（北京：海豚出版社，2013 年 5 月）。

51. 許錟輝主編：《民國時期語言文字學叢書》（台中：文听閣圖書有限公司，2009 年 10 月），第一編第 49 冊。

52. 曼昭、胡樸安著：《南社詩話兩種》（北京：中國人民大學出版社，1997年3月）。

53. 周退密、宋路霞著：《上海近代藏書紀事詩》（上海：華東師範大學出版社，1993年4月）。

54. 馮開文著：《中華民國教育史》（北京：人民出版社，1994年1月）。

55. 曾永義著：《俗文學概論》（台北：三民書局，2003年6月）。

56. 張中良著：《五四時期的翻譯文學》（台北：秀威資訊科技，2006年7月）。

57. 張明觀著：《柳亞子傳》（北京：社會科學文獻出版社，1997年5月）。

58. 張高評主編：《民國時期文學研究叢書》（台中：文听閣圖書有限公司，2011年11月），第一編第83冊。

59. 張寅彭編：《民國詩話叢編》（上海：上海書店，2002年12月）。

60. 張澤賢著：《中國現代文學詩歌版本聞見錄（1920～1949）》（上海：上海遠東出版社，2008年9月）。

61. 張澤賢著：《中國現代文學小說版本聞見錄（1909～1933）》（上海：上海遠東出版社，2009年6月）。

62. 溫立三著：《語文課程的當代視野》（北京：中國社會科學出版社，2007年8月）。

63. 傅瑛著：《民國皖人文學書目》（北京：中國社會科學出版社，2016年4月）。

64. 傅熊湘著、顏建華編校：《傅熊湘集》（湖南：湖南人民出版社，2010年6月）。

65. 黃霖主編：《民國舊體文論與文學研究》（南京：鳳凰出版社，2017年4月）。

66. 楊大金編：《現代中國實業誌》（上）（長沙：商務印書館，1938年3月）。

67. 楊天石、王學莊編著：《南社史長編》（北京：中國人民大學出版社，1995年5月）。

68. 楊玉峰著：《南社著譯敘錄》（香港：中華書局，2012年12月）。

69. 楊愷齡編：《因社集》，收在沈雲龍主編：《近代中國史料叢刊續編》（台北：文海出版社，1977年5月），第26輯253冊。

70. 葉聖陶著：《葉聖陶語文教育論集》（中央教育科學研究院編）（北京：教育科學出版社，1980年8月）。

71. 賈植芳、俞元桂主編：《中國現代文學總書目》（福州：福建教育出版社，1993 年 12 月）。

72. 趙景深著：《文人印象》（上海：北新書局，1946 年 4 月）。

73. 虞信堂、金良年編：《胡道靜文集》（上海：上海人民出版社，2011 年 12 月），卷七《序跋題記‧學識雜憶》。

74. 魯迅著：《中國小說史略》（台北：明倫出版社，1969 年 5 月）。

75. 鄭明娳著：《現代散文類型論》（台北：大安出版社，1987 年 2 月）。

76. 鄭振鐸著：《中國俗文學史》（台北：台灣商務印書館，1999 年 4 月）。

77. 鄭逸梅著：《清末民初文壇軼事》（上海：學林出版社，1987 年 2 月）。

78. 鄭逸梅著：《鄭逸梅選集》第 1～6 卷（哈爾濱：黑龍江人民出版社，1991 年 5 月～2001 年）。

79. 鄭逸梅著：《南社叢談──歷史與人物》（上、下）（北京：中華書局，2006 年 7 月）。

80. 鄭國民著：《從文言文教學到白話文教學──我國近現代語文教育的變革歷程》（北京：北京師範大學出版社，2000 年 1 月）。

81. 劉大杰著：《中國文學發展史》（上、下）（台北：莊嚴出版社，1991 年 1 月）。

82. 劉永文編著：《民國小說目錄（1912～1920)》（上海：上海古籍出版社，2011 年 12 月）。

83. 劉志成撰：《中國文字學書目考論》（四川：巴蜀書社，1997 年 8 月）。

84. 劉紹唐主編：《民國人物小傳》（上海：上海三聯書店，2017 年 7 月），第廿冊。

85. 潘新和著：《中國現代寫作教育史》（福州：福建人民出版社，1997 年 10 月）。

86. 潘新和主編：《存在與變革：穿越時空的語文學》（濟南：山東教育出版社，2012 年 5 月）。

87. 蔣瑞藻著：《蔣瑞藻集》（杭州：浙江古籍出版社，2014 年 4 月）。

88. （日）樽本照雄編：《新編增補清末民初小說目錄》（濟南：齊魯書社，2002 年 4 月）。

89. 譚正璧著：《譚正璧學術著作集》（上海：上海古籍出版社，2012 年 12 月）。

90. 顧國華編：《文壇雜憶續編》（上海：上海書店，1999 年 9 月）。

91. 顧頡剛著、顧洪編：《顧頡剛讀書筆記》（台北：聯經出版公司，1990 年 1 月），第 4 卷《純熙堂筆記》。

三、期刊論文（按期刊出版順序排列）

1. 惠若：〈記胡懷琛〉，《十日談》1934 年第 32 期。

2. 左鴻：〈我與胡懷琛先生〉，《紅茶》（半月刊）1938 年第 13 期。

3. 姚吉光、俞逸芬：〈上海的小報〉，《新聞與傳播》月刊，1981 年第 4 期，頁 223～291。

4. 彭秀樞、彭南均：〈竹枝詞的源流〉，《吉首大學學報（社會科學版）》1982 年第 2 期，頁 38～47。

5. 林興仁：〈柳宗元要求更正──從一則標點趣談說到借代〉，《當代修辭學》1987 年第 5 期，頁 10～11。

6. 周德富：〈林西仲的文章評點──《古文筆法百篇》讀書摘錄〉，《語文學習》1988 年第 7 期，頁 37～39。

7. 陳福康：〈胡懷琛論譯詩〉，《中國翻譯》1991 年第 5 期，頁 47～48。

8. 陳平原：〈論「新小說」類型理論〉，《中國現代文學研究叢刊》1991 年 2 期，頁 114～125。

9. 吳樹仁：〈五四新文化運動與語文教育革新〉，《上饒師專學報》第 15 卷第 4 期（1995 年 10 月），頁 41～47。

10. 桑兵：〈晚清民國時期的國學研究與西學〉，《歷史研究》1996 年 5 期，頁 30～45。

11. 張心愷：〈新史學思潮對清末民初歷史教育的影響〉，《歷史教育》（1997 年 6 月），頁 1～21。

12. 李燕：〈五、四新文化運動與語文教育的民主化科學化〉，《浙江學刊》2000 年第 3 期，頁 153。

13. 黃德生：〈給胡適改詩的筆墨官司〉，《讀書》2001 年第 2 期，頁 44～46。

14. 鄭杰文：〈20 世紀 20 年代墨子國籍論戰評述〉，《東岳論叢》第 22 卷第 6 期（2001 年 11 月），頁 100～102。

15. 羅檢秋：〈清末民初考據學方法的發展〉，《中國社會科學院近代史研究所

青年學術論壇》，2002 年卷，頁 586～604。

16. 王建輝：〈新舊之間的胡懷琛〉，《出版廣角》2002 年 02 期，頁 64。

17. 楊嘉佑：〈半個世紀的上海小報〉，《檔案與史學》月刊，2002 年第三期，頁 41～47。

18. 王燕：〈近代中國原創偵探小說〉，《齊魯學刊》2003 年第 2 期，頁 114～118。

19. 姜濤：〈為胡適改詩與新詩發生的內在張力——胡懷琛對《嘗試集》的批評研究〉，《北京大學學報（哲學社會科學版）》第 40 卷第 6 期（2003 年 11 月），頁 130～136。

20. 史春風：〈商務印書館近代教科書出版探略——從國文（語）和歷史教科書談起〉，《北京師範大學學報（社會科學版）》，2003 年第 6 期，頁 83～91。

21. 王希杰：〈胡懷琛的修辭學研究及其爭論〉，《蘇州教育學院學報》第 20 卷第 1 期（2003 年 3 月），頁 7～10、50。

22. 傅惠鈞：〈說「假言」〉，《修辭學習》2004 年第 3 期，頁 57～58。

23. 黃霖：〈20 世紀的「中國小說史」編纂〉，《東岳論叢》2004 年第 25 卷第 3 期（2004 年 5 月），頁 84～94。

24. 莊逸雲：〈胡懷琛的中國小說史研究〉，《江淮論壇》2004 年第 2 期，頁 147～151。

25. 黃湘金：〈「虞初體」小說集的絕響——《虞初近志》〉，《樂山師範學院學報》第 20 卷第 4 期（2005 年 4 月），頁 17～20。

26. 盧文芸：〈南社——新文化的前驅〉，《南京理工大學學報（社會科學版）》第 18 卷第 2 期（2005 年 4 月），頁 88～96。

27. 劉東方：〈胡懷琛、周作人現代小詩研究之比較〉，《齊魯學刊》2008 年第 5 期，頁 134～137。

28. 劉東方：〈論胡懷琛的現代小詩研究〉，《海南師範大學學報》2008 年第 4 期第 21 卷，頁 20～23。

29. 張振國：〈民國中後期志怪傳奇小說集 10 種敘錄〉，《黃山學院學報》，第 11 卷第 2 期（2009 年 4 月），頁 81～85。

30. 孫立新：〈關於南社四種屬性的爭辯〉，《南京理工大學學報（社會科學版）》，第 22 卷第 2 期（2009 年 4 月），頁 117～120。

31. 謝毓洁:〈晚清新式教科書的近代化歷程〉《編輯之友‧史料》2010 年第 6 期（2010 年 6 月），頁 105～109。

32. 王颺:〈再論南社〉,《徐州師範大學學報（哲學社會科學版）》第 36 卷第 2 期（2010 年 3 月），頁 29～37。

33. 李鴻淵:〈胡懷琛《中國寓言研究》的學術史意義〉,《民族文學研究》2010 年第 4 期，頁 78～83。

34. 朱秀梅:〈晚清『新小說』類型及其演變〉,《河南大學學報（社會科學版）》2010 年第 50 卷 2 期（2010 年 3 月），頁 6～10。

35. 陳來:〈近代國學的發生與演變——以老清華國學研究院的典範意義為視角〉,《清華大學學報（哲學社會科學版）》2011 年第 3 期第 26 卷，頁 24～35。

36. 趙黎明:〈胡懷琛與民國之初的新文學教育〉,《中國文學研究》第 4 期（2011 年 4 月），頁 63～66。

37. 朱孟庭:〈民初《詩經》白話註譯的發展——以疑古思潮建構文學性質的影響為論〉,《台北大學中文學報》2011 年第 10 期（2011 年 10 月），頁 27～65。

38. 蔣秀秀:〈李白「客寓意識」下的「有我之境」探微〉,《神州文學》2012 年 17 期，頁 2。

39. 盧永和:〈胡懷琛的白話文寫作與新文學教育〉,《海南師範大學學報（社會科學版）》第 25 卷第 1 期（2012 年 1 月），頁 56～63。又《西華大學學報（哲學社會科學版）》第 34 卷第 2 期（2015 年 3 月），頁 15～20。

40. 劉中文:〈胡懷琛的陶學研究〉,《海南師範大學學報（社會科學版）》第 25 卷第 1 期（2012 年 1 月），頁 56～63。

41. 朱則杰:〈《全清詩》的先聲〉,《中國文學研究》2012 年第 4 期，頁 5～9。

42. 方漢文、夏鳳軍、張晶:〈〈海天詩話〉與中國比較詩學的濫觴〉,《蘭州大學學報（社會科學版）》2012 年 2 期（2012 年 3 月），頁 1～7。

43. 沈心慧:〈胡懷琛與南社初探〉,首屆《中華南社學壇學術會議》（2012 年 4 月），頁 74～85。

44. 莫麗莎:〈文無定法而有活法——評胡懷琛編著《言文對照古文筆法百篇》〉,《青年文學家》2012 年第 20 期，頁 43、45。

45. 羅寧：〈古小說之名義、界限及其文類特徵——兼談中國古代小說研究中存在的問題〉，《社會科學研究》2012 年 1 期，頁 172～73。

46. 曹辛華：〈民國詞群體流派考論〉，《中國文學研究》2012 年第 3 期，頁 18～26。

47. 盧永和：〈現代小詩文化身份的鑑識——論胡懷琛的《小詩研究》〉，《肇慶學院學報》第 33 卷第 6 期（2012 年 11 月），頁 5～9。

48. 盧永和：〈「修辭」的詩學意義及其限度——論胡懷琛的修辭學研究〉，《揚州大學學報》第 17 卷第 2 期（2013 年 3 月），頁 93～99。

49. 周興陸：〈胡懷琛的「新派詩」理論〉，《漢語言文學研究》2013 年第 4 卷第 2 期（2013 年 6 月），頁 24～32。又收入黃霖主編：《民國舊體文論與文學研究》（南京：鳳凰出版社，2017 年 4 月），頁 119～132。

50. 盧永和：《摭論胡懷琛與柳亞子之交誼》，《蘭台世界》2013 年第 19 期（2013 年 7 月），頁 116～117。

51. 盧永和：〈胡懷琛與南社關係之考論〉，《海南師範大學學報（社會科學版）》2013 年第 1 期第 26 卷，頁 22～27。

52. 沈心慧：〈存學保國，自文字之學始——從南社社員馬敘倫、胡樸安、黃侃的文字學成就說起〉，《政大中文學報》第 19 期（2013 年 6 月），頁 121～134。

53. 張憲華：〈關於《詩經》寓言詩研究的若干思考〉，《美與時代》（下旬刊）2013 年第 6 期，頁 110～111。

54. 魏義霞：〈近代國學研究的幾個重要問題〉，《江西社會科學》2013 年第 8 期，頁 27～39。

55. 趙黎明、朱曉梅：〈「詩辨」意識與古典主義「新詩」觀念的建立——胡懷琛關於新詩文體理論的另一種探索〉《上海交通大學學報（哲學社會科學版）》，2013 年第 1 期第 21 卷，頁 80～88。

56. 譚帆：〈論中國古代小說文體研究的四種關係〉，《學術月刊》2013 年 11 期第 45 卷（2013 年 11 月），頁 107～117。

57. 余冰：〈胡懷琛的詩與小說〉，《尋根》2014 年第 1 期，頁 120～123。

58. 盧永和：〈胡懷琛與《嘗試集批評與討論》〉，《北華大學學報（社會科學版）》第 15 卷第 1 期（2014 年 2 月），頁 79～84。

59. 劉中文：〈20 世紀早期陶學名著——《中國之托爾斯泰》評議〉，《中國韻文學刊》第 28 卷 2 期（2014 年 4 月），頁 3～9。

60. 趙志偉：〈胡懷琛的《中學國文教學問題》及其啟示〉，《語文建設》2014 年 28 期，頁 56～59。

61. 韋承紅、陳燁：〈察往知來，溫故知新——「國畫復活運動與廣東中國畫」國際學術研討會綜述〉，《美術》（2014 年 3 期），頁 97。

62. 盧永和：〈胡懷琛與新舊融合的新詩文體觀〉，《中國文學研究》2014 年第 3 期，頁 19～23。

63. 盧永和：〈胡懷琛與吳芳吉：超越新舊詩之爭的第三種聲音〉，《社會科學輯刊》2014 年 5 期，頁 187～192。

64. 全娟：〈詩歌翻譯——譯意還是譯味〉，《科技創新導報》2014 年第 32 期（2014 年 12 月），頁 245。

65. 彭二珂：〈柳宗元在民國教育中的影響概述〉，《湖南科技學院學報》第 36 卷第 8 期（2015 年 8 月），頁 13～16。

66. 王雲六原著、彭二珂整理：〈與胡寄塵論「萬有文庫本」《柳宗元文》之選注〉，《湖南科技學院學報》第 36 卷第 8 期（2015 年 8 月），頁 17。

67. 胡寄塵原著、彭二珂整理：〈胡寄塵答華狷公論柳文書〉，《湖南科技學院學報》第 36 卷第 8 期（2015 年 8 月），頁 18～19。

68. 劉立群、李金釘：〈新舊之間：胡懷琛「新派詩」理論抉微〉，《巢湖學院學報》2015 年第 17 卷第 1 期，頁 76～81。

69. 盧永和：〈小說學與長時段：論胡懷琛的中國小說史學〉，《齊魯學刊》2015 年 4 期，頁 128～136。

70. 喬琛：〈胡懷琛《作文研究》的思想價值探析〉，《淮北師範大學學報（哲學社會科學版）》第 36 卷第 3 期（2015 年 6 月），頁 16～20。

71. 張濤：〈文學史撰寫應充分重視社團文學研究〉，《河北學刊》第 36 卷第 2 期（2016 年 3 月），頁 119～124。

72. 龔雪生：〈南社成員在民國教育變革中的影響〉，《南京理工大學學報（社會科學版）》第 29 卷第 5 期（2016 年 10 月），頁 14～16。

73. 劉怡伶：〈修辭學的現代轉向：以胡懷琛為研究個案〉，2016 年 12 月 9～10 日台北市立大學「修辭批評與華語文教學學術研討會」論文。

74. 林香伶：〈吟壇創格與詩學別裁──從〈海天詩話〉、《扶桑詩話》論近代詩話視野的新創、局限與中日交流譜系〉，《中國現代文學》第 31 期（2017年 6 月），頁 75～104。

75. 耿紅衛、王楠：〈我國傳統語文向現代語文的變革歷程〉，《河北師範大學學報（教育科學版）》，第 19 卷第 5 期（2017 年 9 月），頁 89～94。

76. 夏曉虹：〈晚清『新小說』辨義〉，《文學評論》2017 年 6 期，頁 5～15。

四、學位論文

1. 賀瑩：《南社文學活動與新文學發生研究》，河北大學博士論文，2010 年5 月。

2. 潘建偉：《對立與互通：新舊詩壇關係之研究（1912～1937）》，浙江大學博士論文，2012 年 4 月。

3. 吳娟娟：《胡懷琛新詩理論研究》，淮北師範大學碩士論文，2013 年 5 月。

4. 王潤：《胡懷琛小說理論研究》，淮北師範人學碩士論文，2014 年 6 月。

5. 范珊：《「南社」詩人胡懷琛新詩理論與創作研究》，重慶師範大學碩士論文，2015 年 4 月。

6. 何增輝：《胡懷琛論》，揚州大學碩士論文，2017 年 5 月。

五、網路資源

1. 上海市檔案館編「上海檔案信息網」http://www.archives.sh.cn
2016 年 3～6 月查閱資料

2. 上海地方志辦公室編「上海地方志」http://www.shtong.gov.cn/
2016 年 8～10 月查閱資料

3. 胡家昌的新浪博客 http://blog.sina.com.cn/
2017 年 1～2 月查閱資料

4. 鑪歌的博客 http://blog.sina.com.cn/u/2781207644
2017 年 1 月 21 日

5. 孔夫子舊書網 http://www.kongfz.com/
2018 年 4～7 月查閱資料

6. 古籍網 http://www.bookinlife.net/
2018 年 4～7 月查閱資料附錄

附　錄

胡懷琛著述繫年表

年	性質	類別	書名／篇名	出處／版本	署名
1910	論文	詩	新年自警	《青年上海（189）》1910 年第 13 卷第 1 期	胡懷琛
	論文	詩	自怨(集唐)、西湖竹枝詞、感懷	《廣益叢報》1910 年第 233 期第 1 頁、254 期	胡懷琛
	論文	隨筆、筆記、雜文	都門旅行記	《小說月報》臨時增刊 1910 年第 1 期、《小說月報》1911 年 6 月、《白相朋友》1914 年第 6 期	胡寄塵
	論文	隨筆、筆記、雜文	人生享福之新法	《青年上海（189）》1910 年第 13 卷第 1 期	胡寄塵
	論文	回文詩	解頤談	《小說月報》1910 年 1 卷第 5 期	胡懷琛
	論文	燈謎類	佳謎	《小說月報》1910 年第 1 卷第 5 期	胡寄塵
1911	論文	詩	春日雜詩、舟中晚眺	《南社叢刻・詩錄》1911 年 6 月第 4 集	涇縣胡懷琛寄塵
	編著	小說	虞初近志	1911 年 1 月上海舊學社刻印本，1913 年 8 月上海廣益書局新式標點本、1932 年 9 月上海廣益出局再版，時希聖標點校讀本	安吳胡寄塵編

1912	論文	詩	偶書示鴉雛，兼柬鈍根天梅	《南社叢刻·詩錄》1912 年 10 月第 6 集	涇縣胡懷琛寄塵
			秋夜、游西樵山五言古詩六首	《真相畫報》1912 年第 1、2 期	胡懷琛
			咏菊八首詩並序	《萃報》1912 年第 1 期	胡懷琛
			送洪燕謀還蜀	《公民急進黨叢報》1912 年第 3 期	胡懷琛
	編著	詩詞集編纂	蘭閨清課	1912 年太平洋報社初版、1915 年上海文藝小叢書社編入《文藝小叢書》第一輯	胡寄塵選輯
	論文	詞	夏夜、大雨遠眺、雨後遠眺、秋日初秋、八夕系贈織女、七夕、月夜、秋日寄素芬妗母	《南社》1912 年第 1 期「寄塵詞叢」	胡寄塵
	論文	隨筆、筆記、雜文	聽王玉峯彈三弦記	《南社叢刻·文錄》1912 年 6 月第 5 集、《南社叢選》(二)卷十「寄塵文選」	涇縣胡懷琛寄塵
	論文	隨筆、筆記、雜文	記湖北饑民	《南社叢刻·文錄》1912 年 10 月第 6 集、《南社叢選》(二)卷十「寄塵文選」	涇縣胡懷琛寄塵
	論文	傳記	記汪正篤	《南社叢刻·文錄》1912 年 10 月第 6 集、《太平洋報》1912 年 10 月	胡懷琛
1913	論文	詩、詞	「冷香集」詩 13 首、詞 2 首：春夜、題石子浮梅檻詩圖，圖為新婚後旅行西湖作、八月三日朱子少屏昆季同日結婚攝影，命題為綴一絕、再題浮梅檻詩圖、為程善之題疊花現景圖、又、為天健題其所畫杜鵑花月尺頁、無題 2 首、有贈、閒居 2 首、一厂命題慧珠小影；及詞作柳梢青、洞仙歌 2 首	1913 年 11 月上海廣益書局出版《香豔集》第一集	汪石庵主編、安吳胡懷琛寄塵著

1913	論文	詩	重九登高	《游戲雜誌》1913 年第 1 期	胡懷琛
	論文	詩	珠江看月	《公民急進黨叢報》1913 年第 5 期	胡懷琛
	論文	小說	雲姑、譚生、湯鵬、蕭牧	《真相畫報》1913 年第 1 卷第 14 期	胡寄塵
			陳雨聞、崔素杜鵑	《真相畫報》1913 年第 1 卷第 15 期	胡寄塵
			夏柳	《真相畫報》1913 年第 1 卷第 16 期	胡寄塵
	論文	小說	鄭板橋、張其相、萬夫雄、拆字叟、許某	《真相畫報》1913 年第 1 卷第 17 期	胡寄塵
	編著	笑話與逸聞	捧腹談（新解頤語）	1913 年上海廣益書局出版	涇縣胡寄塵編
	編著	雜史	清季野史	1913 年 4 月上海廣益書局出版	胡寄塵編
1914	編著	詩詞集編纂	中華名人詩鈔（中華名人詩選、中華民國名人詩鈔）	1914 年 2 月上海廣益書局出版	吳芹、胡懷琛選編
	論文	詩	寶劍篇	《南社叢刻‧詩錄》1914 年 3 月第 8 集、《禮拜六》1921 年第 106 期	涇縣胡懷琛寄塵
			咏史	《南社叢刻‧詩錄》1914 年 3 月第 8 集	涇縣胡懷琛寄塵
			亞子囑題子美集	《南社叢刻‧詩錄》1914 年 7 月第 10 集	涇縣胡懷琛寄塵
	論文	詩論與詩評	寄塵學詩記	《生活日報》1914 年 6 月 12～17 日「閒話」欄	寄塵
	論文	詩	為高吹萬題寒隱圖、為湯磷石題鴛湖垂釣圖	《南社叢刻‧詩錄》1914 年 8 月第 12 集	涇縣胡懷琛寄塵
	論文	詩	次韻和漱巖并示堅白	《南社叢刻‧詩錄》1914 年 8 月第 12 集、《民國日報》1916 年 6 月 3 日「藝文部」	涇縣胡懷琛寄塵

1914	編著	詩詞集編纂	香豔集第二集（「冷香集」收胡懷琛詩作 3 首：觀馮小青新劇寄亞子、題董小宛小影、蘭皐命題梅陸合集）	1914 年 8 月上海廣益書局出版	安吳胡寄塵編纂
	論文	雜文、筆記	樸學齋夜談（16 篇）：清文匯藍本、戴文節軼事、石達開詩、戴古村詩、陳烈婦降乩詞、吳日千留窮詞、寄禪上人詩、安南詩人、簷曝雜記論逆流瀑、對山閣語錄、夢西比談論日月、遠鏡、伊索軼事、阿去美特軼事、聚芳圖百花帶、古代耶穌教風俗	《夏星雜誌》1914 年第 1 卷第 1 期，《儉德儲蓄會會刊》1923 年第 4 卷第 4 期，後收入《十年筆記》及 1995 年《古今文藝叢書》（下）	胡懷琛著
	論文	雜文、筆記	波羅奢館雜記（18 篇）：金魚譜、詩牌、說夢（一～四）、神話、幽夢影、鐵甲船、唐六如詩、胡時可、冷香集、說權、說性、拆字考、樸安詩、太真軼事、以詩談禪、譯詩、雨花台石子考、反聊齋	《白相朋友》1914 年 9 月第 1～3、7～8 期，《雙星雜誌》1915 年第 3 期，《儉德儲蓄會會刊》1921～1923 年「雜俎」欄	胡寄塵
	論文	序跋	在山泉詩話序	《南社》1914 年 10 月第 11 期、《南社叢刻‧文錄》第 12 集、《南社叢選》（二）卷十「寄塵文選」	涇縣胡懷琛寄塵
			習靜齋詩話序	《南社叢刻‧文錄》1914 年 10 月第 12 集，及《南社叢選》（二）卷十「寄塵文選」	涇縣胡懷琛寄塵
			影梅盦憶語跋	《南社叢刻‧文錄》1914 年 10 月第 12 集、《南社叢選》（二）卷十「寄塵文選」	涇縣胡懷琛寄塵
			妻黨同惡報序	劉永文編著《民國小說目錄（1912～1920）》	胡寄塵

1914	論文	序跋	古今小說精華序	1914 年上海廣益書局出版《古今小說精華》，1992 年 7 月北京出版社有影印重刊	胡懷琛
	論文	隨筆、筆記、雜文	記燕市乞兒	《南社叢刻・文錄》1914 年 3 月第 8 集、《南社叢選》(二)卷十「寄塵文選」	涇縣胡懷琛寄塵
	論文	隨筆、筆記、雜文	記皖北石匠	《南社叢刻・文錄》1914 年 3 月第 8 集、《南社叢選》（二）卷十「寄塵文選」	涇縣胡懷琛寄塵
	編著	散文選編	近人遊記叢鈔	1914 年 7 月上海廣益書局出版	胡寄塵編
	論文	小說	後悔	《禮拜六》1914 年 7 月 4 日第 5 期	胡寄塵
			大錯	《禮拜六》1914 年 7 月 18 日第 7 期	寄塵
			好孩子	《禮拜六》1914 年 8 月 1 日第 9 期	胡寄塵
	專著	小說	弱女飄零記	1914 年 1 月上海廣益書局出版	胡寄塵著
	專著	小說	蕙娘小傳（附冰天鴻影）	1914 年 4 月上海廣益書局出版	春夢生胡寄塵著
	編著	小說集	黛痕劍影錄（95 篇）：蜀山神仙、海太子、蜈蚣、虎老人、夢異、髯仙、龍卵、蛇、緒女蟲、黃鬍子、冷光先生、俠尼、錢生、太監艷史、女解元、桃潭漁父……等	1914 年 3 月上海廣益書局出版	安吳胡寄塵編
	專著	小說集	寄塵短篇小說（第一集）（5 篇）：女丈夫、黃山義盜、藝苑叢談、江湖異人傳、希臘英雄傳	1914 年 6 月上海廣益書局出版	胡寄塵著
	論文	翻譯小說	黃金	1914 年 4 月收入《南社小說集》、1920 年 9 月 20～21《先施樂園日報》「演說壇」連載	胡懷琛（胡寄塵）

1914	專著	翻譯小說	冰天鴻影	1914 年 4 月上海廣益書局出版	春夢生胡寄塵著
	論文	傳記	蕭烈士小傳	《南社叢刻・文錄》1914 年 3 月第 8 集、《南社叢選》（二）卷十「寄塵文選」	胡懷琛
	論文	傳記	鄧守安傳	《南社叢刻・文錄》1914 年 7 月第 10 集、《南社叢選》（二）卷十「寄塵文選」	胡懷琛
	論文	譜錄類	外國群芳譜	1914 年 8 月上海廣益書局出版《香豔集》第 2 集	安吳胡寄塵纂
1915	論文	詩	詠史 2 首	《南社叢刻・詩錄》1915 年 3 月第 13 集	涇縣胡懷琛寄塵
	編著	詩詞集編纂	小詩選	1915 年上海文藝小叢書社出版，收入《文藝小叢書》之一	秋雪選編
	論文	序跋	分湖舊隱圖詩跋	《南社叢刻・文錄》1915 年 3 月第 13 集、《南社叢選》（二）卷十「寄塵文選」	安吳胡懷琛寄塵
	論文	序跋	續杜工部詩話序	《南社叢刻・文錄》1915 年 3 月第 13 集	胡懷琛寄塵
	論文	書信	與七襄社諸子書	《南社叢刻・文錄》1915 年 3 月第 13 集	胡懷琛
	論文	書信	與柳亞子書（3 篇）	《南社叢刻・文錄》1915 年 3 月第 13 集	胡懷琛
	編著	散文選編	文藝小叢書（第一輯）	1915 年上海文藝小叢書社出版	胡樸安胡懷琛編
	論文	小說	廚娘	《禮拜六》1915 年 1 月 10 日 33 期	塵夢
			一碗麵	《禮拜六》1915 年 2 月 13 日 37 期	塵夢
			天子神方	《禮拜六》1915 年 3 月 6 日 40 期	塵夢

1915	論文	小說	一曲鴛鴦不忍聽	《禮拜六》1915 年 6 月 26 日 56 期	塵夢
			雙姬慘遇記	《禮拜六》1915 年 7 月 3 日 57 期	塵夢
			寶石項圈	《禮拜六》1915 年 9 月 25 日 69 期	塵夢
			柏麥船長航海談	《禮拜六》1915 年 10 月 16 日 72 期	塵夢
			訪古記 （亞美利加訪古記）	《七襄》1915 年第 7～9 期、《夏之花》季刊 1926 年第 1 期	胡寄塵
			金鳳釵傳奇	《小說新報》1915 年 3 月 1 卷 1～3、7、9、11 期，1916 年 1 卷 12 期「傳奇」欄	瀨江濁物
			義丐	《小說新報》1915 年 3 月 1 卷 3 期「說林」欄	瀨江濁物
			偵探界之拿翁 （1～4 案）	《小說新報》1915 年 6 月 1 卷 4～5 期、7 月 6 期、8 月 7 期「說林」欄	濁物
			破鏡圓	《小說新報》1915 年 6 月 1 卷 6～11 期，1916 年 1 卷 16 期、2 卷 7 期「說林」欄	瀨江濁物
			桐陰綺語	《小說新報》1915 年 8 月 1 卷 10 期「說林」欄	寄塵
			驀然見五百年風流孽緣	《小說新報》1915 年 11 月 1 卷 10 期「說林」欄	濁物
			移花接木	《小說新報》1915 年 12 月 1 卷 11 期「說林」欄	寄塵
			無才女子	《婦女雜誌（上海）》1915 年 7 月第 1 卷第 7 期	寄塵

1915	專著	小說	春水沉冤記	1915 年 11 月上海文明書局出版	蝶魂述意，胡寄塵遣詞；胡寄塵編著
	專著	小說	藕絲記	1915 年 11 月上海文明書局出版	安吳胡寄塵著
	專著	小說集	寄塵短篇小說（第二集）（5 篇）：電話姻緣、洞庭女子、萬里哀鴻、羅霄女俠傳、華胥國遊記	1915 年 2 月上海廣益書局出版	胡寄塵著
	論文	翻譯小說	小鐵箱	《小說新報》1915 年 3 月 1 卷 1 期	瀨江濁物譯
	論文	翻譯小說	古銅鼎	《小說新報》1915 年 4 月 1 卷 2 期	瀨江濁物譯
	專著	翻譯小說	孤雛劫	1915 年 11 月上海進步書局出版	瘦腰郎安吳胡懷琛編
			黃金劫	1915 年 12 月上海進步書局出版	安吳胡寄塵編譯
			血巾案	1915 年上海文明書局出版	宋紫瑚安吳胡寄塵同譯
	編著	民歌集	子夜歌	1915 年上海文藝小叢書社出版為《文藝小叢書》第一輯；1930 年 5 月，廣益書局收入《民國籍粹》叢書；1933 年 3 月廣益書局重印，收入《文藝小叢書》之一	胡樸安胡懷琛選編
	編著	尺牘寫作教本	童子尺牘一、二冊	1915 年上海廣益書局出版	安吳胡寄塵編
	編著	童詩、童謠與兒歌	繪圖兒童詩歌（第一冊）	1915 年 5 月上海廣益書局出版	涇縣胡寄塵編
	編著	詩文集選編	唐人傳奇選	1915 年上海文藝小叢書社出版，收入《文藝小叢書》之一	胡樸安胡懷琛選編

1915	編著	詩文集選編	描寫人生斷片之歸有光	1915 年上海文藝小叢書社出版，收入《文藝小叢書》之一	胡寄塵著
	論文	傳記	王女士小傳	《南社叢刻・文錄》1915 年 3 月第 13 集、《香豔雜誌》1915 年第 9 期、《南社叢選》（二）卷十「寄塵文選」	胡懷琛
1916	論文	詩	乙卯雜詩 6 首、美人	《南社叢刻・詩錄》1916 年 1 月第 15 集	涇縣胡懷琛寄塵
	論文	詩	題孫阿瑛清宮秘史	《南社叢刻・詩錄》1916 年 4 月第 16 集、民國日報 1916 年 4 月 30 日「藝文部」	涇縣胡懷琛寄塵
			題武林遊草寄石子	《南社叢刻・詩錄》1916 年 5 月第 17 集	涇縣胡懷琛寄塵
			題鈍根紅薇感舊記	《南社叢刻・詩錄》1916 年 11 月第 19 集	涇縣胡懷琛寄塵
	論文	序跋	變雅樓三十年詩徵序	《南社叢刻・文錄》1916 年 4 月第 16 集、《南社叢選》（一）卷十「寄塵文選」	涇縣胡懷琛寄塵
	論文	序跋	女子古文觀止序	《南社叢刻・文錄》1916 年 5 月第 17 集	涇縣胡懷琛寄塵
	論文	書信	與楊白民書	《南社叢刻・文錄》1916 年 4 月第 16 集	胡寄塵
			與朱味誠論文書	《南社叢刻・文錄》1916 年 4 月第 16 集、《南社叢選》（二）卷十「寄塵文選」	胡懷琛
			與王蓴農書	《南社叢刻・文錄》1916 年 4 月第 16 集	胡懷琛
			與柳亞子書（三篇）	《南社叢刻・文錄》1916 年 4 月第 16 集	胡懷琛
	論文	小說	愛兒	《婦女雜誌（上海）》1916 年 12 月 5 日第 2 卷第 12 期	胡寄塵

1916	論文	小說	何干雙絕	《小說新報》 1916 年 2 卷 4 期	寄塵
			黃金美人	《申報》 1916 年 4 月 1917 年 12月 6～20 連載	胡寄塵
			頑石	《申報》 1916 年 4 月 29～30 日	胡寄塵
			荒塚	《申報》 1916 年 12 月 17 日	寄塵
			醜婦	《春聲》 1916 年 3 月 4 日 2 期	寄塵
			奴界輪迴	《春聲》 1916 年 4 月 3 日 3 期	寄塵
			加富爾之妻	《春聲》 1916 年 6 月 1 日 5 期	寄塵
			懺情綺語	《春聲》 1916 年 6 月 30 日 6 期	寄塵
			西裝的少年	《民國日報》 1916 年 1 月 26～30 日 「圍爐夜話」欄	胡寄塵
			小說之小說	《民國日報》 1916 年 12 月 24 日	塵夢
	專著	小說	慕凡女兒傳	《婦女雜誌（上海）》 1916 年 2 卷第 1～11 號 連載，胡道靜〈先君寄 塵著述目〉著錄「一冊」	胡寄塵著
	專著	小說	蠑首蛇心錄 （劍腹佳人）	《春聲》1916 年 3 月 4 日、《先施樂園日報》 1920 年 4 月 18～5 月 5 日連載，1921 年 11 月 上海新華書局出版，更 名為《劍腹佳人》	胡寄塵著
	編著	小說	小說名畫大觀（300 篇）	1916 年 10 月上海文明 書局出版	胡寄塵選 輯

1916	論文	翻譯小說	密約	《春聲》 1916年5月2日4期	寄塵譯意
	專著	翻譯小說	贅婿	《春聲》 1916年6月第5期	胡寄塵改編
	論文	謎語	謎話、謎錄	《小說新報》1916年2卷1期「謎海」欄	胡寄塵
	編著	尺牘寫作教本	幼稚尺牘上、下冊	1916年4月上海廣益書局出版	安吳胡寄塵編
	編著	雜史	清談（清譚）	1916年上海廣益書局出版	安吳胡懷琛編
1917	論文	詩論與詩評	波羅奢館詩話	《民國日報》1917年2月7日「旗亭韻語」欄	寄塵
	論文	詩	綺情詩選	《小鐸》 1917年第20期	胡懷琛
	論文	詩	擬錢允輝過江詩	《南社叢刻・詩錄》1917年12月第21集	涇縣胡懷琛寄塵
	論文	隨筆、筆記、雜文	除法新術	《婦女雜誌（上海）》1917年第3卷第3期	胡寄塵
			五十年後之上海	《民國日報》1917年1月6～18日連載	寄塵
			淑媛感遇記	《婦女雜誌（上海）》1917年1月5日第3卷第1期	寄塵
	論文	小說	算學家	《婦女雜誌（上海）》1917年3月5日第3卷第3期	胡寄塵
			紅兒	《婦女雜誌（上海）》1917年4月5日第3卷第4期	胡寄塵
	專著	小說集	小說革命軍（第1期）（7篇）： 我兒之小史、狐、古瓶案、峴山神馬、少年之妻、小說家、老妓	1917年2月波羅奢館印版	波羅奢館編
	專著	小說集	小說革命軍（第2期）（7篇）： 旅客夜話、富翁、熱與冷、試情表、一分鐘之旅行記、賊史、紙世界	波羅奢館鉛印本，不詳出版日期	波羅奢館編

1917	論文	翻譯小說	黃金	1917 年出版《南社小說集》、1920 年 9 月 20 日《上海先施日報》	胡寄塵
	編著	綜合知識及其他	科學演義	1917 年 1 月上海文明書店出版	胡寄塵編
1918	論文	隨筆、筆記、雜文	骰子代珠算法	《婦女雜誌（上海）》1918 年第 4 卷第 12 期	胡寄塵
	論文	小說	春華秋實	《小說月報》1918 年 3 月 25 日第 9 卷 3 號、《晨鐘》（《晨報》）1918 年 4 月 25～27 日連載	寄塵
			求福新法	《婦女雜誌（上海）》1918 年 4 月 5 日第 4 卷第 4 期	胡寄塵
			戴面具之拿破崙	《民國日報》1918 年 1 月 1 日	寄塵
			情詩	《神州日報》1918 年 4 月 10～15 日連載	胡寄塵
			辟塵珠	《神州日報》1918 年 4 月 16～21 日連載	胡寄塵
			同胞	《神州日報》1918 年 4 月 22～5 月 7 日連載	胡寄塵
			離魂記	《神州日報》1918 年 5 月 22～23 日連載	寄塵
			羅巾淚	《神州日報》1918 年 9 月 10 日	寄塵
			嚴先生借貸	《民國日報》1918 年 9 月 16 日	胡寄塵
			魔皇夢話	《民國日報》1918 年 11 月 21 日	胡寄塵
	專著	小說	銀樓局騙案	1918 年上海文明書局出版	胡惠生胡寄塵著

1918	論文	翻譯小說	小拿破侖	《神州日報》1918 年 9 月 22～24 日連載	朱雲光譯，涇縣胡寄塵潤，漱六山房評定（丙等）
			聖水奇談	《民國日報》1918 年 10 月 9～24 日連載	胡寄塵譯
			太平洋遇險記	《民國日報》1918 年 10 月 30 日	胡寄塵譯
1919	論文	詩	三至武林感賦、次韵答初白湖上之作	《兵事雜誌》1919 年第 65、68 期	胡懷琛
	論文	隨筆、筆記、雜文	大總統	《晶報》1919 年 3 月 24 日	寄塵
			說鞭	《晶報》1919 年 4 月 18 日	寄塵
			花國賣總統	《晶報》1919 年 4 月 30 日	寄塵
			十五字評論	《晶報》1919 年 7 月 18 日	寄塵
			燕京歸客談	《晶報》1919 年 9 月 3 日	寄塵
			虎與鷹	《晶報》1919 年 9 月 6 日	寄塵
			放屁自由	《晶報》1919 年 9 月 9 日	寄塵
			說冒	《晶報》1919 年 9 月 9 日	寄塵
			不俏皮的俏皮話	《晶報》1919 年 9 月 15 日	寄塵
			吃飯與做事	《晶報》1919 年 9 月 24 日	寄塵
			說團	《晶報》1919 年 10 月 6 日	寄塵
			可憐的雙十節	《晶報》1919 年 10 月 10 日	寄塵

1919	論文	隨筆、筆記、雜文	說新	《晶報》1919 年 11 月 6 日	寄塵
			說團	《晶報》1919 年 10 月 6 日	寄塵
			說新	《晶報》1919 年 11 月 6 日	寄塵
	編著	散文選編	怪話	1919 年 3 月上海廣益書局出版	胡寄塵編
			中外名人演說實錄	1919 年 5 月上海廣益書局出版	胡寄塵編
			南亭筆記	1919 年 7 月上海大東書局出版	李伯元著、胡寄塵校訂
	論文	小說	我兒之日記	《婦女雜誌（上海）》1919 年第 5 卷第 11 期	胡寄塵
			二百歲之少年	《晶報》1919 年 3 月 27 日	寄塵
			閻王之秘史	《晶報》1919 年 4 月 21 日	寄塵
			夢話	《晶報》1919 年 5 月 24 日	寄塵
			冰炭議和	《晶報》1919 年 6 月 6 日	寄塵
			條件	《晶報》1919 年 6 月 21 日	寄塵
			蛙蟆之聲	《晶報》1919 年 6 月 30 日	寄塵
			蒼蠅之聲	《晶報》1919 年 8 月 9 日	寄塵
			各持一說	《晶報》1919 年 8 月 9 日	寄塵
			狗	《晶報》1919 年 8 月 12 日	寄塵
			新舊夫妻、新舊夫妻（續）	《晶報》1919 年 8 月 16 日	寄塵
			新陸判官	《晶報》1919 年 10 月 27 日	寄塵

1919	論文	小說	新世界	《晶報》 1919 年 12 月 15 日	寄塵
			代表見總統	《時事新報》 1919 年 7 月 6 日	寄塵
			乞兒（上海的事實）	《時事新報》 1919 年 7 月 7 日	寄塵
	專著	小說	明史演義 （明史通俗演義）	1919 年 12 月上海廣益 書局出版	胡寄塵著
	論文	翻譯小說	神怪之愛情	《申報》1919 年 2 月 13～19 日連載	Bernadin de St.Pierre 原著，胡寄塵、陳無我同譯
	論文	笑話與逸聞	極短篇笑話 5 則	《晶報》 1919 年 3 月第二版	寄塵
	論文	打油詩	擬新體詩	《晶報》 1919 年 3 月 24 日	寄塵
			阿彌陀佛	《晶報》 1919 年 4 月 12 日	寄塵
			密司打	《晶報》 1919 年 4 月 18 日	寄塵
			戲贈賣文者詩	《晶報》 1919 年 4 月 24 日	寄塵
	編著	作文理論與寫作方法	國文課外講義	1919 年 3 月文藝叢報 社出版	胡懷琛編
	論文	文學考辨與討論	文學之神秘	《婦女雜誌（上海）》 1919 年第 5 卷第 12 期	胡懷琛
1920	論文	詞	春遊雜詩（十首之四）	《遊戲新報》 1920 年第 1 期	胡寄塵
			眼兒媚	《儉德儲蓄會會刊》 1920 年第 1 卷第 3 期	胡懷琛
			吳山青 （啼蛄詞為君博題）	《遊戲新報》1920 年第 1 期「博箋詞選」專欄	胡懷琛
	論文	詩學總論	科學觀之詩談	《婦女雜誌（上海）》 1920 年第 6 卷第 5 期 「學術」欄	胡懷琛

1920	論文	詩學總論	詩與詩人	《民鐸雜誌》1920 年第 2 卷第 3 期、《儉德儲蓄會月刊》1921 年第 2 卷第 4、5 期	胡懷琛
	論文	詩論與詩評	譯詩叢談	《婦女雜誌（上海）》1920 年第 6 卷第 10 期「學術」欄	胡懷琛
	論文	雜文、筆記	秋燈雜話（10 篇）：水滸中鳥字、欄腰、訛字、呂洞賓過海曲、重謫仙人、寫景文、敗麓中之舊文（三篇）、奚鐵生題畫詩	《遊戲新報》1920 年第 1 期「談叢」欄	胡寄塵
	論文	雜文、筆記	鏡台叢考（24 篇）：俏、絛脫、檀暈、藕覆、椒房、首飾、裙解、斂衽、處子、佳人、媽媽、長相思、破瓜、巧妻常伴拙夫眠、情人、妍頭、嫁、歸寧、結髮、支婆、偏房、傍妻、寡居、娃	《先施樂園日報》1920 年 12 月 13～15、17 日「雜貨攤」欄	寄塵
	論文	隨筆、筆記、雜文	奇談	《晶報》1920 年 1 月 15 日	寄塵
			大家都錯了	《晶報》1920 年 2 月 6 日	寄塵
			閒話一束	《晶報》1920 年 3 月 6 日	寄塵
			釋放婢女議	《婦女雜誌（上海）》1920 年第 6 卷第 1 期	胡懷琛
			女子當廢除裝飾	《婦女雜誌（上海）》1920 年第 6 卷第 4 期	胡懷琛
	論文	隨筆、筆記、雜文	家庭俱樂部的提倡	《婦女雜誌（上海）》1920 年第 6 卷第 6 期	胡懷琛
			廢娼問題	《婦女雜誌（上海）》1920 年第 6 卷第 6 期	胡懷琛
			離婚問題	《婦女雜誌（上海）》1920 年第 6 卷第 7 期	胡懷琛

1920	論文	隨筆、筆記、雜文	釋婢問題答敵秋君	《婦女雜誌（上海）》1920 年第 6 卷第 9 期	胡懷琛
			貞操問題	《婦女雜誌（上海）》1920 年第 6 卷第 9 期	胡懷琛
			女子職業問題	《婦女雜誌（上海）》1920 年第 6 卷第 10 期	胡懷琛
			人性論	《婦女雜誌（上海）》1920 年第 6 卷第 11 期	胡懷琛
			貞操問題答彭年君	《婦女雜誌（上海）》1920 年第 6 卷第 12 期	胡懷琛
			婦女與常識	《婦女雜誌（上海）》1920 年第 6 卷第 12 期	胡懷琛
	論文	小說	滑稽過年	《晶報》1920 年 1 月 1 日	寄塵
			算命者言	《晶報》1920 年 1 月 18 日	寄塵
			閻王的新思潮	《晶報》1920 年 1 月 27 日	寄塵
			祝壽者言	《晶報》1920 年 2 月 6 日	寄塵
	論文	翻譯小說	一百塊錢	《婦女雜誌（上海）》1920 年第 6 卷第 7 號	梁鋆立萬良濬同譯，胡懷琛潤詞
	論文	打油詩	答打油詩人	《晶報》1920 年 7 月 15 日	寄塵
			待旦歌	《晶報》1920 年 7 月 18 日	寄塵
			十載交情半首詩	《晶報》1920 年 7 月 19 日	寄塵
			改唐詩	《晶報》1920 年 7 月 21 日	寄塵
			改唐詩（2）	《晶報》1920 年 8 月 6 日	寄塵
			詠西瓜	《晶報》1920 年 8 月 12 日	寄塵

1920	論文	彈詞	哀蓮記	《晶報》1920 年 7 月	寄塵
	論文	歌詞創作	惜陰、家庭之樂、聖誕歌	《美育》1920 年第 2 期	胡懷琛
	論文	語文知識綜合教材	文學圖說及續論	《婦女雜誌（上海）》1920 年第 6 卷第 1、4、8 期	胡懷琛
	論文	語言文字學類	中西文字相同之研究	《婦女雜誌（上海）》1920 年第 6 卷第 3 期	胡懷琛
1921	編著	詩論與詩評	嘗試集批評與討論	1921 年 1 月上海泰東圖書局出版	胡懷琛編著
	論文	詩論與詩評	白話詩與裸體美人	《美育》1921 年第 6 期	胡懷琛
	論文	詩論與詩評	詩文拉雜談	《儉德儲蓄會月刊》1921 年第 3 卷第 1 期	胡懷琛
	專著	詩歌創作集	大江集	1921 年 3 月上海國家圖書館編印、1923 年 8 月上海崇文書局再版、1926 年 7 月上海商務印書館出版《胡懷琛詩歌叢稿》，輯成《重編大江集》	胡懷琛著
	編著	詩詞集編纂	唐人白話詩選（評注白話唐詩三百首）	1921 年 5 月上海中原書局出版	胡懷琛編，劉鐵冷校
	編著	詩詞集編纂	歷代白話詩選（評注歷代白話詩選）4 冊	1921 年 10 月上海中原書局出版	涇縣胡懷琛選編、劉鐵冷校
	論文	隨筆、筆記、雜文	新文學趣談	《晶報》1921 年 5 月 15 日	寄塵
			兩個哲學家的談話	《晶報》1921 年 6 月 24 日	寄塵
			嗚呼蘇梅	《晶報》1921 年 7 月 9 日	寄塵
			積錢與用錢	《儉德儲蓄會月刊》1921 年第 3 卷第 4 期	胡懷琛

1921	論文	小說	鬼之痛語	《晶報》 1921 年 1 月 30 日	寄塵
			一個勞工	《晶報》 1921 年 5 月 18 日	寄塵
			鄉姑娘的新思潮	《晶報》 1921 年 5 月 21 日	寄塵
			兩個哲學家的談話	《晶報》 1921 年 6 月 24 日	寄塵
			一個被強盜捉去的新文化運動者底成績	《晶報》 1921 年 8 月 1 日	寄塵
			第一次戀愛	《小說月報》1921 年 5 月 10 日第 12 卷第 5 期	胡懷琛
			可憐相愛不相識	《遊戲世界》 1921 年 6 月第 115 期	胡寄塵
	專著	小說	最近二十年目覩之社會怪現狀（上）	張澤賢《中國現代文學小說版本聞見錄》著錄「1921 年 6 月上海新華書局出版，上、下集二冊」	胡寄塵編
	編者	尺牘寫作教本	女子白話尺牘（新體女子白話尺牘）	1921 年 11 月上海大東書局出版	涇縣胡懷琛編
	專著	語文知識綜合教材	白話文談與白話詩談（白話詩文談） 白話文談（6 篇）： 文字和圖書的互助、文字語言的界說和分類、新文學建設的根本計畫、我對於她字的意見、作文和題目、寫景文（上、下） 白話詩談（4 篇）：無韻詩的研究、歌謠輯評、詩的前途、新派詩話	1921 年 1 月上海廣益書局出版	胡懷琛著
	專著	語文知識綜合教材	新文學淺說	1921 年 3 月上海泰東圖書局出版	胡懷琛著

1922	論文	詩論與詩評	五種新詩集的批評	《良晨週報》1922 年第 3 期	胡懷琛
	論文	專欄散文	嚼雪錄、嚼雪續錄（28 篇）	《紅雜誌》1922 年第 1 卷卷 23〜24、26、31 期	寄塵
	論文	序跋	俗語典序	1922 年 7 月上海廣益書局出版《俗語典》	胡懷琛
	論文	隨筆、筆記、雜文	舊曆新年雜感	《遊戲世界》1922 年第 15 期	胡寄塵
			我之新年趣事：開門遇見三豬友、文丐之自豪、舊曆新年的新詩、外國式的丹斧與克琴	《紅雜誌》1922 年 1 卷 28 期	寄塵
			一種特殊的情形	《最小》1922 年第 1 卷第 1 期	胡寄塵
			書房裝飾叢談	《家庭（上海 1922）》1922 年第 7 期	胡寄塵
			三個時期的小說家	《晶報》1922 年 6 月 12 日	寄塵
			讀了齊變元的哀啟以後	《晶報》1922 年 8 月 15 日	寄塵
			小說界消息	《晶報》1922 年 9 月 3 日	寄塵
			家庭裝飾的我見	《遊戲世界》1922 年第 17 期	胡寄塵
			乙種小家庭	《遊戲世界》1922 年第 17 期	胡寄塵
			古人復活記	《良晨週報》1922 年 5 月第 5 期	胡寄塵
	專著	小說	客窗消閑錄（63 篇）：秘密社會、遇仙記、劉海頭、丫奴、西湖豔遇、劉軍門、蛟精……等	1922 年上海廣益書局出版	瀨江濁物編
	論文	小說	（七篇）抄來的小說	《晶報》1922 年 5 月 27 日	胡寄塵
			苦兒	《紅雜誌》1922 年 1 卷 1 期	寄塵
			面之模型	《紅雜誌》1922 年 1 卷 2 期	胡寄塵

1922	論文	小說	殘夢	《紅雜誌》 1922 年 1 卷 5 期	胡寄塵
			情閥	《紅雜誌》 1922 年 1 卷 8 期	胡寄塵
			棄妾	《紅雜誌》 1922 年 1 卷 9 期	胡寄塵
			國慶家不慶	《紅雜誌》 1922 年 1 卷 10 期	胡寄塵
			安慰	《紅雜誌》 1922 年 1 卷 11 期	胡寄塵
			到底從哪裡說起	《紅雜誌》 1922 年 1 卷 12 期、1924 年《南洋中學季刊》	胡寄塵
			人道主義	《紅雜誌》 1922 年 1 卷 15 期	胡寄塵
			無線電報	《紅雜誌》 1922 年 1 卷 16 期	胡寄塵
			不平等	《紅雜誌》 1922 年 1 卷 23 期	胡寄塵
			老畫師之愛情	《遊戲世界》 1922 年第 1 期	胡寄塵
			再見	《遊戲世界》 1922 年第 2 期	胡寄塵
			兩個做夢的人	《遊戲世界》 1922 年第 10 期	寄塵
			炎涼	《遊戲世界》 1922 年第 16 期	胡寄塵
			算學化的夫婦	《遊戲世界》 1922 年第 16 期	胡寄塵
			你還要哭麼	《遊戲世界》 1922 年第 17 期	胡寄塵
			筆將軍傳	《遊戲世界》 1922 年第 18 期	胡寄塵
			老先生的覺悟	《遊戲世界》 1922 年第 18 期	胡寄塵
			兩封誤寄的信	《遊戲世界》 1922 年第 19 期	胡寄塵

1922	論文	小說	新的神怪小說	《遊戲世界》 1922 年第 19 期	胡寄塵
			這個世界裡的遊記	《家庭（上海 1922）》 1922 年第 1 期	胡寄塵
			未來之大家庭	《家庭（上海 1922）》 1922 年第 3 期	胡寄塵
			土地菩薩自述	《家庭（上海 1922）》 1922 年第 6 期	胡寄塵
			不裝飾的家庭	《家庭（上海 1922）》 1922 年第 7 期	胡寄塵
			將來猴子的家庭	《家庭（上海 1922）》 1922 年第 10 期	胡寄塵
			生育問題中的閻王	《星期（上海 1922）》 1922 年第 26 期	胡寄塵
			一個要緊的虱子	《星期（上海 1922）》 1922 年第 30 期	胡寄塵
			闊人日記	《小說新報》1922 年， 7 年 5 期「說林」欄	寄塵
			佛法無邊	《小說新報》1922 年， 7 年 5 期「說林」欄	寄塵
			片面之愛情	《小說新報》1922 年， 7 年 5 期增刊號	寄塵
			灶君眼裏的滄桑錄	《小說新報》1922 年， 7 年 6 期「說林」欄	寄塵
			三十年後之上海	《小說新報》1922 年， 7 年 7 期「說林」欄	寄塵
			旁觀者之淚	《小說新報》1922 年， 7 年 8 期「說林」欄	胡寄塵
			他死了麼	《小說新報》1922 年， 7 年 9 期「說林」欄	寄塵
			血指印	《小說新報》1922 年， 7 年 10 期「說林」欄	瀨江濁物
			四不像	《小說新報》1922 年， 7 年 11 期「說林」欄	寄塵

1922	論文	小說	自罵與自贊	《小說新報》1922 年，7 年 12 期「說林」欄	寄塵
			歸舟一席話	《小說新報》1922 年，7 年 12 期「說林」欄	瀨江濁物
			二十二年前的照片	《快活》1922 年第 13 期	胡寄塵
	論文	小說叢論	小說拉雜談	《遊戲世界》1922 年第 14 期	胡寄塵
			垃圾小說（一）、（二）	《遊戲世界》1922 年第 14、15 期	胡寄塵
			關於小說之文：消遣？	《最小報》1922 年第 1 卷第 3 期	胡寄塵
			關於小說之文：小說雜誌的封面	《最小報》1922 年第 1 卷第 4 期增刊	胡寄塵
	論文	雜體詩文	游戲文體考源	《游戲世界》1922 年第 10～15 期「雜俎」欄	胡寄塵撰
	編著	作文理論與寫作方法	中等簡易作文法	1922 年 5 月上海崇文書局出版	涇縣胡懷琛編著
	論文	童詩、童謠與兒歌	童詩（16 首）：運動、水中明月、廚子和貓、星、小人國、大人國、月亮、麻雀兒、貓、馬路上的電燈、玻璃瓶、蟹子、老鼠搬家、蟋蟀娶婦、雨來了、月世界	《兒童世界》1922 年 3 卷第 1～4、5、10、12～13 期	胡懷琛
	論文	童詩、童謠與兒歌	童詩（2 首）：星與螢、雪人	《江蘇省立第二師範學校校刊》1922 年第 16 期第 15 號	胡懷琛
1923	專著	詩學總論	新詩概說（新詩研究附戲劇入門）	1923 年 5 月上海商務印書館出版，1961 年 10 月台北啟明書局重版書名為《戲劇入門附新詩研究》	胡懷琛編著
	專著	詩論與詩評	中國詩學通評	1923 年 6 月上海大東書局出版	胡懷琛著

1923	論文	故事詩	聽琴	《小說世界》1923 年 8 月第 3 卷第 6 期	胡寄塵
			妾與兒	《小說世界》1923 年 8 月第 3 卷第 9 期	胡寄塵
			情網餘生	《小說世界》1923 年 10 月第 4 卷第 2 期	胡寄塵
			天真之戀愛	《小說世界》1923 年 12 月第 4 卷第 12 期	胡寄塵
	論文	詩	聞李定夷言校書王小蓮事，且云欲撰為說部，命予題詞，感而賦此即調定夷、題昭容集為太侔老蘭賦、早春野行	《南社叢刻・詩錄》1923 年 12 月第 22 集	涇縣胡懷琛寄塵
	論文	雜文、筆記	痛快之談（15 則）	《最小報》1923 年第 1 卷第 7～8、10～11 期「閒文」欄	胡寄塵
			波羅奢館筆記（27 篇）：酒令、姓名反覆可觀、陽秋、詩鐘考、酒令考、押詩韵續麻、夢中詩、悼亡詞、說詩、王陽明詩、老漁歌謠、狐自稱姓胡、南唐詩僧、馮鑄、巧工、種果、接葡萄法、假斑竹、假烏木、種海棠花法、種鳳仙花法、五色蠶繭、哈什螞、葡萄燈、雞蛋可藏瓶中、試雞蜉新陳法、慰友人喪子	《儉德儲蓄會會刊》1923 年第 4 卷第 2 期「雜俎」欄	胡懷琛
			披沙錄（19 篇）：阿剌伯數目字之來歷、活字版印刷、孔子花、宋玉之字與號、白居易之婦女觀、孔子之國家界限觀、鄧析之人民自治論、中庸非孔門之書、列子之優勝劣敗論、蒙古、懺悔、牡丹與牧丹、蠹字、斷橋、阿房宮之門、小姑山、辜鴻銘作葉澄衷傳、補履先生、西粵民歌	《儉德儲蓄會會刊》1923 年第 4 卷第 2～3 期「雜俎」欄	胡寄塵

1923	論文	專欄散文	浴日錄、浴日續錄（14篇）	《紅雜誌》1923年1卷33～35期	寄塵
			餐風錄、餐風續錄（22篇）	《紅雜誌》1923年第2卷第24、26、29～30期	寄塵
			飲露錄、飲露續錄（24篇）	《紅雜誌》1923年第2卷第13、15、17、23期，1924年2卷第23期	寄塵
			滑稽尺牘	《紅雜誌》1924年2卷32、34、36、38、40、42期	胡寄塵
	論文	隨筆、筆記、雜文	小筆記（一）、（二）	《遊戲世界》1923年第21、24期	胡寄塵
			家庭與學校	《申報》副刊《家庭》半月刊1923年04/15	胡寄塵
			家庭教育	《申報》副刊《家庭》半月刊1923年09/30	胡寄塵
			鷗侶聞歌記	《小說世界》1923年3月第1卷第12期	胡寄塵
			文學與環境	《小說世界》1923年4月第2卷第2期	寄塵
			小辯學（3則）	《小說世界》1923年4月第2卷第3期	寄塵
			詩歌雜憶	《小說世界》1923年5月第2卷第8期	胡寄塵
			旅行日記之一節	《小說世界》1923年6月第2卷第9期	胡寄塵
			傷心的俏皮話	《小說世界》1923年6月第2卷第13期	胡寄塵
			一幕悲劇	《小說世界》1923年10月第4卷第3期	胡寄塵
			恐慌	《小說世界》1923年10月第4卷第4期	胡寄塵
			冷酷的我	《小說世界》1923年12月第4卷第11期	胡寄塵
			我的年	《晶報》1923年2月15日	寄塵

1923	論文	隨筆、筆記、雜文	百年前之我	《紅雜誌》1923 年 1 卷 43 期	寄塵
			五色旗下之小說界	《紅雜誌》1923 年 10 月 2 卷 9 期	胡寄塵
			我之兒時	《紅雜誌》1923 年 10 月 2 卷 10 期	胡寄塵
			說海感舊錄之一：李涵秋	《半月》雜誌第 2 卷第 20 期	胡寄塵
			說海感舊錄之二：蘇曼殊	《半月》雜誌第 2 卷第 21 期	胡寄塵
			說海感舊錄之三：江山淵	《半月》雜誌第 2 卷第 22 期	胡寄塵
			說海感舊錄之四：朱鴛雛	《半月》雜誌第 2 卷第 23 期	胡寄塵
			秦始皇軼事	《儉德儲蓄會會刊》1923 年第 4 卷第 2 期	胡寄塵
	論文	小說	無所不可	《紅雜誌》1923 年 1 卷 29 期	胡寄塵
			人生之一幕	《紅雜誌》1923 年 1 卷 32 期	胡寄塵
			金錢萬能	《紅雜誌》1923 年 1 卷 35 期	胡寄塵
			花謝了	《紅雜誌》1923 年 1 卷 45 期	胡寄塵
			枕上	《紅雜誌》1923 年 1 卷 45 期	胡寄塵
			徐君小說的反面	《紅雜誌》1923 年 1 卷 47 期	胡寄塵
			將來的大力士	《紅雜誌》1923 年 1 卷 49 期	胡寄塵
			神秘的中國	《紅雜誌》1923 年 2 卷 18 期	胡寄塵
			新君子國	《紅雜誌》1923 年 2 卷 20 期	胡寄塵

1923	論文	小說	觀劇以後	《小說新報》1923 年，8 年 1 期「說林」欄	寄塵
			奇貨	《小說新報》1923 年，8 年 2 期「說林」欄	寄塵
			三百年後之老古董	《小說新報》1923 年，8 年 3 期「說林」欄	寄塵
			伊之斷片	《小說新報》1923 年，8 年 5 期「說林」欄	寄塵
			家庭與學校	《申報》副刊《家庭》半月刊 1923 年 4 月 15 日	胡寄塵
			兩個家庭（上）、（下）	《申報》副刊《家庭》半月刊 1923 年 5 月 27、6 月 10 日	胡寄塵
			上海式的竈君	《申報》副刊《家庭》半月刊 1923 年 7 月 8 日	胡寄塵
			家庭教育	《申報》副刊《家庭》半月刊 1923 年 9 月 30 日	胡寄塵
			俠少年	《星期（上海 1922）》1923 年第 50 期	胡寄塵
			滑稽的土	《滑稽》1923 年第 2 期	胡寄塵
			外行偵探	《遊戲世界》1923 年第 20 期	胡寄塵
			今年第一天的見聞錄	《遊戲世界》1923 年第 21 期	胡寄塵
			禽獸衣冠	《遊戲世界》1923 年第 22 期	胡寄塵
			看不懂	《遊戲世界》1923 年第 23 期	胡寄塵
			瘋人的話	《遊戲世界》1923 年第 24 期	胡寄塵
			盜亦有道	《偵探世界》1923 年第 7 期	胡寄塵
			怪病人	《偵探世界》1923 年第 12 期	胡寄塵
			鴿子案	《偵探世界》1923 年第 13 期	胡寄塵

1923	論文	小說	一件頂簡單的偵探案	《偵探世界》1923 年第 14 期	胡寄塵
			蟹子偷鞋案	《偵探世界》1923 年第 15 期	胡寄塵
			自由之代價	《小說世界》1923 年 1 月第 1 卷第 1 期	胡寄塵
			文王神客的代價	《小說世界》1923 年 1 月第 1 卷第 2 期	胡寄塵
			上下	《小說世界》1923 年 1 月第 1 卷第 3 期	胡寄塵
			癩蛙蟆之日記	《小說世界》1923 年 1 月第 1 卷第 4 期	胡寄塵
			傷心之美術品	《小說世界》1923 年 2 月第 1 卷第 5 期	胡寄塵
			微生蟲之世界	《小說世界》1923 年 2 月第 1 卷第 6 期	胡寄塵
			壬之面與癸之面	《小說世界》1923 年 2 月第 1 卷第 7 期	胡寄塵
			心上的影片	《小說世界》1923 年 3 月第 1 卷第 10 期	胡寄塵
			未來之自殺的人	《小說世界》1923 年 4 月第 2 卷第 1 期	胡寄塵
			低足	《小說世界》1923 年 5 月第 2 卷第 5 期	胡寄塵
			奮鬥以後	《小說世界》1923 年 5 月第 2 卷第 7 期	胡寄塵
			為你犧牲	《小說世界》1923 年 6 月第 2 卷第 12 期	胡寄塵
			戲館裡的一點鐘	《小說世界》1923 年 7 月第 3 卷第 3 期	胡寄塵
			親愛的朋友	《小說世界》1923 年 7 月第 3 卷第 4 期	胡寄塵
			玩物	《小說世界》1923 年 8 月第 3 卷第 7 期	胡寄塵
			恐慌	《小說世界》1923 年 10 月第 4 卷第 4 期	胡寄塵
			訪友歸來	《小說世界》1923 年 11 月第 4 卷第 7 期	胡寄塵

1923	論文	打油詩	祝晶報	《晶報》1923 年 3 月 2 日	寄塵
			空費了心機	《晶報》1922 年 3 月 3 日	寄塵
			題不知所云集	《晶報》1923 年 3 月 30 日	寄塵
			贈天笑先生	《晶報》1923 年 6 月 18 日	寄塵
			不是詩	《晶報》1923 年 10 月 27 日	寄塵
			五克詩	《晶報》1923 年 10 月 28 日	寄塵
			有些像詩	《晶報》1923 年 11 月 24 日	寄塵
			夏蟲小贊	《紅雜誌》1923 年 12 月第 2 卷 5 期	春夢
	論文	笑話與逸聞	呵呵錄（10 則）：兩個寒暑表、酸與辣、猴子是人的活祖宗、房子漲價、先生不生級、家庭與性命、聽戲不出錢、病人不能立起來	《紅雜誌》1923 年 1 卷 49、50 期	寄塵
	論文	笑話與逸聞	小辯學笑話 2 則	《小說世界》1923 年第 2 卷第 1 期	寄塵
	論文	歌詞創作	蘭花、春郊、星、蓮花	《小說世界》1923 年 5 月第 2 卷第 8 期	胡懷琛
	論文	神話故事與考據	東方神話之一、二：豬精、神蛇	《紅雜誌》1923 年 1 卷 44 期、2 卷 16 期	寄塵
	專著	佛學故事	托爾斯泰與佛經	1923 年上海世界佛教居士林出版	胡懷琛編述
	論文	民間傳說與考據	關於外國風俗的預言	《紅雜誌》1923 年 11 月 2 卷 17 期	春夢
	論文	民間傳說與考據	民間傳說的天翻地覆	《紅雜誌》1923 年 12 月 2 卷 18 期	胡寄塵

1923	論文	民俗雜考	民間詩人及續錄	《小說世界》1923 年 8 月第 3 卷第 8 期、1923 年 12 月第 4 卷第 13 期、1925 年 10 月第 12 卷第 4 期	胡寄塵
	專著	作文理論與寫作方法	紀實文範	胡道靜〈先君寄塵著述目〉著錄 1923 年 1 月武漢崇文書局出版	胡懷琛著
	專著	語文知識綜合教材	修辭學要略	1923 年 6 月上海大東書局出版	涇縣胡懷琛編著
	論文	童詩、童謠與兒歌	童詩（7 首）：時鐘、跳舞、蜜蜂、小黃狗、雪人、雄雞問雌雞、火星世界	《兒童世界》1923 年第 5 卷第 4、6～7、13 期，第 6 卷第 1、6 期	胡懷琛
	論文	道家	清靜無為說（清靜無為辨）	《國學周刊》1923 年第 13 期、《國學彙編》1924 年第一集第 4 冊	胡懷琛
			老子與自然	《國學周刊》1923 年第 17 期、《國學彙編》1924 年第一集第 4 冊	胡懷琛
			老子學說之來歷	《國學周刊》1923 年第 28 期、《國學彙編》1924 年第一集第 4 冊	胡懷琛
			老子書之真假問題	《國學周刊》1923 年第 30 期、《國學彙編》1924 年第二集第 4 冊	胡懷琛
			列子之優勝劣敗論	《儉德儲蓄會會刊》1923 年第 4 卷第 2 期	胡寄塵
			老子與無政府主義	《國學周刊》1923 年第 35 期、《國學彙編》1924 年第二集第 4 冊	胡懷琛
			老子與秦漢以後之社會	《國學周刊》1923 年第 40 期、《國學彙編》1924 年第二集第 4 冊	胡懷琛
	專著	文學史	中國文學史略	《國學周刊》1923 年第 12～13、17～34 期、1924 年第 36～39、41 期、《國學彙編》1924 年第一集第 3 冊、第二集第 3 冊、1924 年 3 月上海梁溪圖書館出版	胡懷琛編著

1923	論文	目錄學類	兒童讀物趣史	《紅雜誌》1923年2卷10期	胡寄塵
	專著	文學理論與文學批評	中國文學通評	1923年10月上海大東書局出版	涇縣胡懷琛著
1924	論文	詩	九月二十二日作	《國學周刊》1924年第71集、《國學彙編》1924年第3集第4冊「詩錄」	胡寄塵
	論文	詞	（浣溪紗）答蕘農、柳稍青、洞仙歌	《南社叢選》（三）詞選卷二「寄塵詞選」	胡懷琛
	論文	故事詩	金錢之價值、女英雄、補救、敵國	《小說世界》1924年1月第5卷第1、4、5、9期	胡寄塵
	專著	詩學總論	小詩研究	1924年6月上海商務印書館出版	胡懷琛著
	論文	詩學史	古今詩歌變遷小史（中國詩歌實質上變化的大關鍵）	《新南社》1924年第1期，（《小說世界》1927年第16卷第25期）	胡懷琛
	編著	詩論與詩評	詩學討論集	1924年上海曉星書局出版	胡懷琛編著
	論文	詩論與詩評	詩之陽剛與溫柔	《國學周刊》1924年第44期、《國學彙編》1924年第二集	胡懷琛
	論文	專欄散文	南面錄、南面續錄（12篇）	《紅雜誌》1924年1月第2卷第24、26、29～30期	寄塵
			瓜子落花生軒漫錄（35則）	《紅雜誌》1924年3月第2卷第33、35期	胡寄塵
			滑稽尺牘（6牘18簡）	《紅雜誌》1924年3月第2卷第2卷第32、34、36、38、40、42期	胡寄塵
	論文	隨筆、筆記、雜文	恕不賀年	《紅雜誌》1924年2月2卷27期	胡寄塵
			作壽送禮論	《紅雜誌》1924年5月2卷41期	一文丐

1924	論文	隨筆、筆記、雜文	不懂算學	《紅雜誌》1924 年 9 月 2 卷 41 期	胡寄塵
			我	《紅雜誌》1924 年 9 月 2 卷 42 期	胡寄塵
			樓頭明月	《紅玫瑰》1924 年 9 月第 1 卷第 9 期	胡寄塵
			我之趣事	《紅玫瑰》1924 年 12 月第 1 卷第 19 期	寄塵
			飲泣	《紅玫瑰》1924 年 12 月第 1 卷第 19 期	寄塵
			二魔鬼	《儉德儲蓄會會刊》1924 年第 5 卷第 2 期	胡寄塵
			租屋	《小說世界》1924 年 10 月第 8 卷第 4 期	胡寄塵
	論文	小說	俠探	《偵探世界》1924 年第 18 期	胡寄塵
			紅玫瑰與福爾摩斯	《偵探世界》1924 年第 19 期	胡寄塵
			一百件無頭案	《偵探世界》1924 年第 20 期	胡寄塵
			外行偵探案	《偵探世界》1924 年第 23 期	胡寄塵
			兒子的希望	《紅雜誌》1924 年 2 卷 28 期	胡寄塵
			兩張照片	《紅雜誌》1924 年 2 卷 29 期	胡寄塵
			二老者	《紅雜誌》1924 年 2 卷 30 期	胡寄塵
			交際博士	《紅雜誌》1924 年 2 卷 39 期	胡寄塵
			快樂在何處	《紅雜誌》1924 年 2 卷 40 期	胡寄塵
			魔鬼	《紅雜誌》1924 年 2 卷 43 期	胡寄塵

1924	論文	小說	大合串	《紅雜誌》 1924 年 2 卷 44 期	胡寄塵
			小英雄傳	《紅雜誌》 1924 年 2 卷 45 期	胡寄塵
			無中生有之靈學家	《紅雜誌》 1924 年 2 卷 49 期	胡寄塵
			三個美人	《紅玫瑰》 1924 年第 1 卷第 1 期	胡寄塵
			愛？憎？	《紅玫瑰》 1924 年第 1 卷第 3 期	胡寄塵
			苦？樂？	《紅玫瑰》 1924 年第 1 卷第 5 期	胡寄塵
			魔術師	《紅玫瑰》 1924 年第 1 卷第 20 期	胡寄塵
			新點金術	《小說世界》 1924 年第 5 卷第 3 期	胡寄塵
			宴會之後	《小說世界》 1924 年第 5 卷第 8 期	胡寄塵
			兩個假面具	《小說世界》 1924 年第 6 卷第 1 期	胡寄塵
			牧童之覺悟	《小說世界》 1924 年第 6 卷第 3 期	胡寄塵
			愛之循環	《小說世界》 1924 年第 6 卷第 7 期	胡寄塵
			第二生命	《小說世界》 1924 年第 7 卷第 4 期	胡寄塵
			勢力的眼光	《小說世界》1924 年 7 月第 7 卷第 3 期	胡寄塵
			大同胞	《小說世界》 1924 年第 8 卷第 1 期	胡寄塵
			輸捐	《小說世界》 1924 年第 8 卷第 12 期	胡寄塵

1924	論文	小說	逃亡	《儉德儲蓄會會刊》1924 年第 4 卷第 5 期	胡寄塵黃希傑同著
			疑誤	《儉德儲蓄會會刊》1924 年第 4 卷第 5 期	胡寄塵黃希傑同著
	專著	小說	苦丫頭、三遷、懶人日記、瘋人自述	1924 年上海商務印書館出版，收入《平民小叢書》系列	胡寄塵著
	專著	翻譯小說	雙復仇	1924 年 7 月上海文明書局出版	胡懷琛編著
	論文	小說叢論	評章行嚴選名家小說	《小說世界》1924 年 3 月第 5 卷第 13 期	寄塵
	論文	笑話	獨眼人看戲、酒店老闆、處置金錢的妙法、富人的冬天、六減二為八、討一文錢、十四兩的秤	《小說世界》1924 年 5 月第 6 卷第 7 期、8 月第 7 卷第 6、7 期、9 月第 7 卷第 13 期、11 月第 8 卷第 8 期、12 月第 8 卷第 11 期	寄塵
	編著	諺語集	田家諺	1924 年上海商務印書館出版，收入《平民小叢書》之一	胡寄塵編
	編著	諺語集	諺語選	1924 年上海商務印書館出版，收入《平民小叢書》之一	胡寄塵編
	編著	笑話集	新笑話（一、二集）	1924 年上海商務印書館出版，收入《平民小叢書》之一	胡寄塵編
	論文	民歌收錄與考據	採訪民間歌謠之管見	《國學周刊》1924 年第 53 期	胡懷琛
	編著	童詩、童謠與兒歌	胡氏兒歌	關志昌〈胡懷琛〉、鄭逸梅〈南社社友著述存目表〉著錄一冊，傅瑛《民國皖人文學書目》著錄二冊，1924 年上海中華書局出版	胡懷琛編
	專著	詩總論	小詩研究	1924 年 6 月上海商務印書館出版	胡懷琛著

1924	專著	文學理論與文學批評	文學短論（38篇）：文學界中的四個問題、三個古文家中的小說家、中國古代的白話詩人、林黛玉葬花詩考證、人為什麼要作詩、詩歌與感情、評論刺激的文學、新舊文學調和的問題、中國文學溯源、小詩的成績、再論小詩、何謂小說、中等學校國文科選擇教材之討論、擺倫、易實甫、何海鳴、鏡花緣之小考證、小說中狐狸之研究、明朝的官場現形、論《西洋記》記、林譯小說的兩種讀法、水滸紅樓夢的版權問題、替施耐庵曹雪芹說話、因《小說年鑑》所發生的感想、影戲與小說的進步、小說家與非小說家、敬告同志、給某先生的信、給柯一岑的信、再給柯一岑的信、國文典表解序、中國文學史略序、唐人白話詩選序、古今白話詩選序、雜記九則、說粵謳、他她牠之研究、古文今譯之管見、與家兄樸安論段玉裁說詩、文學之體相用	1924 年 4 月上海泰東圖書局、1924 年 5 月上海梁溪圖書館出版	胡懷琛著
	論文	四書類	中庸之人生觀	《國學彙編》1924 年第二集第 4 冊「雜俎」專欄	胡懷琛
	論文	文學考辨與討論	文與文學	《小說世界》1924 年 6 月第 6 卷第 11 期	胡寄塵

1925	專著	詩論與詩評	中國八大詩人	1925 年 1 月上海商務印書館出版，收入《國學小叢書》之一	胡懷琛著
	論文	雜文、筆記	讀宋詩鈔雜記（7 篇）：黃文谷樓大防之俗語詩、山歌源於蘇子美詩、宋詩狀物有痕跡、朱文公詩有禪、宋人詩多尖新之字、唐宋之分、孔平仲述鷗詩	《國學周刊》1925 年第 83、85、87 期「雜俎」欄	胡懷琛
	論文	雜文、筆記	讀書雜記（9 篇）：晉人文與佛經、關尹子與佛經、柳子厚郭橐駝傳之所本、封禪書所紀扶乩事、經傳中之訛句、東坡用孔明文為詞、王元美之始創論、名歌失傳可惜、歇欽	《國學周刊》1925 年第 92～93 期、1926 年第 94 期「雜俎」欄	胡懷琛
	論文	隨筆、筆記、雜文	旅舍度年記	《小說世界》1925 年 4 月第 10 卷第 1 期	胡寄塵
			茶樓一瞥	《小說世界》1925 年 7 月第 11 卷第 2 期	胡寄塵
			車中一瞥	《小說世界》1925 年 7 月第 11 卷第 4 期	胡寄塵
			體育場一瞥	《小說世界》1925 年 8 月第 11 卷第 6 期	胡寄塵
			翻案錄	《小說世界》1925 年 8 月第 11 卷第 7 期	塵夢
			將來的新年	《紅玫瑰》1925 年 1 月第 1 卷第 27 期	寄塵
			中國宜以菊為國花議	《小說世界》1925 年 12 月第 12 卷第 13 期	胡懷琛
	論文	小說	伊的日記	《小說世界》1925 年第 9 卷第 1 期	胡寄塵
			棉衣	《小說世界》1925 年第 9 卷第 5 期	胡寄塵

1925	論文	小說	兩兄弟	《小說世界》 1925 年第 11 卷第 1 期	胡寄塵
			兒子的命運	《小說世界》1925 年 8 月第 11 卷第 8 期	胡寄塵
			將來的人類	《小說世界》 1924 年第 12 卷第 6 期	胡寄塵
			上海人的人生問題	《小說世界》 1924 年第 12 卷第 8 期	胡寄塵
			小說家之妻	《新上海》 1925 年第 2 期	胡寄塵
			將來之食衣住	《紅玫瑰》 1925 年第 1 卷第 28 期	胡寄塵
			我之自述	《紅玫瑰》 1925 年第 1 卷第 32 期	胡寄塵
			愛的程度	《紅玫瑰》 1925 年第 1 卷第 44 期	寄塵
			茶博士言	《紅玫瑰》 1925 年第 1 卷第 48 期	胡寄塵
			惡人的懺悔	《紅玫瑰》 1925 年第 1 卷第 49 期	胡寄塵
			庸人自擾	《紅玫瑰》 1925 年第 2 卷第 3 期	胡寄塵
			走馬燈的人生觀	《紅玫瑰》 1925 年第 2 卷第 5 期	寄塵
			觀棋小記	《紅玫瑰》 1925 年第 2 卷第 7 期	寄塵
			重逢	《紅玫瑰》 1925 年第 2 卷第 9 期	胡寄塵
			木頭人打仗	《紅玫瑰》 1925 年第 2 卷第 11 期	寄塵
			標語課	《紅玫瑰》 1925 年第 2 卷第 12 期	寄塵
	專著	小說	奪產奇談、快樂人、三兄弟、無形的家產	1925 上海商務印書館出版，收入《平民職業小叢書》系列	胡寄塵著

1925	專著	小說	家庭小說集（19篇）：先生的車夫、可憐的家產、兩對無家之人、債主、三眼人、封建式的家庭、女僕與教師、熱心、第三次痛哭、不屑的態度、忙與閑、心病、快樂家庭、交際家、末路公子、四角式的戀愛、單獨結婚、我兒之小史、朝雲小史	1926 上海商務印書館出版，收入《平民職業小叢書》系列	胡寄塵著
	論文	小說叢論	小說的讀法	《小說世界》1925年7月第11卷第5期	塵夢
	論文	小說叢論	我之短篇小說經驗談	《小說世界》1925年11月第12卷第8期	胡寄塵
	論文	小說理論研究	中國的古小說	《新月》1925年第1卷第3期「小說談話會」欄	胡寄塵
	論文	笑話	長壽新法	《小說世界》1925年3月第9卷第11期（補白）	胡寄塵
			雞糞醫懶、作弊難、女主人的打算	《小說世界》1925年4月第10卷第1、3期（補白）	胡寄塵
			滑稽裁縫	《小說世界》1925年5月第10卷第9期（補白）	胡寄塵
			外國票子	《小說世界》1925年6月第10卷第11期（補白）	胡寄塵
			四狗八鱉	《小說世界》1925年7月第11卷第5期（補白）	胡寄塵
			這個我不知道	《小說世界》1925年8月第11卷第6期（補白）	胡寄塵

1925	論文	笑話	付之此錄（下野、赤化）	《小說世界》1926 年 2 月第 13 卷第 8 期	秋山
			兩個人字	《民眾文學》1929 年第 3 期	寄塵
			貧富平等	《民眾文學》1929 年第 10 期	寄塵
	論文	打油詩	鏡詩	《紅玫瑰》1925 年第 1 卷第 50 期	胡寄塵
	論文	燈謎類	鬥詩小記	《小說世界》1925 年 7 月第 11 卷第 3 期	胡寄塵
	論文	民歌考據	採訪民間歌謠之管見	《國學週刊》1924 年第 53 期	胡懷琛
	專著	民歌研究集	中國民歌研究	1925 年 9 月上海商務印書館出版，1933 年收入《百科小叢書》及《萬有文庫》	胡懷琛著
	論文	集句	莊子、史記中之詩句	《小說世界》1925 年 10 月第 12 卷第 5 期	胡懷琛
	編著	教科書	新擺國文教科書全八冊	1925 年 1 月、4 月、7 月上海商務印書館出版	莊適、胡懷琛編纂
	專著	作文理論與寫作方法	作文研究	1925 年 1 月上海商務印書館出版	胡懷琛著
	編著	神話、故事	二十四孝圖說	1925 年 2 月上海大東書局出版	涇縣胡懷琛編
	專著	寓言小說	戀愛之神（10 篇）：戀愛之神、嫦娥之怨、四面人、幸福之宮、怪醫生、快樂之水、水晶人、不肖的子孫、中國之阿麗思、鏡花緣補	1925 年 1 月上海廣益書局出版，書名《神怪小說集》，1939 年 12 月廣益書局再版，更名為《戀愛之神》	胡寄塵著
	論文	傳記	中國近代兩小說家傳	《小說世界》1925 年 1 月第 9 卷第 4 期	塵夢

1925	論文	諸子學說	論九流之流弊	《國大周刊》1925 年 92 期、《國學周刊》1925 年第 3 期、《南洋雜誌》1926 年第 4 期	胡懷琛
	專著	諸子學說	王念孫讀書雜志正誤	《東方雜誌》1925 年第 22 卷第 24 期、1928 年第 25 卷第 9～10 期、《樸學齋叢書》1940 年第一集第 6 冊	涇縣胡懷琛寄塵著
1926	專著	詩歌創作集	《胡懷琛詩歌叢稿》二冊：第一冊詩集 10 種：秋雪詩、旅行雜詩、四時雜詩、新年雜詩、天衣集、神蛇集、燕游詩草選譯、秋雪詞、新道情、重編大江集；第二冊詩集 4 種：春怨詞、詩意、放歌、今樂府	1926 年 7 月上海商務印書館出版，1940 年收入《樸學齋叢書》第三集第 1、2 冊	胡懷琛著
	論文	故事詩	蜃樓	《紅玫瑰》1926 年 1 月第 2 卷第 15 期	寄塵
	論文	故事詩	李迫大夢	《紅玫瑰》1926 年 6 月第 2 卷第 32 期	寄塵
	論文	專欄散文	螺屋雜記（25 篇）：三國水滸之勢力、三國演義中之人名、男子簪花、陶淵明之小說癖、翻譯與創作、黑奴籲天錄、繡像、神話、諺語訛句可笑、林琴南之長篇創作、小說中之零星文字、木蘭、餐秋菊之落英、水西、汪倫、蔣智由之小說論、洪秀全時代之服飾及稱呼、汪精衛詩、四川苗歌、小兒催眠歌、記貓、徐淡廬贈聯、油煎蚱蝠、木魚書、琴魚	《小說世界》1926 年 1 月第 13 卷第 2～3、5～6、8、12～13、18～19、21 期、1927 年 1 月第 15 卷第 1 期	螺屋主人

1926	論文	專欄散文	文壇秘錄（20篇）：向季郭象兩家注（秋山）、韓退之鬼怪談（寄塵）、章太炎為蘇曼殊譯詩、泰戈爾作品之初次介紹中國、林琴南譯聖經之所聞、徐電發之〈楓江漁父圖〉、故台灣總統與韓荷生、金聖嘆之子孫、辜鴻銘之嫉俗詩、唐詩人賈島墓、顚不剌之注解、蒙古人之軍歌、《史記》之法文譯本、所謂上海之詩妓、建立詩人祠堂之提議、田南遯叟創辦之循環報、木魚書、唐詩別字辨、記《神童詩》、喬裝的中國小說、口占口號	《小說世界》1926 年 7 月第 14 卷第 4～5、7～8、11、13、15、19 期、1927 年第 15 卷第 11 期、第 16 卷第 2、9、15、20、21 期	寄塵
	論文	序跋	馮君秋農國恥實錄序	《永安天韻報》1926 年 1 月 14 號	胡寄塵
	論文	隨筆、筆記、雜文	林琴南未刊譯本之調查	《小說世界》1926 年 1 月第 13 卷第 5 期	寄塵
			讀俠客談	《小說世界》1926 年 3 月第 13 卷第 13 期	寄塵
			記程江兩君	《小說世界》1926 年 5 月第 13 卷第 20 期	寄塵
			馬君武之新文學	《小說世界》1926 年 9 月第 14 卷第 11 期	秋山
			求學者之目的	《小說世界》1926 年 11 月第 14 卷第 19 期	胡寄塵
	論文	小說	百舌的生活	《小說世界》1926 年 1 月第 13 卷第 1 期	胡寄塵
			丈夫的負擔	《小說世界》1926 年 1 月第 13 卷第 2 期	胡寄塵
			可憐的慈善家	《小說世界》1926 年 1 月第 13 卷第 3 期	胡寄塵

1926	論文	小說	弟弟的尚武精神	《小說世界》1926 年 1 月第 13 卷第 4 期	胡寄塵
			贈券	《小說世界》1926 年 1 月第 13 卷第 5 期	胡寄塵
			哭	《小說世界》1926 年 2 月第 13 卷第 6 期	胡寄塵
			黃太太的賞金	《小說世界》1926 年 2 月第 13 卷第 7 期	胡寄塵
			晚餐	《小說世界》1926 年 2 月第 13 卷第 8 期	胡寄塵
			驕傲者	《小說世界》1926 年 2 月第 13 卷第 9 期	胡寄塵
			張先生的秘密	《小說世界》1926 年 3 月第 13 卷第 10 期	胡寄塵
			黑眼鏡會	《小說世界》1926 年 3 月第 13 卷第 11 期	胡寄塵
			情禪	《小說世界》1926 年 3 月第 13 卷第 12 期	胡寄塵
			老張的滑稽	《小說世界》1926 年 4 月第 13 卷第 14 期	胡寄塵
			鐵籠中的一夜	《小說世界》1926 年 4 月第 13 卷第 15 期	胡寄塵
			笨孩子	《小說世界》1926 年 5 月第 13 卷第 21 期	胡寄塵
			頭獎	《小說世界》1926 年 7 月第 14 卷第 1 期	胡寄塵
			替人民打仗	《小說世界》1926 年 7 月第 14 卷第 3 期	胡寄塵
			弟弟的風景照片	《小說世界》1926 年 9 月第 14 卷第 13 期	胡寄塵
	論文	打油詩	簡天笑	《晶報》 1926 年 1 月 6 日	寄塵
	論文	打油詩	寄天笑先生	《晶報》 1926 年 3 月 12 日	寄塵
	論文	雜錄類	巧對錄	《小說世界》1926 年 4 月第 13 卷第 17 期	秋山
	論文	民俗雜考	通行證考	《小說世界》1926 年 4 月第 13 卷第 15 期	胡寄塵

1926	論文	民俗雜考	離耳國	《小說世界》1926 年 9 月第 14 卷第 13 期	寄塵
	論文	民間傳說與考據	卹仙始末	《小說世界》1926 年 10 月第 14 卷第 18 期	胡寄塵
	編著	教科書	（初級小學）春季始業用新撰國文教科書全八冊	1926 年 4 月上海商務印書館出版	沈圻、胡懷琛編纂
	專著	作文理論與寫作方法	作文津梁	傅瑛《民國皖人文學書目》著錄 1926 年上海大東書局出版	胡懷琛著
	論文	童詩、童謠與兒歌	童詩（4 首）：寫字、毛筆、兄弟、大雄雞	《兒童世界》1926 年第 17～20 卷第 8、13、16 期	胡寄塵
	論文	教學問題的建議與討論	小學教科書用文言編的問題	《南洋雜誌（上海）》1926 年第 4 期「問題之討論」欄	胡懷琛
1927	論文	隨筆、筆記、雜文	記葉楚傖先生	《小說世界》1927 年 5 月第 15 卷第 20 期	秋山
			藝術家之祕訣（補白）	《小說世界》1927 年 12 月第 16 卷第 24 期	秋山
			釋迦牟尼與達爾文、少年與老成、讀書說、東西人之優點與劣點	《新儉德》1927 年第 1 卷第 1 期「瞎說」欄	胡寄塵
	論文	序跋	中國小說史序	1927 年 12 月蘇州秋葉社出版范煙橋《中國小說史》	胡懷琛
	專著	小說	胡寄塵說集（14 篇）：心血與糞土、不得了、平而不等、一冊詩稿、村嫗的政見、飄泊、不了解、過渡時代的痛苦、歌者、閑人、美之宇宙、死后、字紙簏中的呼吁聲、不可思議之日記	1927 年 5 月上海大東書局出版	胡寄塵著
	論文	中國小說理論研究	僑（喬）裝的中國小說	《小說世界》1927 年 11 月第 16 卷第 20 期	寄塵

1927	論文	燈謎類	不是謎語	《小說世界》1927 年 5 月第 15 卷第 22 期	秋山
	論文	民間傳說與考據	銀蛙蟆	《小說世界》1927 年 4 月第 15 卷第 2 期	秋山
			十八羅漢	《小說世界》1927 年 4 月第 15 卷第 12 期	秋山
	論文	童詩、童謠與兒歌	童詩（12 首）：老貓、兩個小孩子、春來了、小狗歌、時辰歌、鏡中的弟弟、反歌、各有各的長、數目歌、麵粉做餅子、唱給仙人聽的歌、嫦娥把快樂給人	《兒童世界》1927 第 19～20 卷第 6～9、13、18 期	胡寄塵
	編著	經典名著讀本	史記	1927 年 3 月上海商務印書館出版，收入《學生國學叢書》、《國學小叢書》之一	胡懷琛選編
	論文	易類	八卦為上古數目字說（八卦與數目字之關係）	《東方雜誌》1927 第 24 卷第 21 期、《小說世界》1929 年 12 月第 18 卷第 4 期	胡懷琛（編者）
	編著	目錄學	民間文藝書籍的調查（一）	《小說世界》1927 年 9 月第 16 卷第 10 期、胡道靜〈先君寄塵著述目〉著錄「稿本，一冊」	編者
	專著	文學考辨與討論	中國文學辨正(17 篇)：國風入樂辨、國風非民歌本來面目辨、國風不能確切代表各國風俗辨、辨國風之巫詩、誦詩歌詩弦詩舞詩辨、楚詩正名、和詩辨、再辨和詩、豔詩辨、辨竹枝詞非詠風俗、詩歌聲律辨、文筆辨、賦辨、論說出於縱橫辨、韓柳歐蘇文之淵源、詩歌與感情、明清以來文學家之創見	1927 年 9 月上海商務印書館出版	胡懷琛著

1928	專著	雜文、筆記	文藝叢說(一)(20 篇)：中國戲是甚麼、隱語詩考、隱語與神話、推敲餘談、作文莫用典、文學賞鑑法、中國文人結社考源、中國民間文學之一斑、琉球神話、一本原有的平民文學、女詩豪薄少君、歸有光的小說文學、柳宗元的小說文學、侯方域的小說文學、古書中之詩句、中國小說中之龍王、骰子牙牌之來歷、松江田家月令詩、新送郎歌、虞山艷景詩	1928 年 6 月上海商務印書館出版，收入《小說世界叢刊》之一	胡寄塵編
	論文	隨筆、筆記、雜文	津沽舊話	《紫羅蘭》1928 年第 3 卷第 11 期	胡寄塵
	論文	隨筆、筆記、雜文	三十年前找之新年	《兒童世界(上海 1922)》1928 年第 21 卷第 1 期	胡懷琛
	論文	小說	熱度	《小說世界》1928 年第 17 卷第 3 期	胡寄塵
	專著	小說	今鏡花緣	1928 年 10 月上海商務印書館出版	胡寄塵者
	專著	小說	胡寄塵近作小說（22 篇）：催眠術大家、茶博士之見聞錄、未來的學術界、這是更確的消息等，餘不詳	1928 年上海會文堂新記書局出版	胡寄塵著
	論文	民俗雜考	稗官辨	《小說世界》1928 年 3 月第 17 卷第 1 期	胡懷琛
	論文	民俗雜考	聾者唱詩辨	《小說世界》1928 年 3 月第 17 卷第 1 期	胡懷琛
	編著	佛學故事	百喻經淺說	1928 年上海世界佛教居士林鉛印本	胡寄塵譯述
	編著	教科書	（初中用）新時代國語教科書全六冊	1928 年 1、2 月，1929年 4、6、7 月上海商務印書館出版	胡懷琛陳彬龢湯彬華編纂，蔡元培校訂

1928	編著	神話、故事	中國神話（25篇）：黃帝遊華胥國、龍伯國大人釣鼇、穆天子見西王母、后羿射日與嫦娥奔月、女媧補天、愚公移山、斑竹的來歷、蠶的來歷、穿胸國、風生獸和火浣布、左元放的幻術、細腰、狐狸與華表、園客、懶婦、紫姑神、楊寶救黃雀、丁令威化鶴、端午吃粽子的來歷、鵝籠書生、牽牛織女的故事、吳剛砍桂樹、月下老人、鍾馗吃鬼、螞蟻國	1928 年上海商務印書館出版、1933 年 10 月上海商務印書館收為《小學生文庫》之一	胡懷琛編
	編著	詩文集選編	柳宗元文	1928 年 8 月上海商務印書館出版為《學生國學叢書》、《國學小叢書》之一	胡懷琛選註
	編著	詩文集選編	歸有光文	1928 年 10 月上海商務印書館出版為《學生國學叢書》、《國學小叢書》之一	胡懷琛選註
	專著	語言文字學類	簡易字說	1928 年 10 月上海商務印書館出版	胡懷琛著
	論文	語言文字學類	關於「新字」及「簡字」的同意	《南洋：南洋中學校友會會刊》1928 年第 4 期	胡懷琛
	論文	道家	老子非姓李名耳辨	《知難周報》1928 年第 89 期、《南洋：南洋中學校友會會刊》1929 年第 6 期	胡懷琛
1929	專著	詩學總論	詩歌學 ABC（中國詩歌概論、中國詩論）	1929 年 1 月上海 ABC 叢書社出版，1934 年世界書局再版更名為《中國詩論》，1958 年台北啟明書局再版更名為《中國詩歌概論》	胡懷琛著
	論文	詩	題高麗美人舞劍小影	《南洋中學校友會會刊》1929 年第 9 期「文藝」；《持志年刊》1929 年第 4 期	胡懷琛

1929	論文	詩	守歲	《小說世界》1929 年 3 月第 18 卷第 1 期	秋山
			我佛山人遺詩	《小說世界》1929 年 9 月第 18 卷第 3 期	編者
	論文	詩論與詩評	無名氏的詩及不識字人作的詩	《學生雜誌》1929 年第 16 卷第 10 號	胡懷琛
	論文	詩論與詩評	評儒教與中國文學	《南洋：南洋中學校友會會刊》1929 年第 9 期	胡懷琛
	論文	隨筆、筆記、雜文	題《蘇曼殊（全）集》後（補白）	《小說世界》1929 年 6 月第 18 卷第 2 期	秋山
	論文	隨筆、筆記、雜文	介紹歌德（補白）	《小說世界》1929 年 12 月第 18 卷第 4 期	秋山
	論文	小說	光明	《會報》1929 年第 49 期	胡寄塵
	專著	小說	十年舊夢	《儉德儲蓄會月刊》1923 年第 3 卷第 4 期連載，胡道靜〈先君寄塵著目〉著錄「二冊」，1929 年上海商務印書館出版，收入《小說世界叢刊》之一	胡寄塵著
	論文	小說史料輯佚與考證	幾則小說史料（5 篇）：《警世通言》失傳之年代及失傳之故、《狸貓換太子》之小考證、《今古奇觀》中之國際貿易情形、「老虎外婆」傳說之小考證、《百家書》鈎沉	《小說世界》1929 年 9 月第 18 卷第 3 期	胡寄塵
	專著	小說理論研究	中國小說研究	1929 年 10 月上海商務印書館出版	胡懷琛著
	編著	佛學故事	佛學寓言	1929 年上海世界佛教居士林鉛印本	胡懷琛編
	專著	彈詞	血淚碑附羅霄女俠	1929 年 8 月上海廣益書局出版	胡寄塵著

1929	專著	彈詞	鐵血美人	1929 年 9 月上海文明書局出版	胡寄塵譯著
	論文	語文教材	幾種有趣的字學知識	《兒童世界》1929 年第 23 卷第 1 期	胡寄塵
	論文	神話、故事	中國神仙故事（18 篇）：徐光種瓜、樊英救火、一醉三年、黃粱夢、費長房、壺公、魏伯陽、李阿、張公弼、廣寒宮、懶殘、翟乾祐、徐佐卿、張定、廉廣的仙畫、馮大亮與其牛、韋丹與黑老、韓湘子	《兒童世界》1929 年第 24 卷第 4～19 期	胡寄塵
	論文	讀書方法研究	關於讀書的幾句話	《學生雜誌》1929 年 16 卷 2 期	胡懷琛
	專著	名家傳記	詩人生活	1929 年 11 月上海世界書局出版	胡懷琛著
	專著	名家傳記	東坡生活	1929 年 11 月上海世界書局出版	胡懷琛著
	論文	目錄學類	中國最早之國文教科書（補白）	《小說世界》1929 年 3 月第 18 卷第 1 期	秋山
	論文	文學社團考證	詩社考	《小說世界》1929 年 6 月第 18 卷第 2 期	胡寄塵
	專著	文學史	唐代文學	1929 年上海商務印書館出版	胡懷琛胡樸安合編
	專著	墨家	墨子學辨	1929 年 10 月國學出版社出版、2002 年 10 月北京圖書館出版社輯入《墨子大全》	胡懷琛著
	論文	墨家	為墨翟國籍問題答陳登源君	《一般》1929 年 6 月第 8 卷第 2 號	胡懷琛
	論文	墨家	討論學術與筆戰	《知難周報》1929 年 101、102 期	胡懷琛
	編著	目錄學	民間文藝書籍的調查（二）	《小說世界》1929 年 12 月第 18 卷第 4 期、胡道靜〈先君寄塵著述目〉著錄「稿本，一冊」	秋山
1930	論文	詩學總論	談詩之類別	《東方文化》1930 年第 5 期	胡懷琛

1930	論文	詩學總論	新詩歌的書目	《持志年刊》1930 年第 5 期	胡懷琛
	論文	隨筆、筆記、雜文	談月色女士畫的梅花	《婦女雜誌（上海））》1930 年第 16 卷第 6 期	胡寄塵
	專著	雜文、筆記	寄塵雜著叢存（文 40篇、詩 32 首）： 文 40 篇： 螺屋記、移居瑣記、吾鄉之神話（3 篇）、寓言（7 篇）、泥水匠王承福、姓張的乞兒、補鞋子的先生、種芋艿的老人、梭格拉底辯論之一斑、黃金國、新鏡花緣之一回、新君子國（2篇）、宜社小啟、劍考社序、石菖蒲譜序、金魚譜序； 詩作 32 首： 貝葉詩冊（20 首）、遊鴛鴦湖紀實詩（4 首）、生活詩冊（5 首）、東南劫灰錄、東南劫灰續錄、東南劫灰續錄附錄小說、獵人一夕談	1930 年 5 月上海廣益書局出版	胡寄塵著
	專著	小說	短篇小說叢存(31 篇)： 臨別、閩風小記、弟弟的貓、慈母與砲彈、在電車上的感想、黃太太的兒子、錢癖、蠟美人與瘋子、情彈、伊人之一生、被逼迫者、魚樂園、最後的情書、孤寡、不幸的洋囡囡、文學家、兒子的將來、奇怪的家產、貧富階級、賊、情人的日記、零碎的夢、四種結婚式、鴿子籠中的游記、儲蓄、湖濱生活、赴會歸來	1930 年 5 月上海廣益書局出版	胡寄塵著

1930	專著	小說理論研究	中國寓言研究	1930 年 11 月上海商務印書館出版	胡懷琛著
	專著	名家傳記	陶淵明生活	1930 年 1 月上海世界書局出版	胡懷琛著
	專著	名家傳記	陸放翁生活	1930 年 5 月上海世界書局出版	胡懷琛著
	論文	道家	老莊新義	《南洋：南洋中學校友會會刊》1930 年第 2 卷第 2 期	胡寄塵
	專著	文學理論與文學批評	中國文學評價	1930 年 6 月上海華通書局出版	胡懷琛著
1931	論文	詩	題瘞雀圖並序	《海潮音》1931 年 12 卷 1 期「法苑藝林·詩林」欄	胡懷琛
	專著	詩學總論	詩的作法	1931 年 5 月上海世界書局出版	胡懷琛
	專著	雜文、筆記	文藝叢說(二)(13 篇)：識寶回子和江西人、讀搜神記、鄭板橋的田家詩、談社會小說、市招上的考古學、關於薄少君的話、河伯娶婦志疑、南社掌故、紫姑與文人之糾葛、一葉詩話、有意味之俗語、短簡、文壇秘錄	1931 年 4 月上海商務印書館出版，收入《小說世界叢刊》之一	胡寄塵著
	論文	序跋	忘憂草（前集）序	1931 年 1 月上海聯合書店出版《忘憂草（前集）》	胡懷琛
	論文	歌詞創作	願詩（12 首）	《音》1931 年第 15 期「歌錄」專欄、《持志年刊》1933 年第 8 期	胡懷琛
			賣餅歌	《音》1931 年第 15 期「歌錄」專欄；《西北風》月刊 1936 年第 1 期	胡懷琛

1931	論文	歌詞創作	新軍歌、我們需要、農人、少年歌	《音》1931 年第 16～19 期「歌錄」專欄	胡懷琛
			譯高麗俗歌二首并跋：老馬、溪中明月	《音》1931 年第 15 期「歌錄」專欄	胡懷琛
	編著	謎語集	通俗謎語	傅瑛《民國皖人文學書目》著錄 1931 年上海商務印書館出版	胡寄塵編
	編著	民間傳說與考據	中國民間傳說	傅瑛《民國皖人文學書目》著錄 1931 年上海商務印書館出版，收入《小說世界叢刊》之一	胡寄塵編
	論文	童詩、童謠與兒歌	童詩（9 首）：得過且過、長江黃河、蟲言詩、落花、明月、秋葉、雞冠花、柳、冬日青菜	1931 年兒童書局出版，收入陳鶴琴編《分年兒童詩歌》	胡懷琛
	論文	神話、故事	中國神仙故事（21 篇）：茅安道、終南山翁、寵護、葛玄、孫博、董奉、蘇仙公、天津橋上的乞兒、水晶宮仙女、盧二舅、王十八、權同休的僕人、冷謙、于梓人、樊夫人、潘晟、桂林韓生、小猶道人、陵陽子明、岳嵩、王婆	《兒童世界》1931 年第 27 卷第 4～6、8～10、12、15～21、27 期，第 28 卷第 4、6～7、20～22 期	胡寄塵
	論文	應用文寫作指導	隨身應用的文件	《兒童世界》1931 年第 27 卷第 1～9 期	胡寄塵
	專著	語文知識綜合教材	修辭的方法	1931 年 2 月上海世界書局出版	胡懷琛著
	編著	經典名著讀本	（標點）搜神記	1931 年 2 月上海商務印書館出版	胡懷琛編
	專著	作文理論與寫作方法	一般作文法（作文入門）	1931 年 3 月上海世界書局出版	胡懷琛著

1931	專著	讀書方法研究	古書今讀法	1931 年 4 月上海世界書局出版	胡懷琛著
	專著	標點符號常識與使用法	標點符號使用法	1931 年 4 月上海世界書局出版	胡懷琛著
	專著	各式文體寫作及其書寫範例	抒情文作法	1931 年 12 月上海世界書局出版	胡懷琛著
	專著	文學史	中國文學史概要	1931 年 8 月上海商務印書館出版	胡懷琛著
	專著	語言文字學類	中國文的過去與未來	1931 年 9 月上海世界書局出版	胡懷琛著
1932	論文	序跋	實驗兒童作文新法序	1932 年 9 月上海兒童書局出版《實驗兒童作文新法》	胡懷琛
	編著	作文理論與寫作方法	言文對照古文筆法百篇上、下冊	初版不詳，見 1932 年 6 月上海大東書局第四版	胡懷琛編
	論文	神話、故事	中國神仙故事（1 篇）：介象	《兒童世界》1932 年第 29 卷第 1 期	胡寄塵
	專著	經典名著讀本	真西遊記	1932 年 7 月上海佛學書局出版	胡寄塵著
	專著	各式文體寫作及其書寫範例	說明文作法	1932 年 10 月上海世界書局出版	胡懷琛著
	編著	應用文寫作指導	最新應用文	1932 年 10 月上海世界書局出版	胡懷琛編
	專著	讀書方法研究	學生讀書之研究	1932 年 10 月上海廣益書局出版	胡懷琛著
	編著	尺牘寫作教本	怎樣寫信	1932 年上海新中國書局出版	胡懷琛編

1932	論文	文學考辨與討論	文學史上的零碎的話：董解元與董西廂、一本傳統的兒童讀物——三字經、一本明代人編的童話	《編輯者》1932 年第 5 期	胡懷琛
1933	論文	詩	仇君寬昇囑題陳女士行狀、重寶南遷歌、化鶴吟，哀遼東也	輯入 1933 年《因社集》（文海出版社 1977 年 5 月出版《近代中國史料叢刊續編》第 42 輯）	胡寄塵
	論文	詩論與詩評	武人的詩（〈話詩〉之一）	《新上海》1933 年第 1 卷第 2 期	胡寄塵
	論文	詩論與詩評	讀韓樂吾詩記（1933～08）	《青鶴》1933 年第 1 卷第 6 期	胡寄塵
	論文	雜文、筆記	文藝古老話（14 篇）：吟詩折衝的外交官、文人的忌妒心、偷文的故事、文丐偷詩騙文人、考試與審判的特別辦法、白話判詩、寫不出的詩、唐伯虎的畫不值錢、文人恭維朱元璋的故事、戴帽的詩、換靴的詩、明代文學界的兩個怪人、落筆以前的錯誤、野老難倒司馬光	本文曾以篇名〈文壇老話〉於《珊瑚》1933 年第 1 卷第 1～3、8～9 期連載；又見刊載於《文藝座談》1933 年第 3 卷第 3～4、6 期；《華美》1934 年第 1 卷第 7 期；胡道靜〈先君寄塵著述目〉著錄「南京正中書局出版」，不詳出版年月	胡懷琛著
	論文	雜文、筆記	薩坡賽路上雜記（8 篇）：日本人愛用中國布、洋鬼子捉人、公園詩話（一）、（二）、帝國主義與巨魚、海島的去來今、本色語、由無錫泥人說到藝術教育	《大聲》1933 年第 1 卷第 1～2、4～8、10～11、13～18、25 期；《金剛鑽》「金剛鑽集」1935 年第 2 卷第 1 期	胡懷琛
	論文	序跋	南遊記新序	1933 年 3 月文藝小叢書社再版重編《南遊記》	胡寄塵
	論文	小說	閩風漫談	《青鶴》1933 年第 1 卷第 19～21 期連載	胡寄塵
	論文	嵌字詩	嵌字詩	《新上海》1933 年第 1 卷第 2 期	胡寄塵

1933	專著	寓言小說	快樂之水（14 篇）：快樂之水、水晶人、四面人、不自量的蜘蛛、小孩子與魔術師、動物賽跑、蒼蠅吃糖、長臂巫人、棉花雞雛、金蛇、愛虛榮的蟲類、聰明的龜、欺騙同類的老鼠、迎合人家心理的雄雞	1933 年 3 月上海少年書局出版	胡懷琛著
	專著	作文理論與寫作方法	貓博士的作文課	1933 年 3、8 月上海少年書局出版	胡懷琛著
			作文門徑	1933 年 5 月上海中央書店出版	涇縣胡懷琛著
			作文概論	1933 年 6 月大華書局出版	胡懷琛著
	專著	各式文體寫作及其書寫範例	抒情文作法範例	胡道靜〈先君寄塵著述目〉著錄 1933 年 2 月大華書局出版	胡懷琛著
			記敘文作法範例	胡道靜〈先君寄塵著述目〉著錄 1933 年 6 月大華書局出版	胡懷琛著
			說明文作法範例	胡道靜〈先君寄塵著述目〉著錄 1933 年 9 月大華書局出版	胡懷琛著
			議論文作法範例	胡道靜〈先君寄塵著述目〉著錄 1933 年 9 月大華書局出版	胡懷琛著
			小品文作法範例	胡道靜〈先君寄塵著述目〉著錄 1933 年 9 月大華書局出版	胡懷琛著
	專著	應用文寫作指導	應用文一斑	1933 年 10 月上海商務印書館出版，收入《小學生文庫》之一	胡懷琛著
	專著	語文知識綜合教材	中國文法淺說	1933 年 10 月上海商務印書館出版	胡懷琛著

1933	編著	寓言小說	中國寓言（四冊）（100篇） 第一冊（26篇）： 農夫等兔子、葉公愛龍、某老人的兒子、賣酒人家的狗、梟鳥遷居、車轍中的鮒魚、楊布打狗、農人拔稻、信託兒子疑心鄰人、愚人買鞋、雕楮葉的工人、長生法、楊朱歎亡羊、掩耳偷鈴、塞翁失馬、刻舟尋劍、弓箭互助、自相矛盾、不知「預防」的價值、楚王失弓、五百金買死馬、救火的譬喻、小鹿和獵狗、驢子和老虎、某人和老鼠、賣柑子的人	1933年10月、12月上海商務印書館出版，收入《小學生文庫》之一	胡寄塵編
			第二冊（24篇）： 狐狸借老虎的威風、屠牛吐拒婚、子夏的瘦和胖、魯人不宜到越國、伯樂待遇學生、鷗鳥和住在海邊的人、尹氏和他的僕人、多說話沒有益處、鄭人買珠、會游水的人的兒子、鄭人買僕、扁鵲醫病、宋國的留學者、鄭人買鱉、兒子哭母的故事、矮人問天高、晏子止齊景公求雨、樹穴中的魚、農人貢獻曬太陽的法子、不避嫌疑的鄰人、國王招待海鳥、公明儀彈琴的故事、瞎子問太陽、富和尚與窮和尚		
			第三冊（24篇）： 疑人偷斧的故事、楊朱談治國、楚人學說齊		

1933	編著	寓言小說	語、臧、穀牧羊的故事、朱泙漫學屠龍、偷雞人的話、一個走錯路的人、重稅比老虎更可怕、捨不得用慣了的簪、孔子和子路論箭、究竟誰是瘋子、惠施落在水裡的故事、墨子非攻的故事（一）、墨子非攻的故事（二）、楚人賣母的故事、機會不好的老人、種楊樹的譬喻、畫蛇添足的故事、鷸蚌相爭的故事、被羆吃掉的獵人、老婦人算年紀的故事、彭祖妻哭彭祖、日神和月神爭鬥、猩猩喝酒的故事	1933 年 10 月、12 月上海商務印書館出版，收入《小學生文庫》之一	胡寄塵編
			第四冊（26 篇）：紀昌學射箭的故事、齊景公游牛山的故事、孟子答梁惠王的話、獵人捉鳥的經驗、忘記了自身、常摐教訓老子的話、多人的話能顛倒是非、東門吳的達觀、小兒爭論太陽遠近、鼫鼠的技藝、不懂算學的猴子、紀渚子訓練「鬥雞」、愚公移山的故事、醜女學西施的故事、鴟鴞和鳳凰、漂絮人的藥方、螳螂捉蟬的故事、「有用」和「無用」、對於染絲的感慨、蠻觸相爭、足跡和影子、九方皋相馬、只見金子不見人、愚人憂天墮、兒子倒提父親、石人吃餅的故事		
	編著	名家傳記	孔子	1933 年 10 月上海商務印書館出版，收入《小學生文庫》之一	胡寄塵編

1933	編著	名家傳記	孟子	1933 年 10 月上海商務印書館出版，收入《小學生文庫》之一	胡寄塵編
	論文	故事劇本	博浪椎	《兒童世界》1933 年第 30 卷第 8、9 期	胡寄塵
	論文	故事劇本	西臺淚	《兒童世界》1933 年第 30 卷第 11 期、第 31 卷第 1 期，1933 年《南通民眾（1932）》	胡寄塵
	專著	經典名著讀本	水滸傳	1933 年 12 月上海商務印書館出版，收入《小學生文庫》之一	胡懷琛編
	專著	經典名著讀本	三國演義	1933 年 2 月上海商務印書館出版，收入《小學生文庫》之一	胡懷琛編
	專著	語文教材	文字源流淺說	1933 年 12 月上海商務印書館出版	胡懷琛著
	專著	綜合知識及其他	一個平凡的少年	胡道靜〈先君寄塵著述目〉著錄 1933 年 9 月上海少年書局出版	胡懷琛著
	專著	綜合知識及其他	格言注釋	1933 年 12 月上海商務印書館出版，收入《小學生文庫》之一	胡懷琛著
	編著	目錄學類	關於上海的書目提要	《上海市通志館期刊》1933 年 6 月第 2 卷第 1 期，1935 年 12 月列為《上海市通志館》期刊抽印本之一	胡懷琛編
	編著	方志類	上海的學藝團體	《上海市通志館期刊》1933 年 6 月第 2 卷第 3 期，1935 年 12 月列為《上海市通志館》期刊抽印本之一	胡懷琛編
	論文	文學考辨與討論	關於柳文標點	《濤聲》1933 年第 2 卷 17 期	胡寄塵

1934	論文	詩	京滬夜車中	《新時代》1934 年第 6 卷第 1 期	胡懷琛
	編著	散文選編	新式標點隨園文選	1934 年 3 月上海大達圖書供應社出版	胡寄塵選輯、朱太忙標點、胡協寅校閱
	論文	序跋	老子道德經貫珠解	1934 年 4 月新華書局出版《老子道德經貫珠解》	胡懷琛
	論文	隨筆、筆記、雜文	新都的怪現象	《現代新聞(上海 1934)》第 1 卷第 3 期	胡寄塵
	論文	隨筆、筆記、雜文	兩個殺動物的故事	《佛學半月刊》1934 年動物節特刊(《護生報》)	胡寄塵
	專著	小說	瀟湘雁影(附蕙娘小傳、冰天鴻影)	1934 年 10 月上海新民書局出版	春夢生胡寄塵著
	專著	小說理論研究	中國小說的起源及其演變	1934 年 8 月南京正中書局出版	胡懷琛著
	專著	小說理論研究	中國小說概論(中國小說論)	1934 年 11 月上海世界書局出版	胡懷琛著
	論文	聯語類	輓陳佩忍先生	《珊瑚》1934 年第 4 卷第 1 期	胡寄塵
	論文	聯語類	輓引才詩聯	《南洋・南洋中學校友會會刊》1934 年第 4 卷第 3 期	胡懷琛
	論文	民間傳說與考據	研究民間傳說之一得	《華美》1934 年第 1 卷第 5 期「非法語齋選文」欄	胡懷琛
	論文	鼓詞	天地正氣鼓詞	《南洋中學校友會會刊》1934 年第 4 卷第 3 期	胡懷琛
	論文	歌詞創作	春去了	《音樂雜誌》1934 年第 3 期	胡懷琛
	論文	童詩、童謠與兒歌	童詩 1 首：怕冷的貓	《兒童世界》1934 年第 32 卷第 2 期	胡寄塵

1934	編著	神話、故事	中國故事（第十冊）（18篇）：王文瑞賣麻繩、張祥麟醫病、徐光啟的襪、王恕藏金、楊羲賣驢、韓樂吾的慷慨、賣油老人、鄭俠繪流民圖、蘇東坡的節儉、范仲淹的仁愛、于令儀捉賊、柳仲益還父債、劉宰和睦宗族的方法、司馬光講孝經、徐鉉買宅、張知縣審官司、龐德公的家產、伯牙碎琴	1934年2月上海商務印書館出版，收入《小學生文庫》之一	胡寄塵
	專著	經典名著讀本	岳傳	1934年2月上海商務印書館出版為《小學生文庫》之一	胡懷琛編
	編著	故事劇本	故事劇	1934年2月上海商務印書館出版，收入《小學生文庫》之一	胡懷琛編
	編著	應用文寫作指導	初中應用文教本	1934年7月上海世界書局、1934年7月大華書局出版	胡懷琛編
	編著	綜合知識及其他	兒童音樂故事	1934年8月南京正中書局出版	朱壽昌胡懷琛合編
	編著	尺牘寫作教本	怎樣寫信給你的朋友	1934年上海商務印書館出版，收入《小學生文庫》之一	胡寄塵編
	論文	綜合知識及其他	「是」、「非」	《兒童世界》1934年第32卷第2期「談話」欄	胡寄塵
	論文	教學問題的建議與討論	〈語文問題的總清算〉（上）、（下）	《時代公論》1934年第143期、1935年第146期	胡懷琛
	論文	傳記	介紹詩人丁鶴年	《中國文學》1934年第2卷第2期	胡懷琛

1934	專著	道家	老子補注	《學藝》1934 年第 13 卷第 7 期、《樸學齋叢書》1940 年第一集第 5 冊	涇縣胡懷琛寄塵著
	專著	道家	莊子集解正誤（莊子集解補正）	《學藝》1934 年第 13 卷第 1 期篇名為〈莊子集解補正〉、《樸學齋叢書》1940 年第一集第 5 冊	涇縣胡懷琛寄塵著
	專著	雜家	淮南鴻烈集解補正	《青鶴》1934 年第 2 卷第 10～12 期、《樸學齋叢書》1940 年第一集第 5 冊	涇縣胡懷琛寄塵著
	論文	儒家	漢以後儒家的派別	《中國革命》1934 年第 4 卷第 1 期	胡懷琛
1935	專著	詩歌創作集	勸俗新詩	1935 年 9 月上海商務印書館《民眾基本叢書》第一集	胡寄塵著
	論文	詩論與詩評	古詩十九首志疑	《學術世界》1935 年第 1 卷第 4 期	胡懷琛
	論文	專欄散文	讀余曲園茶香室叢鈔札記（35 篇）：關雎、吾我二字、欣然規往、司馬溫公解禪偈、畫舫之舟、對牛馬誦經、一至十市語、常州亥、地震鼇魚動、觴為之舟、朱子造墨、卡、顧況仙遊記、鵲露蹄、太公家教、袁天罡（綱）為李淳風師、潷潷溠沔渲五泉名、歐陽文忠叔父、袁子才江賦、門字無句、荊劉拜殺、毛連、一窩蜂、等人易得久、單題詩、杜詩四十圍不誤、元時國語入詩、釋迦真像、剎即塔字、悲田、不喏湯、燈籠稱碗、禁賣麄	《學術世界》1935 年第 1 卷第 2 期、1936 年第 1 卷第 9 期	胡懷琛

1935	論文	隨筆、筆記、雜文	木魚的故事	《南洋：南洋中學校友會會刊》1935 年第 5 卷第 2 期	胡懷琛
	論文	歌詞創作	走到光榮（反擊筑歌）	《新民》1935 年第 1 卷第 40 期「文藝」欄	胡懷琛
	論文	讀書方法研究	怎樣讀書作文	《兒童世界》1935 年第 34 卷第 5 期	胡寄塵
	專著	語文教材	修辭學發微	1935 年 6 月大華書局出版	胡懷琛著
	編著	寓言小說	中國寓言集（上冊）（19 篇）： 農人拔稻、鄰人偷雞、農人等兔子、蝦蟆多言、道士的長生法、梟鳥遷居、愚公移山、楊布打狗、醜女效矉、栽楊拔楊、漁翁得利、鄭人放鱉、狐假虎威、塞翁失馬，將月亮當太陽、南郭先生、前言不顧後語、刻舟尋劍、忘記了自身	1935 年 9 月上海商務印書館出版，收入《民眾基本叢書》之一	胡懷琛編
			（下冊）（14 篇）： 賣酒人家的狗、信託兒子疑心鄰人、弓箭互助、三人成虎、蠻觸相爭、掩耳偷鈴、哭得不誠心、疑人偷釜的故事、東門吳的達觀、屠牛吐拒婚、扁鵲醫病、晏子止齊景公求雨、樹穴中的魚、富和尚與窮和尚		
	編著	教科書	新課程標準高中國文	1935 年 8 月、10 月正中書局出版	胡懷琛編纂
	編著	童詩、童謠與兒歌	我的歌（第三、四冊）	1935 年 1、2 月上海商務印書館出版，收入《幼童文庫》之一	胡懷琛編

1935	論文	教學問題的建議與討論	中學國文作文問題平議	《教與學》1935 年第 1 卷第 1 期	胡懷琛
	專著	儒家	中國先賢學說(10 篇)：南面術說、仁政說、禮樂說、中庸說、忠恕說、樂道說、克己慎獨說、性理說、天人合一說、知行合一說（知行淺說）	1935 年 2 月上海正中書局出版	胡懷琛著
	編著	方志類	上海研究資料——上海掌故叢書	1935 年 6 月《上海通》周刊、上海市通志館出版	吳靜山胡懷琛等編纂
	專著	諸子學說	孫貽讓札迻正誤	《學藝》1935 年第 14 卷第 3 期、《樸學齋叢書》1940 年第一集第 6 冊	涇縣胡懷琛寄塵著
	論文	文學社團考證	南社的始末	《越風》1935 年第 1 期	胡懷琛
	論文	文學社團考證	幾社與復社	《越風》1935 年第 3 期	胡寄塵
1936	論文	隨筆、筆記、雜文	談相思如煙草	《咖啡味》1936 年第 2 期	胡懷琛
			眼鏡在中國	《逸經》1936 年 7 月第 9 期	胡懷琛
			聊且偷閒學少年	《越風》1936 年第 14 期	胡懷琛
			明星別解	《明星（上海 1933）》1936 年第 5 卷第 2 期	胡寄塵
			鴉片異聞	《禁煙專刊》1936 年第 2 期	胡懷琛
	論文	小說史料輯佚與考證	中國古代小說之外國資料	《逸經》1936 年 4 月 20 日第 1 卷第 4 期	胡寄塵
	論文	俗語與方言	上海方言零拾	《皖聲》1936 年第 1 期「雜考」欄	胡懷琛

1936	論文	歌詞創作	舊酒裝新瓶、失業、割麥	《西北風》月刊 1936 年第 1 期	胡懷琛
	論文	語文知識綜合教材	伐與被伐：討論我國文法中一種習慣上的錯誤	《教與學》1936 年第 2 卷第 5 期	胡懷琛
	論文	讀書方法研究	研究國學的途徑	《讀書青年》1936 年第 1 卷第 4 期	胡懷琛
	論文	讀書方法研究	怎樣選讀文學作品	《讀書青年》1936 年第 1 卷第 7 期	胡懷琛
	專著	作文理論與寫作方法	詩歌作法	1936 年 3 月上海商務印書館出版	胡懷琛著
	論文	作文理論與寫作方法	我的寫作經過	《中國學生（上海 1935）》1936 年第 3 卷第 6 期，收入 1981 年河洛圖書出版社出版《讀書顧問》（上）	胡懷琛
	專著	教學問題的建議與討論	中學國文教學問題	1936 年 3 月上海商務印書館出版	胡懷琛著
	專著	標點符號常識與使用法	怎樣使用標點符號	1936 年 3 月上海商務印書館出版	胡懷琛著
	論文	標點符號常識與使用法	標點奇觀	《讀書青年》1936 年第 1 卷第 1 期	胡懷琛
	論文	詩論與詩評	讀中國詩的新途徑	《出版周刊》1936 年第 177 期	胡懷琛
	論文	方志類	上海佛教史話	《佛學半月刊》1936 年第 136 期、《南洋·南洋中學校友會會刊》1936 年第 6 卷第 4 期	胡懷琛
	論文	文學社團考證	月泉吟社及其他	《越風》1936 年第 6 期	胡懷琛
			西湖八社與廣東的詩社	《越風》1936 年第 14 期	胡懷琛

1936	論文	文學社團考證	中國文社的性質	《越風》1936 年第 22～24 期	胡懷琛
	論文	傳記	上海藏書家李筠嘉傳	《學術世界》1936 年第 2 卷第 1 期	胡懷琛
1937	專著	雜文、筆記	薩坡賽錄雜記（100篇）：古代的嘆五更與現在的識字運動、新字、小品文、易實甫與袁宏道、蒙文三國故事、對零聯碎、可笑的蜆殼字類、漆沙硯、明人言植物有知覺、說年、孔牧的待盜法、逸元史與逸宋史、唐會要言日本地震事、飛鳥使與傳信鴿、神仙的莊嚴與幽默、葉文通水滸、翮、三書篇、鍾馗贈答詩、鐵路無完膚、用白話寫詩話、遲字與中國人的特性、歌技讀別字著東坡吃草、關於讀書的苦、內園一瞥〉、句中無動詞、文人的動物心理描寫、關於文人描寫月的種種、劉備借債的故事、岳飛的逸事、民歌與文人詩、諺語與文人詩、讀詩的困難、從王實甫寫月說起、蘇東坡的語病、說詩奇談、待呼賈島說推敲、文人語含詩意、煙草志疑、文人造假之又一種、近幾年來上海新鮮詞彙之一部分、語病、鄭珍的燒書嘆、讀柳亭書詩話偶記、鄭所南的白話詩、天籟集的竊案、宣傳與神通、舶、談讀袁中郎文、浮一大白、韓退之雪詩、詩格、濰南	1937 年 8 月上海廣益書局出版	胡寄塵

1937	專著	雜文、筆記	詩話、陸放翁失拈、江上人家題壁詩、詩中無情對、以人比文、詩中歇後語、詩文比喻、無鹽詩鈔、書家故事、牡丹亭與葡萄牙人間接的關係、孫大雅食橄欖詩、雪中芭蕉與春日桂花、偷狗賊、蟋蟀年年叫、西廂記中的名句、鄭板橋題畫詩、對折詩、楊升庵論樂府誤字、名句不在多、李太白廬山瀑布詩、西清散記中的鬼詩、此詩究竟是誰作的、一窩蜂、詩貴允當、山居集、說書人王防御、拚死的人、唐詩宋詩之分別、曹著的謎語、尺八、文債、都都平丈我、詠物詩與詩鐘、土禺俑詩的語病、五言詩鐘、多難、東坡詩、歲字解、秋日荒園小景、嘲莊周、限韻詩、白話中央文言、劉老三考、搭訕打訕打棚打諢、陶詩求疵、替易實甫改詩、煞風景的詩、國茶與國曆		
	論文	隨筆、筆記、雜文	煙草在中國	《衛星》1937 年第 1 卷第 4 期	胡寄塵
			上海的展覽會	《播音二周刊》1937 年第 28 期	胡懷琛
			書房布置法	《現代家庭》1937 年第 4 期	胡寄塵
			今天的日記	《青年界》1937 年第 12 卷第 1 期	胡懷琛
			不成篇的詩與無調的詞	《國花》1937 年第 37 期	胡懷琛

1937	論文	隨筆、筆記、雜文	與陸丹林談民國前的革命派文學	《逸經》1937 年 5 月 15 日第 30 期「通訊討論」	胡懷琛
	專著	小說	陳珠兒	1937 上海商務印書館出版，收入《平民基本叢書》之一	胡懷琛
	論文	民俗雜考	木牛流馬考	《逸經》1937 年第 26 期	胡懷琛
	論文	語文知識綜合教材	中國文法動詞變化例	《興中月刊》1937 年第 1 卷第 1 期	胡懷琛
	論文	讀書方法研究	國文學習法	《讀書青年》1937 年第 2 卷第 1 期	胡懷琛
	論文	讀書方法研究	國文自修大綱	《讀書青年》1937 年第 2 卷第 11 期	胡懷琛
	論文	標點符號常識與使用法	引號用法的變化	《讀書青年》1937 年第 2 卷第 5 期	胡懷琛
	論文	傳記	瘦官人任環	《興中月刊》1937 年第 1 卷第 2 期	胡懷琛
	論文	傳記	元西域詩人馬易之	《創導》1937 年第 1 卷第 1 期	胡懷琛
	論文	傳記	元西域詩人馬祖常	《創導》1937 年第 1 卷第 3 期	胡懷琛
	論文	傳記	道燦和尚的無文印	《逸經》1937 年第 21 期	胡懷琛
	論文	傳記	韓越三遺民詩	《逸經》1937 年第 33 期	胡懷琛
	編著	傳記	五忠集	1937 年 8 月上海正中書局出版	胡懷琛選註
1938	論文	教學問題的建議與討論	論文化技術人員的需要	《南洋：南洋中學校友會會刊》1938 年 4 月第 7 卷第 4 期	胡懷琛

胡懷琛遺著（由胡道靜及其他家族後人整理發表書目）

年	性質	類別	書名／篇名	出處／版本	署名
1938	編著	民歌集	民歌選（第一集）	1938 年 7 月上海商務印書館鉛印本	胡懷琛編楊蔭深選注
1939	專著	小說	快樂家庭（25 篇），乃原《家庭小說集》19 篇外，再增作 6 篇：女教育家之子與僕、貧與富、洋樓、名譽、三個世界、富翁	1939 年 8 月上海廣益書局出版	胡寄塵著
1940	專著	雜文、筆記	十年筆記（75 篇）：海天詩話、文則、春申懷舊錄、神州異產志、孔子花、白居易之婦女觀、孔子之國家界限觀、鄧析之人民自治論、中庸非孔門之書、單字‧戴文節軼事、石達開詩、戴古村詩、伊索軼事、陳烈婦降乩詞、吳日千留窮詞、寄禪上人詩、安南詩人、簷曝雜記論逆流瀑、對山閣語錄、夢溪筆談論日月、遠鏡、伊索軼事、阿去美特軼事、聚芳圖百花帶、古代耶蘇教風俗、幽夢新影、野雞、竹扛、雜記二則、論詩三則、雜記五則、孟施舍、私、植物防敵法、萬物一物、以詩文為子、新詩話、小說管見、小說管見續記、飛素閣詩、銀蝶、咏七字詞、間情辯	胡道靜〈先君寄塵著述目〉著錄「稿本、四冊」，刊登於《儉德儲蓄會會刊》1923 年第 4 卷第 3 期、第 4 卷第 4 期、1924 年第 4 卷第 5 期、1925 年第 5 卷第 3 期「雜俎」欄，《新儉德》1927 年第 1 卷第 2、3 期、《文心》月刊 1939 年第 2 卷第 2 期、1940 年第 2 卷第 3、7～12 期、1941 年第 3 卷第 1～9 期	胡懷琛遺著
	專著	雜文、筆記	後十年筆記（78 篇）：桃花源記辯、教育外史之妙譬、女子為官之先	胡道靜〈先君寄塵著述目〉著錄「稿本、四冊」，刊登於《文心》1939	胡懷琛遺著

| 1940 | 專著 | 雜文、筆記 | 例、賣花擔上看梅花、西人學中國語之笑話、粵東俗歌、鄧析之滑稽、女子裝束之奇異、樸克匾額、伶人能文墨、小說與社會、南北採茶歌、千秋一布囊、白話新婚聯、百子全書之笑談、孫子之跑馬法、某教員之笑談（一、二）、新山歌、輓李涵秋、彩票奇談、外國水兵之奇談、呂洞賓開銀行、唐人之滑稽詩、古今事比、詩謎考源、百瓶花齋筆記、中國著名之西文譯本、畫師妙語、詩鐘興盛之源由、蟲類之一字褒貶、異伶傳、蛤什蟆、日光療病法、新戲「月明之夜」與李義山詩、破字妙對、嵌字聯、詩能表現人之性情、百花生日考、老殘遊記著者小考、林琴南譯聖經未成、孽海花著者與小鳳仙、林琴南為司馬遷後第一人、林琴南少年時之軼事、吳趼人為南亭亭長作傳、書麗、繪真記、最早之娼門小說、得勝頭回、傳記、古代之小說大觀、中國逸書之存於日本、西廂記之源流、紅學與經學、西廂記之回數、講史、今幽夢影、扶亂與心理、拆字源流、餐花、徐念慈與汪維甫、二十回後孽海花、三國水滸之勢力、三國演義中之人名、男子簪花、陶淵明之小說癖、繡像、黑奴 | 年第 2 卷第 2 期、1940年第 2 卷第 3〜4 期、1940 年第 2 卷第 7〜12期、1941 年第 3 卷第 1〜9 期 | |

1940	專著	雜文、筆記	籲天錄、神話、諺語訛傳可笑、林琴南之長篇創作、木蘭、小說中之零星文字、餐菊花之落英、汪倫、水西洪秀全時代之服飾及稱呼、楊雲史為吳子玉改詩、鍾馗考		
	專著	散文集	秋山文存（24篇）：雲鶴先生遺詩序、蘭亭集跋、跋汪南溟尺牘、與柳亞子書、論詩絕句百首序、樸學齋集跋、續三說、國文典表解序、算經十書跋、數術記遺跋、經傳釋詞跋、骨董解、歸震川逸文跋、偕老堂記、淡井廟元銀杏記、吳南屏文選序、臼辛居記、趙從龍傳、記李景元、義工周諧傳、三先生傳、喬將軍傳、南洋中學四先生紀念碑文、歸震川先生年譜序	《樸學齋叢書》1940 年第一集第 4 冊	涇縣胡懷琛寄塵著
	專著	詩歌創作集	江村集一卷	《樸學齋叢書》1940 年第一集第 4 冊	涇縣胡懷琛寄塵著
	專著	詩歌創作集	福履埋路詩鈔一卷	《樸學齋叢書》1940 年第一集第 4 冊	涇縣胡懷琛寄塵著
	專著	詩歌創作集	福履理路詩鈔一卷	《樸學齋叢書》1940 年第一集第 4 冊	涇縣胡懷琛寄塵著
	編著	小說集	女子技擊大觀（附黛痕劍影續錄）（33篇）：霍韻娘、吳四娘、紀大姑、孫臧姑、呂二娘、濮氏婦、沈雲英、淄川農婦、汪翠娥、女道士、難女、盜嫗、綠林女郎、夏氏女盜……等	1940 年 4 月上海廣益書局出版	胡寄塵編

1940	編著	小說集	黛痕劍影續錄（38篇）：飛將軍、鶯哥、孝盜、風動石、種樹老人、劉驥、小青墓題名、洪永、愚老人、媒棋、巧工、水上飛、濟南妓、姜雪英、紅葉女士、馬賊、說狐、梅妃、南鄉老儒、離魂、七姑娘、碧霞歌客、談鬼、妖塔、孕蛇、大魚、無塵先生、落花塚、獨足樵者、神虎、花神、孫生、盲妓桃紅、碧溪生、紅柳、馬忠、山月、蟒珠		
	編著	道家	列子張湛注補正	《樸學齋叢書》1940年第一集第5冊	涇縣胡懷琛寄塵著
	編著	名家	惠施詭辯新解	《樸學齋叢書》1940年第一集第5冊	涇縣胡懷琛寄塵著
1941	專著	目錄學類	蒙書考	1941年震旦大學圖書館出版	胡寄塵先生（懷琛）遺稿
	編著	民俗雜考	推背圖考	不詳原書出版日期，後刊載於《宇宙風（乙刊）》1941年第36期	胡懷琛遺著
	編著	民俗雜考	民間百病秘方	1941年4月上海中央書店	涇縣胡懷琛編著
1948	專著	翻譯小說	陷坑（第三部）	1948年上海中興出版社出版	胡寄塵秦文漪譯